U0930889

印度尼西亚发展报告（2018）

INDONESIA DEVELOPMENT REPORT (2018)

主编／孙晓萌　傅聪聪

副主编／高诗源　王丹丹

社会科学文献出版社
SOCIAL SCIENCES ACADEMIC PRESS (CHINA)

教育部中外人文交流专项研究课题成果
北京外国语大学双一流建设科研项目成果

《印度尼西亚发展报告（2018）》由教育部国际合作与交流司、中外人文交流中心资助出版，特此致谢！

《印度尼西亚发展报告（2018）》
编　委　会

北京外国语大学中国—印度尼西亚人文交流研究中心简介

为落实中国国家主席习近平和印度尼西亚总统佐科达成的重要共识、《中华人民共和国和印度尼西亚共和国关于加强两国全面战略伙伴关系的联合声明》以及中印尼副总理级人文交流机制联合公报精神，进一步满足中印尼副总理级人文交流机制发展需求、两国全面战略伙伴关系发展需要，服务于中国与东南亚国家、东盟关系的发展，以及“21 世纪海上丝绸之路”建设在东南亚的推进，北京外国语大学于 2017 年 3 月 22 日成立“中国—印度尼西亚人文交流研究中心”。

中心依托北京外国语大学区域与国别研究平台，发挥自身多语言、跨文化、复合型优势，致力于中印尼各领域的人文交流活动跟踪与研究，并针对印尼及其他东南亚国家的语言、文化、民族、宗教、社会、政治、经济等领域，开展深层次的协同研究，为中印尼副总理级人文交流机制工作提供智力支持，为全国相关领域优秀研究团队提供汇聚思想、交流见解的平台。承办方亚非学院拟将中心打造为国家级学术研究和政策研究平台、学术交流高端平台、复合型人才培养高端平台，使其在国内外具有较强的学术影响力、政策影响力和社会影响力。

主要编撰者简介

孙晓萌　北京外国语大学教授，博士生导师，博士后合作导师。牛津大学圣安东尼学院高级研究员，教育部国别和区域研究工作秘书处研究员，湖南师范大学“潇湘学者”讲座教授。现任中国非洲史研究会副会长、中国社会科学院国家全球战略智库特约研究员、中国社会科学院西亚非洲研究所职称评定委员会委员、中国非洲问题研究会常务理事、中国非通用语教学研究会副会长、北京外国语大学中国—印度尼西亚人文交流研究中心执行主任、伦敦孔子学院理事等。国家社科基金通讯评审，北京市海外高层次人才引进评审专家。主持、参与国家社会科学基金项目多项。出版译著、专著多部，获得教育部国家级教学成果二等奖、北京市高等教育教学成果一等奖等。

傅聪聪　北京外国语大学亚非学院讲师、北京外国语大学中国—印度尼西亚人文交流研究中心研究员。通晓马来语、印度尼西亚语、英语，主要从事东南亚尤其是马来西亚、印度尼西亚、文莱研究，研究方向为马来西亚政治、族群关系、中马关系、中印尼关系、中外人文交流、东南亚国际关系等。合著《〈马来纪年〉翻译与研究》（译著），参与编纂《马来西亚发展报告（2020）》、《马来西亚国情文化教程》、《北京2014马来研究国际研讨会论文集》、《亚非研究》（集刊）等，在国内外学术刊物发表文章多篇，参与多项国家及省部级课题，获得教育部国家级教学成果二等奖、北京市高等教育教学成果一等奖等。

摘　要

印度尼西亚地处连接太平洋与印度洋的交通要道，是世界第四人口大国、二十国集团和石油输出国组织成员国，是东南亚地区面积最大、人口最多的国家，也是该地区最大的经济体，在东盟长期发挥“领头羊”作用。中国与印度尼西亚同为发展中大国和新兴经济体，建交以来，双方在二十国集团、亚太经合组织、联合国等多边组织有着广泛的共同利益，两国领导人就深化全面战略伙伴关系达成一系列重要共识。

2015 年 5 月，中印尼副总理级人文交流机制举行首次会议，正式启动机制合作。这是中国与发展中国家建立的首个高级别人文交流机制。2018 年，中印尼双方签署了推进“一带一路”和“全球海洋支点”建设的谅解备忘录。双方亟待加强治国理政经验交流，建设好雅万高铁、“区域综合经济走廊”，拓展职业培训合作领域，推动共建“一带一路”合作提质升级，推动中国与东盟关系优化升级。

在中印尼两国共创新时期互利共赢、携手发展新局面之际，双方迫切需要加深彼此间的沟通与了解，《印度尼西亚发展报告（2018）》的出版，旨在进一步深化两国各界对印度尼西亚、中印尼关系及人文交流的研究，服务中印尼副总理级人文交流机制及两国人文交流，服务中印尼全面战略伙伴关系发展，搭建中印尼民心相通之桥、中印尼人民友谊之桥。

本书由主报告、分报告、专题报告及附录组成。主报告围绕 2017 年印尼国内整体形势，以雅加达特区首长选举为切入点，主要阐述面临极端主义、宗教势力的挑战，佐科政府如何捍卫国家民族主义精神，尤其是建国原则“潘查希拉”，维护国家团结统一，加强国家治理。分报告主要跟踪、分析并评估 2017 ~ 2018 年印尼经济、政治与外交形势，梳理 2017 ~ 2018 年印尼的经济形势与结构改革，并预测发展前景；跟踪雅加达选举、社会组织法案、电子身份证腐败案等政治事件，并介绍2019年印尼全国大选的相关情况；描述佐科政府对外政策的主要特点，并分析大选年印尼的外交政策。专题报告主要就2017~2018年印尼的一些专门问题进行总结，包括佐科政府的海洋强国战略，以及如何推动“21世纪海上丝绸之路”与“全球海洋支点”有效对接；东盟成立50周年之际，印尼在其中扮演的角色与发挥的作用。同时，专设三篇报告对中印尼人文交流状况进行研究，论述当前中印尼教育交流、文化产业合作、印尼旅游发展与中印尼旅游交流状况，提出相关对策与建议。附录包括2017年印尼大事记、中国与印尼关系大事记。

关键词： 印度尼西亚　潘查希拉　务实外交　海洋强国战略　中印尼关系

序　言

由北京外国语大学中国—印度尼西亚人文交流研究中心组织编写的《印度尼西亚发展报告（2018）》历时近两年终于要出版了。这是中国的印尼研究的一件大事。

中国和印尼分别为世界上第一大和第三大发展中国家，同为新兴经济体，在二十国集团、亚太经合组织、联合国等多边组织有着广泛的共同利益。2018 年，中印尼双方就共建“一带一路”签署了谅解备忘录。2019 年 4 月底，第二届“一带一路”国际合作高峰论坛在北京举办，聚焦项目落地、政策对接和机制建设，这为“一带一路”与“全球海洋支点”对接创造了更多的机遇。

在此背景下，更多中国企业走进印尼，更多中国游客赴印尼观光、度假。与此同时，越来越多的印尼商品出口到中国，比如燕窝、咖啡、棕榈油、榴梿等，越来越多的印尼学生到中国留学。

据统计，2018 年，中印尼贸易额达到 774 亿美元，中国连续 8 年是印尼的最大贸易伙伴；中国游客到访印尼 200 多万人次，再创历史新高，给印尼带来大量外汇收入；中国对印尼直接投资为 23.5 亿美元，为印尼创造大量就业岗位。中印尼迫切需要加深对彼此的了解，希望本书能够搭建中印尼民心相通之桥、中印尼人民友谊之桥。

2017 ~ 2018 年，受国际经济环境的不确定性、家庭消费动力不足以及谨慎的财政政策等因素的影响，印尼经济增长率低于预期，但基本保持在 5% 以上。

2017 年，印尼经济具有低通胀率、高投资、进出口额提升、金融市场稳定等特点，特别是在 2017 年，印尼股市进入牛市，2018 年 GDP 首次突破

1 万亿美元。

2018 年，印尼经济经历了不少波折，印尼盾大幅贬值对印尼金融市场稳定造成了不少负面影响。但是，信息与通信业（增长率为 7.04%）、交通与仓储业（增长率为 7.01%）、建筑业（增长率为 6.09%）等行业保持较高的增长率。为了应对国际经济环境的不确定性，佐科政府制订了“印尼工业 4.0”计划，将食品和饮料、汽车、纺织、电子和化工作为五大先导产业。

2017 ~2018 年，印尼政治的重要特点就是政治伊斯兰崛起，身份政治大行其道，给印尼多元社会带来了不确定性。2017 年是印尼多元社会受到冲击最为激烈的一年。以雅加达特区首长选举为标志，伊斯兰极端势力以“亵渎宗教”为由，将非穆斯林的雅加达特区首长钟万学拉下马，导致穆斯林与基督徒关系紧张，这成为佐科政府执政以来面临的最大挑战之一。

为了应对上述挑战，佐科政府采取多种措施，维护多元社会的核心——“潘查希拉”，签署“社会组织法案”等。2017 年 5 月，佐科政府以威胁国家安全和社会稳定为由，宣布解散伊斯兰极端组织——“印尼伊斯兰解放党”。

地方选举是 2017 年和 2018 年印尼政治的主要看点。2017 年，有 101 个行政区同步举行地方选举，包括 7 个省、18 个市及 76 个县，其中最受关注的就是首都雅加达正副首长选举，它是 2019 年大选的风向标之一。2018 年的地方选举在 171 个行政区同步进行，包括 17 个省、39 个市和 115 个县，其中最受关注的是西爪哇省长选举。西爪哇省是人口大省，也是伊斯兰保守派的大本营，省长选举被视为 2019 年总统选举的“前哨战”。

电子身份证腐败案是延续至 2017 年和 2018 年的重要政治事件。该事件牵涉许多重要政治人物，如国会前议长塞提亚・诺凡托等。2018 年 4 月，塞提亚・诺凡托被雅加达反腐法庭判处 15 年监禁，且禁止其在释放后 5 年内参与政治活动。

2019 年总统大选无疑是印尼的重要政治事件。地方选举中各个政党的“合纵连横”与重要政治人物，以及 2018 年启动各个法定程序等都对 2019

年总统大选产生影响。

2017～2018年，印尼外交围绕重视国家利益的“务实外交”、维护海洋权益的“海洋外交”、积极参与地区和国际事务展开。

在“务实外交”中，经济外交成效显著。佐科政府的经济外交以印尼国内经济发展为主要出发点，双管齐下，全力推动。一方面吸引更多外资，提升印尼自身工业化水平；另一方面采取多种措施在全世界推销印尼产品，促进印尼出口，减少贸易逆差。

2017年是东盟成立50周年，印尼在其中扮演的监护者角色值得关注。在50年中，印尼通过双轨外交、穿梭外交等调解东盟内部矛盾，维护东盟团结，为东盟的一体化做出了建设性贡献。

2018年，印尼成功举办了第18届亚运会。雅加达曾在1962年举办第4届亚运会，成为亚洲唯一两次主办亚运会的首都城市。本次亚运会的举办不仅为印尼经济、社会的发展提供了机遇，有力促进了印尼的基础设施建设、旅游业的发展以及人民生活的改善，还为印尼的公共外交提供了良好的平台，增强了印尼这一中等强国的国际影响力，彰显了印尼体育外交的魅力。

“全球海洋支点”是佐科政府推行的主要构想之一。2017年，佐科政府颁布了有关海洋政策的总统条例，这为推动海洋发展奠定了法律基础。如何理解“全球海洋支点”，推动“21世纪海上丝绸之路”与“全球海洋支点”有效对接，特别是如何应对国内和国际因素的双重挑战，是中印尼双方必须面对的现实问题。

本书以2017～2018年印度尼西亚发展情况为主线，对2017～2018年印尼经济、政治、外交等热点问题进行系统分析与研究，具有重要的学术价值和现实参考价值。

此外，中印尼人文交流现状研究是本书的一个特色。本书专设三篇报告论述中印尼教育交流、文化产业合作和旅游合作，提出了相关对策、建议，这为进一步推动中印尼人文交流提供了较好的智力支持。

值得注意的是，本书各篇报告的作者大多是“80后”研究印尼问题的“中坚力量”，甚至还有一些“90后”研究印尼问题的“新秀”。他们大都熟练掌握印尼语和英语，经常访问印尼，跟踪印尼局势。希冀该书成为他们展现印尼研究最新成果的重要平台。

毋庸讳言，该书不免挂一漏万，存在不少欠妥的地方，敬请各位读者批评指正。伴随着中印尼全面战略伙伴关系不断推进，我们有理由相信，该书可以体现高校智库在国家对外交往中发挥的独特作用。

许利平

2019 年 3 月 17 日于北京

目 录

Ⅰ 主报告

2017～2018年印度尼西亚：捍卫民族主义与国家治理困境
…………………………………………………… 骆永昆 / 001

Ⅱ 分报告

2017～2018年印度尼西亚经济形势 …………………… 薛 松 / 016

2017～2018年印度尼西亚政治形势 …………………… 骆永昆 / 047

2017～2018年印度尼西亚外交形势 …………………… 潘 玥 / 061

Ⅲ 专题报告

佐科政府海洋强国战略、印尼海洋政策与中印尼发展计划对接
…………………………………………〔印尼〕刘慧丽 / 085

东盟50年：印尼的重要角色 …………………………… 娜 敏 / 106

印度尼西亚高等教育发展与中印尼教育交流 ………… 王丹丹 / 118

中印尼文化产业合作现状、问题和对策 …………… 潘 玥 肖 琴 / 131
印尼旅游发展与中印尼旅游交流 …………… 高诗源 〔印尼〕汉迪 / 151

Ⅳ 附录

2017年印尼大事记 ………………………………………… 潘 玥 / 167
2017年中国与印尼关系大事记 ……………………………… 潘 玥 / 188

Contents ………………………………………………………………… / 206

主 报 告

General Report

2017 ~2018年印度尼西亚：捍卫民族主义与国家治理困境

骆永昆*

摘　要： 2017年印尼政治斗争激烈，由雅加达特区首长选举引发的宗教极端主义、民粹主义给国家政治、社会发展和外交带来深远影响。印尼的建国原则"潘查希拉"[1]受到了前所未有的挑战，国家治理困境凸显。佐科政府极力打击极端主义，维护国家团结统一和社会安定，捍卫"潘查希拉"。然而，印尼社会多元复杂，经济发展不平衡现象依旧存在，民生、就业、宗教问题突出，巴布亚分裂主义活跃，政府维护"潘查希拉"的任务依然艰巨，国家治理现代化

* 骆永昆，博士，中国现代国际关系研究院东南亚和大洋洲研究所副研究员，北京外国语大学中国—印度尼西亚人文交流研究中心特聘研究员。

① "潘查希拉"，源于梵语Pancasila，意为五项基本原则，是印尼建国的基础，也被称作印尼的国家哲学和意识形态。苏加诺提到的"潘查希拉"包括民族主义、国际主义（或人道）、协商一致（或民主）、社会繁荣、信仰神道。

任重而道远。

关键词： 极端主义　伊斯兰　潘查希拉

一　多元社会与“潘查希拉”

印尼社会具有多元族群。全国共有数百个部族，其中爪哇族人口占45%、巽他族占14%、马都拉族占7.5%、马来族占7.5%。部族语言共有200多种，官方语言为印尼语。全国约87%的人口信奉伊斯兰教，6.1%的人口信奉基督教，3.6%的人口信奉天主教，其余的信奉印度教、佛教和原始拜物教等。[①] 此外，印尼地域辽阔，东西跨度较大，但人口和资源主要集中在爪哇岛。

在族群和文化多样的印尼，国家如何实现团结统一、社会如何实现和谐发展是历届领导人都极为关注的问题。早在1945年6月1日，印尼领导人苏加诺就在“印尼独立筹备调查委员会”大会上发表演讲，提出了著名的“潘查希拉”原则，以探索印尼的和谐发展之道。1945年8月印尼独立，颁布《1945年宪法》。《1945年宪法》将“潘查希拉”上升为印尼的立国基础。8月18日，“潘查希拉”首次被明确为国家的指导思想。[②] 但在《1945年宪法》中，“潘查希拉”的顺序和内容发生了些许变化，改为信仰神道、人道主义、印尼的团结和统一、在代表和协商制度下以明智决策为导向的民主、为了全印尼人民的社会正义。此后，“潘查希拉”原则又经过几次调整，延续至今，其内容（按顺序）为

---

① 《印度尼西亚国家概况》，中华人民共和国外交部网站，http：//www.fmprc.gov.cn/web/gjhdq_676201/gj_676203/yz_676205/1206_677244/1206x0_677246/，上网时间：2019年5月30日。

② Novy Lumanauw, “Jokowi Reaffirms Commitment to Diversity in Pancasila Day Speech,” *Jakarta Globe*, http：//jakartaglobe.id/news/jokowi-reaffirms-commitment-diversity-pancasila-day-speech/, 1 June 2017.

信仰神道、公正文明的人道主义、印尼的团结和统一、在代表和协商制度下以明智决策为导向的民主、为了全印尼人民的社会正义。其中，信仰神道是“潘查希拉”的首要原则，包括三个方面的内容：一是信仰并敬畏唯一的真主；二是各教派之间互相尊重、互相合作，实现和谐的生活；三是互相尊重按宗教信仰履行仪式的自由，不把宗教信仰强加于他人。印尼的团结和统一原则包括五个方面的内容：一是把民族、国家的团结、统一、利益和安全置于个人利益之上；二是为了民族和国家的利益乐于奉献；三是热爱祖国和民族；四是民族和祖国是印尼的自豪感来源；五是为了殊途同归的民族团结和统一而促进彼此间的交往。[①]

二　“钟万学冲击”

作为印尼国家的哲学和国家发展与社会和谐团结的基本原则，“潘查希拉”在过去70多年中虽然遭到质疑和批评，但其在印尼政治和社会生活中发挥的作用不容否认。“潘查希拉”已经成为印尼政府和民众广为接受的一种国家政治文化。然而，2017年，雅加达特区首长选举在全国掀起了一场极端主义的浪潮，其对印尼的宗教和谐、国家的团结统一以及社会的公正都带来了极大的挑战，“潘查希拉”受到全面的冲击。这也是佐科自2014年就任总统以来面临的最为严重的挑战之一。

由于时任雅加达特区首长钟万学牵涉所谓的亵渎《古兰经》事件，自2016年9月以来，以雅加达为中心的印尼多个城市爆发了由极端势力“伊斯兰捍卫者阵线”和“印尼伊斯兰解放党”发起的示威游行，反对钟万学竞选连任雅加达特区首长。钟万学作为华裔基督徒在印尼属于当然少数，但其身居要职，担任雅加达特区首长，这自然会引起一些政客和民众的不满。

① 朱刚琴：《潘查希拉的文化根源及其在印尼对外交往中的体现》，暨南大学硕士学位论文，2006，第7页。

在一些穆斯林眼中，钟万学是反对伊斯兰势力的代表，由于印尼政府并未采取任何行动，因此极端势力不得不“亲自出手”，通过街头示威向政府表达不满。

极端组织针对钟万学亵渎《古兰经》事件的强硬立场给雅加达选举和印尼社会造成了严重的影响，最终，钟万学被判入狱，失去了连任雅加达特区首长的资格。印尼社会走向分裂。

一方面，穆斯林社会分裂为两派。一部分是以宗教极端主义为主导思想的极端派穆斯林，这类组织包括“伊斯兰捍卫者阵线”、“印尼伊斯兰解放党”、伊斯兰共同体论坛、伊斯兰联盟等；另一部分则是以伊斯兰教士联合会及穆罕默迪亚两大宗教团体为主的主流温和派穆斯林。虽然温和派伊斯兰组织总体对“钟万学事件”持温和态度，反对通过极端手段，如街头示威游行、暴力等解决问题，但温和派穆斯林与极端派穆斯林均主张将钟万学绳之以法。[①] 从政府和法院处理“钟万学事件”的结果看，极端派伊斯兰组织的主张和立场显然对政府和法院具有非常重要的影响，这是印尼政治发展进程中的一个危险信号。马来西亚的《诗华日报》评论称，钟万学被判入狱表明印尼法院向强硬派伊斯兰势力低头，印尼法律也被印尼国内及国际社会质疑仅保障在印尼占多数的逊尼派穆斯林的利益，什叶派穆斯林及其他少数族群经常成为攻击目标。同时，此举还表明，强硬派伊斯兰势力进一步侵蚀了印尼的民主与自由。印尼社会出现强硬派伊斯兰势力与开明派自由穆斯林、基督徒、印度教徒以及少数族群的对立。强硬派伊斯兰势力的崛起应当引起印尼当局的注意。[②]

毋庸置疑，“潘查希拉”所主张的和谐、多元、团结、统一、民主的精神在“钟万学事件”中受到冲击，这引起了印尼各方的关注。印尼伊

① Prashanth Parameswaran, “The Trouble with Indonesia’s Ahok Test”, *The Diplomat*, https://thediplomat.com/2017/02/the-trouble-with-indonesias-ahok-test/, 18 February 2017.

② 谢祥锦：《分裂的印尼》，《诗华日报》，http://news.seehua.com/?p=273954，上网时间：2017年5月19日。

斯兰教士联合会评议委员会主席认为，“潘查希拉”名存实亡，其精神已经在印尼消失了很长时间。加查马达大学“潘查希拉”研究中心研究员迪斯马表示，在国家治理中，已经很难看见政府官员践行“潘查希拉”精神。[①] 印尼温和穆斯林社会研究所主任阿古斯·穆罕默德认为，宗教政治化将给印尼社会造成不良影响，容易导致团体间的敌对与不团结。印尼应立即停止宗教政治化，以改善日益紧张的民众间关系。如任由宗教政治化向前发展，那么小事件可能引发大冲突。印尼当前的政治气候会破坏社会多样性的基础价值观，而社会关系一旦破裂，就将需要耗费很长时间来修复。[②]

另一方面，伊斯兰教与基督教紧张关系日益加剧。5月9日，钟万学被法院批捕后，巴布亚地区的基督徒表达了强烈的担忧和不安。巴布亚地区位于印尼最东部，分为巴布亚省和西巴布亚省两个行政单位。巴布亚地区也是印尼基督徒最多的地区。钟万学被捕后，巴布亚地区的民众极力声援钟万学。自5月10日起，巴布亚省和西巴布亚省查亚普拉、马老奇、梭隆、瓦美那等地的民众举行大规模的烛光守夜活动，支持钟万学，如查亚普拉的千余名民众在英比公园、查亚普拉机场等地举行烛光守夜活动，场面宏大；西巴布亚省的成千上万名民众聚集到西奇广场，点亮蜡烛，要求释放钟万学。集会者认为，法院受到政治压力的影响，判决有失公正。西巴布亚省民众对印尼的法制体系感到痛心，希望印尼政府建立公正的法制体系，政府和各阶层民众不要破坏印尼的团结和统一。[③] 实际上，除了巴布亚地区外，日惹、北苏拉威西等地的民众也纷纷举行烛光守夜活动，声援钟万学。在北苏拉威西，守夜的民众引

---

① Abi Sarwanto, "Menghidupkan Pancasila di Era Jokowi," *CNN Indonesia*, https://www.cnnindonesia.com/nasional/20170601171306-20-218749/menghidupkan-pancasila-di-era-jokowi/, 1 Juni 2017.

② 吕鹏：《印度尼西亚政治动态（2017年03月）》，http://www.daxuekuaibao.com/article/178440.html，上网时间：2017年7月17日。

③ "Ribuan Warga Papua Dukung Ahok Dibebaskan," *Warta Ekonomi*, https://www.wartaekonomi.co.id/read140775/ribuan-warga-papua-dukung-ahok-dibebaskan.html, 12 Mei 2017.

吭高歌，声势浩大，他们要求公正对待钟万学，并呼吁北苏拉威西公投独立。①

5月15日，巴布亚省首府查亚普拉市的成千上万名民众在“巴布亚教会大公会议”的协调领导下走上街头，抗议政府对钟万学采取行动，要求立即释放钟万学，保护“潘查希拉”原则不受侵犯。游行队伍长达4公里，从巴布亚地方议会至巴布亚省长办公室。游行人员要求解散“印尼伊斯兰解放党”和“伊斯兰捍卫者阵线”，逮捕“伊斯兰捍卫者阵线”领袖里兹克。巴布亚教会大公会议主教里奥称，极端主义行动给民众和国家的安全带来了麻烦，我们正在被边缘化。巴布亚省副省长克莱门表示，游行集会旨在提醒政府，在“潘查希拉”和《1945年宪法》之下，印尼是一个团结统一的国家。② 巴布亚省省长卢卡斯·恩恩贝要求当地警方对“印尼伊斯兰解放党”采取严厉措施，防止巴布亚民众成为“印尼伊斯兰解放党”的攻击目标。③ 与此同时，社交媒体谣传卢卡斯·恩恩贝称“如果钟万学当不成雅加达首长，就让巴布亚省独立”。虽然这只是一则假消息，但表明了非穆斯林的不满。④ 毋庸置疑，巴布亚基督徒在钟万学入狱后，十分担心自身的处境，中央政府若不重视处理巴布亚的宗教关系，就可能引发新的矛盾。

从历史上看，宗教冲突曾经给印尼社会带来严重的影响。20世纪90年代到21世纪初，印尼马鲁古群岛的基督徒与穆斯林爆发过激烈的

① “Aksi Dukung Ahok Munculkan Seruan Referendum Minahasa Merdeka,” *Kiblat*, https: //www. kiblat. net/2017/05/15/aksi – dukung – ahok – munculkan – seruan – referendum – minahasa – merdeka/, 15 Mei 2017.

② Nethy Dharma Somba, “Papuans Join Waves of Support for Ahok,” *The Jakarta Post*, http: //www. thejakartapost. com/news/2017/05/15/papuans – join – waves – of – support – for – ahok. html, 15 May 2017.

③ Katharina Janur, “Gubernur Papua Minta HTI Angkat Kaki dari Bumi Cendrawasih,” *Liputan6*, http: //regional. liputan6. com/read/2945693/gubernur – papua – minta – hti – angkat – kaki – dari – bumi – cendrawasih, 9 Mei 2017.

④ 谢祥锦：《分裂的印尼》，《诗华日报》，http: //news. seehua. com/? p = 273954，上网时间：2017年5月19日。

冲突，造成数千名民众死伤。如今，印尼的宗教极端主义和民粹主义再次抬头，宗教矛盾激化，民粹主义、宗教极端主义思潮正在印尼社会蔓延。印尼的社会稳定和国家发展面临较大隐患。早在雅加达特区首长选举前，佐科总统就明确指出，印尼的政治民主正在为极端主义，如自由主义、宗教极端主义、宗派主义、恐怖主义，以及其他教派主义的滋生提供机会。极端主义者把部族、宗教和种族主义政治化。如果任散布仇恨、诽谤、虚假新闻，互相谩骂等行径发展下去，印尼就将四分五裂。①

三　政府的应对

对于极端主义的兴起和“潘查希拉”精神的衰落，包括印尼总统佐科在内的各界人士对此都较为警惕，他们均极力主张捍卫“潘查希拉”，维护印尼的团结。早在2016年，佐科就高调宣布将6月1日定为“潘查希拉日”，以纪念前总统苏加诺提出“潘查希拉”。②“钟万学事件”发生后，佐科明确表态坚持“潘查希拉”的意识形态。他说，印尼是个多民族、多宗教、多语言的千岛之国，“潘查希拉”在印尼团结和统一过程中发挥关键作用。没有“潘查希拉”，印尼将无力与其他国家匹敌。在国家意识形态问题上，印尼的每个公民都应该高举“潘查希拉”这个大旗。③

2017年5月19日，佐科签署有关建立“潘查希拉意识形态建设总统工作组”的2017年第54号总统令，要求建立专门工作组对民众进行“潘查希拉”和国家意识形态的教育。“潘查希拉意识形态建设总统工作组”最初

---

① 《印尼总统佐科忧国内民主极端民粹化》，中国新闻网，http：//www.chinanews.com/gj/2017/02－23/8157406.shtml，上网时间：2019年5月30日。

② “President Jokowi to Officially Declare June 1 Pancasila Day,” *The Jakarta Post*, http：//www.thejakartapost.com/news/2016/06/01/president－jokowi－to－officially－declare－june－1－pancasila－day.html, 1 June 2016.

③ Yudho Dahono, Bernadus Widayak, “Pancasila：Indonesia's Last Defense,” *Jakarta Globe*, http：//insight.jakartaglobe.id/pancasila－indonesias－last－defense/, August 2017.

是由政治法律安全统筹部长卢胡特及年轻的穆斯林学者尤迪发起的，后得到佐科总统的认可。6月1日，佐科在首个“潘查希拉日”上，强调“潘查希拉”倡导的“在多元中寻求一致”是印尼社会的基础。印尼的宗教组织和政治团体都不能玷污“潘查希拉”原则。佐科鼓励印尼各界人士，如各大宗教领袖和信徒、军人、警察、教育家、文艺工作者等共同维护“潘查希拉”及印尼的生活方式。佐科强调，消除贫困、公平分配财富是落实“潘查希拉”原则的题中应有之义。①

6月7日，在佐科总统的领导下，“潘查希拉意识形态建设总统工作组”正式成立。该工作组由两个机构组成，一个是由军、警、学、民等各界名人组成的指导理事会，另一个是执行理事会。佐科任命尤迪出任“潘查希拉意识形态建设总统工作组”组长，任命前总统、民主斗争党主席梅加瓦蒂担任“潘查希拉意识形态建设总统工作组”指导理事会主席。除尤迪和梅加瓦蒂外，“潘查希拉意识形态建设总统工作组”的其他8个理事为前副总统特里·苏特里斯诺、宪法法院前院长马弗德、穆罕默迪亚前主席马里夫、伊斯兰教士联合会总主席马鲁夫·阿敏、伊联总主席萨伊德、基督教领袖安德烈亚斯、印度教领袖威斯努以及著名企业家苏达默。② 依据总统令，“潘查希拉意识形态建设总统工作组”主要任务有六：一是制定“潘查希拉”意识形态建设的总政策；二是制定“潘查希拉”意识形态建设路线图和基本方针；三是协调落实“潘查希拉”意识形态建设有关事项；四是执行“潘查希拉”意识形态倡议；五是评估、监督“潘查希拉”意识形态建设实施的政策和战略；六是加强机构之间的合作，以推进“潘查希拉”意

① Novy Lumanauw, “Jokowi Reaffirms Commitment to Diversity in Pancasila Day Speech,” *Jakarta Globe*, http://jakartaglobe.id/news/jokowi-reaffirms-commitment-diversity-pancasila-day-speech/, 1 June 2017.

② “Jokowi Lantik Megawati Soekarnoputri Sebagai Ketua Dewan Pengarah UKP PIP,” *Merah News*, http://merahnews.com/2017/06/07/jokowi-lantik-megawati-soekarno-putri/, 7 Juni 2017.

识形态建设。①

除佐科总统外，印尼政府的主要官员也积极拥护“潘查希拉”，要求民众认真学习。副总统卡拉呼吁印尼各界人士，尤其是青年人不但要深刻理解“潘查希拉”的含义，而且要积极实践“潘查希拉”原则。卡拉要求小学开设“潘查希拉”课程，让小学生系统学习“潘查希拉”。② 人民协商会议议长祖尔基菲利·哈桑称赞苏加诺前总统提出的“潘查希拉”原则非同一般，该原则被《1945 年宪法》所接受。修改《1945 年宪法》或是改变“潘查希拉”将导致印尼解体。③ 梅加瓦蒂认为，“潘查希拉”是国家的象征。如果没有“潘查希拉”，印尼就将陷入分裂。如果民众从小就接受有关“潘查希拉”的教育，那么国家就将变得强大。④ 国防部长利亚米萨特·利亚古杜称，印尼应该牢记历史上其他国家的教训。没有“潘查希拉”，印尼就将失去自我属性，进而其他国家意识形态开始渗透，而他国的意识形态并不一定适合印尼国情和文化。⑤

与此同时，佐科政府以威胁国家安全和社会稳定为由，宣布通缉“伊斯兰捍卫者阵线”领袖里兹克、解散“印尼伊斯兰解放党”。7 月 13 日，佐科总统签署《有关社会组织管理 2017 年第 2 号代法令政府条例》，授权政府相关部门依法解散威胁国家安全的极端组织。7 月 19 日，法律人权部撤销了有关建立“印尼伊斯兰解放党”的决定书，正式解散“印尼伊斯兰解

① “Jurus Jokowi Untuk Menjaga Pancasila,” *Pinter Politik*, https://pinterpolitik.com/jurus-jokowi-untuk-menjaga-pancasila-1/, 9 June 2017.

② Putu Merta Surya Putra, “Permintaan dan Harapan Jusuf Kalla di Hari Pancasila,” *Liputan6*, http://news.liputan6.com/read/2971507/permintaan-dan-harapan-jusuf-kalla-di-hari-pancasila, 31Mei 2017.

③ Muhammad Fida Ul Haq, “Ketua MPR: Mengubah Pancasila Berarti Membubarkan Negara,” *Detik*, https://news.detik.com/berita/3601924/ketua-mpr-mengubah-pancasila-berarti-membubarkan-negara, 16 Agustus 2017.

④ Megawati, “Negara Kuat Jika Pancasila Diajarkan Sejak Kecil,” *Tempo*, https://nasional.tempo.co/read/1041380/megawati-negara-kuat-jika-pancasila-diajarkan-sejak-kecil, 11 Desember 2017.

⑤ Yudho Dahono, Bernadus Widayak, “Pancasila: Indonesia's Last Defense,” *Jakarta Globe*, http://insight.jakartaglobe.id/pancasila-indonesias-last-defense/, August 2017.

放党”。8 月 1 日，佐科在总统府主持“国家祈祷吟诵大会”，邀请马鲁夫·阿敏、伊斯兰寄宿学校以及印尼各地的伊斯兰界名人参与祈祷。参会的伊斯兰组织充分肯定“潘查希拉”在团结印尼民众中的重要作用。10 月，印尼国会通过《有关社会组织管理 2017 年第 2 号代法令政府条例》，其正式成为法律。极端组织的活动受到进一步限制。11 月，印尼在龙目岛举行乌里玛全国协商大会和伊斯兰教士联合会全国大会，佐科总统要求伊斯兰组织要与政府协调一致，共同打击极端主义，促进社会包容、和谐发展。

四　国家治理困境

“钟万学冲击”不仅反映了宗教问题，而且是印尼政治、经济、社会深层矛盾的集中体现，表明印尼国家治理困境凸显，国家治理现代化任重而道远。

其一，宗教暴力事件突出。印尼是具有多元宗教、多元文化的国家，宗教和谐是印尼各族群和谐共处、社会稳定与发展、国家崛起的重要保障。然而，自 1945 年独立以来，印尼的宗教冲突从未间断。不仅伊斯兰教与基督教之间存在冲突，而且就连伊斯兰教内部也时常出现矛盾和冲突。1998 年苏哈托下台后，随着所谓的民主政治深入人心，伊斯兰政党在政坛日益活跃，宗教因素有时成为政治斗争的抓手。印尼“全国暴力监控系统”的数据显示，自 2004 年以来，不同宗教之间和个别宗教内部的冲突呈上升趋势（2004 年为 4 宗，2008 年为 27 宗，2011 年为 101 宗，2014 年为 257 宗），而大多数冲突涉及穆斯林。宗教政治化和缺乏跨宗教间的对话是造成宗教冲突增加的主要原因之一。① 2017 年，宗教极端势力借助雅加达选举兴风作浪。佐科政府虽然强势打压，但并未从根本上解决宗教极端主义问题，印尼的社会和谐发展仍然面临较大挑战。伴随 2018 年地方选举和 2019 年全

① 阿里夫：《节制印尼的宗教不宽容》，联合早报网，http://www.zaobao.com/wencui/opinion－asean/story20170207－721994，上网时间：2017 年 2 月 7 日。

国大选，政治斗争进一步增加，宗教矛盾加剧，印尼遭受极端主义威胁。一方面，极端势力对政府怨气犹存。“印尼伊斯兰解放党”坚决反对政府对该党的打压，认为政府下令解散“印尼伊斯兰解放党”毫无根据。该党发言人伊斯迈尔称，“印尼伊斯兰解放党”是依据《1945年宪法》和“潘查希拉”精神在印尼境内建立的组织，并未违反印尼的任何法律。教义也不违反《1945年宪法》，印尼政府的指控不实，该党认为哈里发理念和“潘查希拉”理念可以并行。[①] 与此同时，“伊斯兰捍卫者阵线”表示，政府针对其领导人里兹克的所有指控都是毫无根据的。里兹克的代理律师指责钟万学的支持者捏造罪证。应当说，佐科政府虽然通过国家机器压制伊斯兰极端势力，但并未从根本上缓解国内的宗教极端和对立情绪，这可能为未来印尼政治和社会的发展带来潜在的隐患。另一方面，伴随印尼地方、国会和总统选举陆续进行，宗教极端主义可能持续发酵。2018年以来，印尼日惹、万隆、东爪哇、万丹已连续爆发数起宗教冲突，这些冲突涉及伊斯兰教与基督教、伊斯兰教内部派系、佛教与伊斯兰教，形势较为严峻。[②] 2月20日，宗教领袖、维权人士、研究人员和律师共计100人发表联合声明，对印尼全国尤其是爪哇近期接连发生的基督教或天主教神职人员、僧人、穆斯林教士、宗教场所遭受袭击事件表示震惊，呼吁政府采取更多措施防止国家分裂，反对以2018年、2019年选举为由，不择手段地操控公众、攻击宗教、发动抹黑行动或煽动仇恨情绪，使民众之间产生分裂。印尼国际和平建设研究院主管陶菲克警告，印尼社会包容性正受到侵蚀，如果政府无法制止宗教仇恨事件继续上演，情况就将进一步恶化。[③] 值得警惕的是，在大选期间激化的宗教极端主义容易给恐怖主义分子带来可乘

---

① “HTI Bantah Tudingan Anti-Pancasila, Begini Penjelasannya,” *Tempo*, https://nasional.tempo.co/read/874171/hti-bantah-tudingan-anti-pancasila-begini-penjelasannya, 10 Mei 2017.

② “Intolerance Identity Politics Rise ahead 2018-2019 Elections in Indonesia,” *Jakarta Globe*, http://jakartaglobe.id/news/intolerance-identity-politics-rise-ahead-2018-2019-elections-indonesia/，上网时间：2018年3月13日。

③《印尼百名社会领袖吁人民相互容忍尊重》，联合早报网，http://www.zaobao.com/sea/politic/story20180222-836986，上网时间：2018年2月22日。

之机。当前，恐怖主义势力在印尼依旧活跃，尤其是一些从中东“回流”的恐怖主义分子在印尼日益活跃。根据印尼警方公布的数据，2015～2017年，印尼共有336人被确认为恐怖主义案件嫌犯。[①] 仅2017年，印尼就爆发了4起恐怖袭击事件，即2月底的万隆芝珍多爆炸案、5月的马来由村公交车站爆炸事件以及北苏门答腊警察局和法拉特罕清真寺的袭警案。

其二，宗教问题深刻影响政治和经济发展趋势。“钟万学冲击”后，伊斯兰极端主义的影响力持续增强。朝野围绕总统和国会选举的博弈加剧。宗教议题受到各方的高度重视。2018年8月，谋求连任的佐科总统选择颇有名望的伊斯兰教士联合会总主席马鲁夫·阿敏作为搭档。佐科此举旨在争取更多穆斯林选民的支持，有效反制依靠伊斯兰极端势力崛起的竞争对手、反对派领导人普拉博沃。佐科与普拉博沃竞选总统是温和派穆斯林与极端派穆斯林的再次对决，这是“钟万学冲击”的必然结果。

其三，印尼外交更加重视伊斯兰议题。在伊斯兰极端势力施压背景下，2017～2018年，印尼外交的一大突出特点就是佐科政府在罗兴亚人问题上的高调表态。罗兴亚人问题原本是缅甸国内的民族和宗教问题，但印尼没有在罗兴亚人问题上袖手旁观。2017年以来，印尼民众针对缅甸当局及昂山素季的抗议示威活动愈演愈烈，亚齐、巴淡及雅加达民众的集会示威频繁。在极端派穆斯林施压的背景下，佐科政府冒着与缅甸交恶的风险，同时采取外交与人道主义手段，积极应对罗兴亚危机。2017年9月，印尼外交部长蕾特诺与缅甸领导人昂山素季会晤时，提出解决罗兴亚人问题的“4+1模式”，即维护安全和稳定；最大限度保持克制；承诺不使用武力；不论宗教和民族，保护若开邦的所有民众，并立即提供人道主义援助。为此，印尼政府组建了包含伊斯兰教士联合会和穆罕默迪亚11名成员的印尼人道主义联盟，[②] 为罗兴亚难民提供帮助。与此同时，印尼公开要求缅甸停止对罗兴

① 《印尼2017年恐怖主义及反恐大事记要》，广西民族大学东盟学院网站，http://dongmengxueyuan.gxun.edu.cn/info/1502/12509.htm，上网时间：2017年12月26日。

② “Indonesia and the Rohingya Crisis,” IPAC, http://www.understandingconflict.org/en/conflict/read/71/Indonesia-and-the-Rohingya-Crisis, 29 June 2018.

亚人的侵害，落实联合国若开邦顾问委员会对解决有关罗兴亚人问题的建议。2018 年 4 月，佐科与缅甸领导人会晤，承诺为解决罗兴亚人问题提供必要帮助。印尼成为世界上少数几个为罗兴亚人提供帮助的国家之一。佐科此举无疑满足了国内极端派穆斯林的要求。

其四，分裂势力依然活跃。由于地理和历史原因，自建国以来，印尼格外注重爪哇岛的发展，对爪哇岛以外地区（简称外岛）的发展相对忽视，这造成外岛被边缘化。印尼东部的巴布亚、苏门答腊岛的亚齐等面临的发展问题更加突出。上述地区的发展水平远远落后于其他地区，其中经济和社会问题较为突出。亚齐和巴布亚因此成为印尼分裂主义形势较严峻的地区。亚齐面临的问题已经于 2005 年解决，但巴布亚面临的问题更为复杂，直到今天仍困扰印尼政府。

2017～2018 年，印尼经济保持稳定增长态势。GDP 增速虽仅维持在 5.1% 左右，但这已是 2013 年以来，印尼最高的经济增速。[①] 同时，2018 年，印尼 GDP 突破 1 万亿美元，[②] 实现了重大飞越，这与佐科政府严厉打击极端主义、营造有利的营商环境、维持社会稳定密不可分。然而，2017 年 3 月，印尼中央统计局公布的数据显示，巴布亚省和西巴布亚省的贫困人口数量占两省总人口数量的 25%。[③] 更为关键的是，美国自由港麦克莫伦公司在巴布亚省拥有全球最大的金矿和第二大铜矿，但这些矿产资源不被当地人所享有。加之，本地区居民主要信仰基督教，与印尼大多数信仰伊斯兰教的居民格格不入。宗教和文化的分歧加剧了社会冲突。自 2014 年上任以来，佐科高度重视巴布亚地区的发展，尤其是

---

① “Indonesian Economy Grows the Most in 4 Years,” 经济指标网站，https：//tradingeconomics. com/indonesia/gdp－growth－annual。

② 数据为 IMF 预测数据，参见 IMF 网站，https：//www. imf. org/external/pubs/ft/weo/2017/02/weodata/weorept. aspx？ pr. x = 35&pr. y = 2&sy = 2015&ey = 2022&scsm = 1&ssd = 1&sort = country&ds =. &br = 1&c = 536&s = NGDPD%2CNGDPDPC&grp = 0&a = 。

③ “Basten Gokkon：Indonesia’s Big Development Push in Papua：Q&A with Program Overseer Judith J. Dipodiputro,” *Mongabay News*，https：//news. mongabay. com/2017/10/indonesias － big － development － push － in － papua － qa － with － program － overseer － judith － j － dipodiputro/，27 October 2017.

基础设施的建设。仅2016年，政府就投入64亿美元用于巴布亚省和西巴布亚省的发展，并启动了多项国家级项目，如于2018年运行的跨巴布亚高速公路、2019年实施的巴布亚省和西巴布亚省全电气化工程、配合全国海上高速路建立的海港等。[①] 与此同时，佐科也加大力度打击分离主义武装分子。2017年3月，巴布亚省154名分离主义武装分子向政府投降。

然而，分裂主义在巴布亚地区的活动频仍，这给国家治理带来了极大的麻烦。2017年8月以来，巴布亚省唐贝加普拉地区发生多起枪击事件，多名警员、平民死伤。9月，流亡海外的西巴布亚独立运动领袖文达、西巴布亚国家委员会提米卡分支副主席延多在巴布亚省和西巴布亚省征集了180万名民众（超过两省居民数量的70%）的签名后，向联合国非殖民化特别委员会递交请愿书，要求联合国指派新的代表调查当地的人权侵犯情况，重新将西巴布亚议题列入委员会议程，举办由国际社会监督的投票，以保障西巴布亚人追求自决的权利，要求巴布亚省和西巴布亚省独立。延多被印尼警方逮捕。11月，分离组织“自由巴布亚运动”成员在美国自由港麦克莫伦公司矿场附近的金柏利村和崩蒂村劫持1300名人质，并进入腾巴嘎普拉村。印尼当局集结700名军警解救人质，并动员地方政府官员、宗教领袖、部落长老与武装分子沟通，但沟通效果不佳，政府最终成立特别行动部队解救人质。劫持事件导致10余人死伤。截至11月18日，军警解救350名人质，上百名平民逃离家园。[②] 这是“自由巴布亚运动”成立以来，巴布亚地区发生的较为严重的对峙事件。12月6日，“自由巴布亚运动”成员在兰尼查亚袭击警方，双方发生3个小时的交

① “Basten Gokkon：Indonesia’s Big Development Push in Papua：Q&A with Program Overseer Judith J. Dipodiputro，” *Mongabay News*， https：//news. mongabay. com/2017/10/indonesias – big – development – push – in – papua – qa – with – program – overseer – judith – j – dipodiputro/， 27 October 2017.

② “Hundreds Leave Papua Villages in Separatist Standoff，” *Seattle Times*， https：//www. seattletimes. com/nation – world/hundreds – leave – papua – villages – in – separatist – standoff/， 20 November 2017.

火，2 名警员受伤。[①] 2018 年 12 月，巴布亚省恩杜加县一公路施工工地遭到当地武装分子的袭击，袭击造成 31 名当地国有建筑公司员工死亡，这是迄今为止巴布亚分裂势力最极端、残忍的行径。在西巴布亚省，民众走上街头要求政府释放延多。“自由巴布亚运动”称，延多入狱后，身体状况越来越不好。[②]

五 结语

2017 年雅加达特区首长选举是印尼政治发展史上的一件大事。钟万学的落选和入狱并不只是简单的政治事件，而是印尼社会、经济、政治深层矛盾的体现。这一事件对“潘查希拉”精神构成严峻挑战，负面影响相当深远。佐科尽管自 2014 年上任之日起，就高度重视解决宗教极端主义、分裂主义、恐怖主义问题，并高举“潘查希拉”的大旗，维护国家的统一和社会的和谐，但时至今日，印尼的极端主义、分裂主义、恐怖主义问题依旧存在，“潘查希拉”精神也屡遭践踏，国家治理困境日益凸显。这不是说佐科政府采取的举措无效，而是表明印尼的“三股势力”根深蒂固，有深刻复杂的历史，政府要想通过采取几项措施就解决相关问题并不现实。从根本上讲，发展问题，尤其是各地区之间的平衡发展问题、各族群之间的和谐发展问题是印尼面临的核心问题，发展是印尼政府维护和践行“潘查希拉”精神的根本保障。实践证明，“潘查希拉”原则是符合印尼国情的国家哲学和意识形态。

① “OPM dan polisi baku tembak di Lanny Jaya,” *Tabloidjubi*, http://tabloidjubi.com/artikel-12123-opm-dan-polisi-baku-tembak-di-lanny-jaya.html, 6 Desember 2017.

② “West Papuan Activist on Trial for Treason over Independence Petition,” *The Guardian*, https://www.theguardian.com/world/2018/jan/09/west-papuan-independence-campaigners-call-for-release-of-activist, 9 Jan. 2018.

分 报 告

Respective Analysis

2017～2018年印度尼西亚经济形势

薛 松*

摘 要： 2017 年印尼经济保持了 5.05% 的增长，总体发展水平尚可，但低于预期。利好因素有：进出口贸易回暖、国外直接投资复苏、交通与仓储和电子商务等产业增长速度快、金融市场向好、通货膨胀率处于低位等。面临的问题有：失业率和贫困率仍然较高、家庭消费动力不足、信贷市场低迷、税收能力仍然较弱、财政赤字比例较高等。印尼政府在 2017 年实行谨慎的财政政策，放宽货币政策，并深化税务、地方预算、国企、营商环境等的结构性改革。考虑到国际经济环境的不确定性、国内消费低迷和即将到来

* 薛松，博士，复旦大学中国与周边国家关系研究中心助理研究员，曾在《国际问题研究》、《东南亚研究》、《南洋问题研究》、《东南亚南亚研究》、*Asian Ethnicity* 等期刊发表论文。

的"选举年"，印尼政府认为，2018年印尼经济或可实现5.3%～5.4%的增长。短期内，印尼将继续改善营商环境并控制金融风险，在投资、消费、出口、三驾马车中，投资或将起更重要的作用，并拉动出口和消费增长。

关键词： 宏观经济　结构改革　经济政策　贸易投资

一　2017年宏观经济形势特点

2017年印尼经济实现了5.05%的增长，没有达到5.2%的预期，与2016年的增速（5.02%）几乎持平。进出口贸易是经济增长的主要来源。电子商务、信息与通信、交通与仓储等服务行业增长迅速。进出口贸易回暖，总体贸易顺差扩大。贫困率和失业率小幅下降，通货膨胀率维持在较低水平。2017年，财政赤字占GDP的比重为2.46%，低于财政预算修正案计划的水平（2.67%～2.92%），[①] 与2016年持平，财政赤字占GDP的比重处于安全范围内。印尼盾兑美元汇率比较稳定，2017年12月30日，美元买价为13480印尼盾，卖价为13616印尼盾。[②] 印尼2017～2018年全球竞争力指数排名从2016年的第41名上升到第36名，但仍低于2014年的第34名。佐科执政前期主要经济指标（2015～2017年）见表1。

---

① Yuli Yanna Fauzie, "Perkembangan Terkini, Defisit Anggaran 2017 Hanya 2,46 Persen," *CNN Indonesia*, https://www.cnnindonesia.com/ekonomi/20180116085035-532-269176/perkembangan-terkini-defisit-anggaran-2017-hanya-246-persen.

② 数据来源于印尼中央银行。

表1 佐科执政前期主要经济指标（2015～2017年）

指标	2015年	2016年	2017年
实际GDP(亿美元)	8613	9323	9793*
实际人均GDP(美元)	3336.11	3570.29	3692.60*
人口(人)	258162113	261115456	265206252*
消费者物价指数(年末)(%)	3.35	3.02	3.61[a]
外债占GDP比例(%)	36.0	34.2	34*[b]
政府债务占GDP比例(%)	26.6	28.3	29.2[c]
合并财政平衡占GDP比例(%)	-2.6	-2.5	-2.46[d]
印尼盾兑美元汇率(年均)	13385	13306	13380
印尼盾兑美元汇率(12月)	13809	13417	13556

注：*为估计值；a. 参见 Adiatmaputra Fajar Pratama，"Inflasi Desember 2017 0.71 Persen，" *Tribu News*，http://www.tribunnews.com/bisnis/2018/01/02/inflasi-desember-2017-071-persen；b. 截至2017年11月末数据，参见 Muhamad Bari Baihaqi，"Utang Luar Negeri Naik 9.1%，" http://www.neraca.co.id/article/95842/utang-luar-negeri-naik-91；c. 参见 Satyagraha，"Rasio utang pemerintah terhadap PDB 29.2 persen，" *Antara News*，https://www.antaranews.com/berita/678146/rasio-utang-pemerintah-terhadap-pdb-292-persen；d. 参见 Yuli Yanna Fauzie，"Perkembangan Terkini，Defisit Anggaran 2017 Hanya 2.46 Persen，" *CNN Indonesia*，https://www.cnnindonesia.com/ekonomi/20180116085035-532-269176/perkembangan-terkini-defisit-anggaran-2017-hanya-246-persen。

资料来源：联合国经济和社会事务部人口组、世界银行、CEIC、印尼中央银行、x-rates。

（一）经济继续回暖，但增速不及预期

印尼在2016年扭转了连续五年经济增长速度放缓的趋势，但在全球经济充满不确定性的环境下，2017年，印尼经济增长速度基本与2016年持平，增速为5.05%，低于预期。实际GDP为9793亿美元，约占全球GDP的1.2%。人均GDP为3692.60美元。经济发展有喜有忧：喜在进出口贸易回暖，贸易顺差扩大，以及吸引国外投资成绩突出；忧在消费模式的转变导致家庭消费增长后劲不足。

2010～2015年，东亚和太平洋中低收入国家和地区的经济发展趋势整体上是增速放缓，印尼的趋势与之一致，经济增长率始终低于东亚和太平洋中低收入国家和地区整体水平，但高于全球水平（见图1）。2016年，印尼经济出现复苏迹象，经济增长率为5.016%，实际GDP为9323亿美元。印尼相关

部门对2017年经济增长率提出保守和理性的预期：印尼中央银行在2017年5月提出经济增长率为5.2%～5.4%的目标，印尼政府在财政预算修正案中将经济增长率目标下调到5.2%。

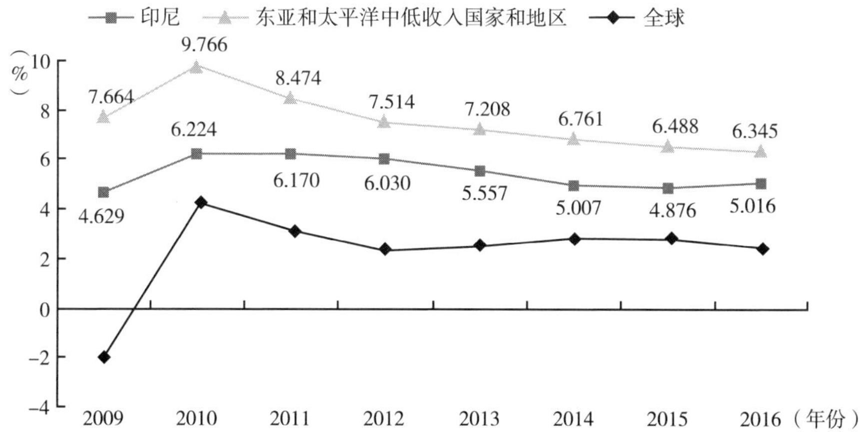

图1　2009～2016年全球、东亚和太平洋中低收入国家和地区、印尼的经济增长率

注：东亚和太平洋中低收入国家和地区包括美属萨摩亚、柬埔寨、中国、斐济、印尼、基里巴斯、朝鲜、老挝、马来西亚、马绍尔群岛、密克罗尼西亚联邦、蒙古国、缅甸、瑙鲁、巴布亚新几内亚、菲律宾、萨摩亚、所罗门群岛、泰国、东帝汶、汤加、图瓦卢、瓦努阿图和越南。

资料来源：世界银行。

2017年第一季度，由于政府消费和出口水平提高，[①] GDP实现5.01%的增长，超出印尼中央银行的预期，但第二季度由于家庭消费乏力，GDP增长率与第一季度一样，为5.01%，没有达到预期的5.2%。[②] 第三季度的GDP增长率为5.06%，低于5.13%的预期目标（见图2）。财政部预计，第四季度的GDP增长率可以提高到5.17%。[③] 从地区对经济增长的贡献来看，爪哇岛和苏门答腊岛是经济增长较快的地区。

① *Indonesia Economic Quarterly*, The World Bank, June 2017, p. 2.

② Kevin O'Rourke, "Reformasi Weekly Review," 23 June 2017, p. 11.

③ Muchamad Nur, "Sri Mulyani Proyeksikan Ekonomi Tumbuh 5,17 di Kuartal IV 2017," *JawaPos*, https://www.jawapos.com/read/2018/01/08/180108/sri-mulyani-proyeksikan-ekonomi-tumbuh-517-di-kuartal-iv-2017.

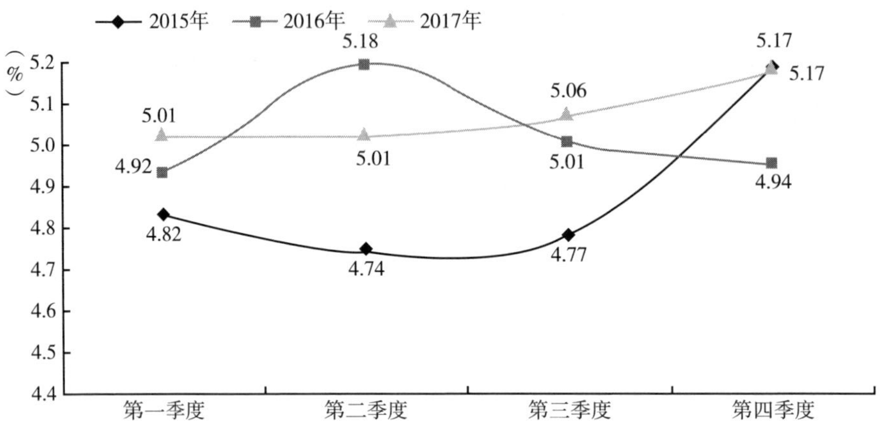

图2　2015～2017年各季度印尼GDP增长率

注：2017年第四季度的数据为印尼财政部的预测数据。

资料来源：印尼中央统计局。

由图3可知，2014年第一季度至2017年第三季度，GDP各组成部分的比例没有出现明显的变化：家庭消费比重最大，约占56%；接着是国内固定资本形成总额，约占32%；然后是政府消费，约占9.5%。如果将观察的时间范

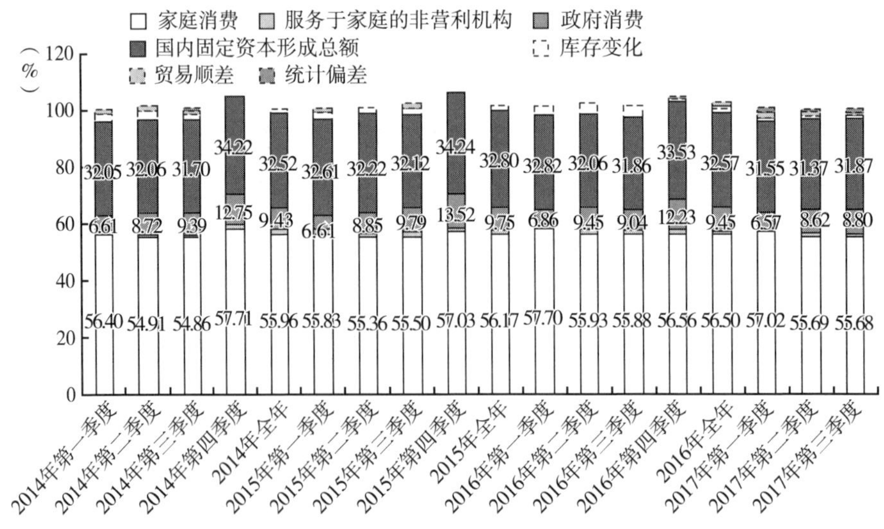

图3　GDP各组成部分的比例（现行价格）

资料来源：印尼中央统计局。

围拉长到近十年，则会发现，2008～2012 年出现家庭消费比例下降、政府消费和国内固定资本形成总额比例上升的情况。

（二）通货膨胀率较低，家庭消费状态低迷

2017 年印尼通货膨胀率处在比较稳定的低位，全年通货膨胀率为 3.61%，[①] 低于预期。印尼中央银行将 2017 年通货膨胀率的安全范围确定为 3%～5%，印尼政府在 2017 年财政预算修正案中将通货膨胀率目标定为 4.3%。

衡量通货膨胀水平的消费者物价指数从 2016 年 9 月开始波动上升，到 2017 年 4～6 月一度超过 4%，6 月最高，达到 4.37%，通货膨胀率提高与 1 月、3 月、5 月上调电价有关。[②] 7 月后，消费者物价指数逐月下降，11 月达到年度低点 3.30%（见图 4）。年末迎来圣诞节和新年，商品价格出现一定提高，通货膨胀率小幅提升。

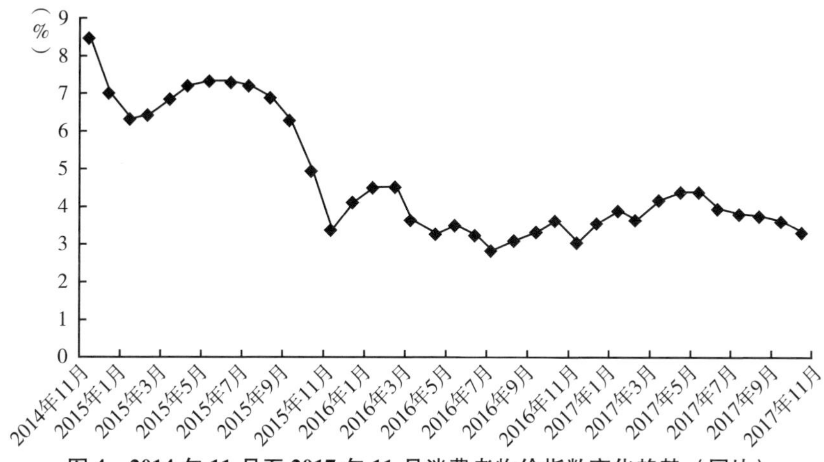

图 4　2014 年 11 月至 2017 年 11 月消费者物价指数变化趋势（同比）

资料来源：印尼中央银行。

佐科上台以来，对通货膨胀率的控制成效显著，总体优于前任政府的表现。佐科政府实施了控制物价的措施，如统一燃油售价、对若干基本生活物

① 数据来源于印尼中央统计局。

② *Indonesia Economic Quarterly*, The World Bank, June 2017, p. 6.

资实行最高零售价格、不提高受补贴的燃油价格等。预计 2018 年消费者物价指数将超过 4%。①

尽管通货膨胀率处于低位，但家庭消费状态持续低迷。一般情况下，印尼家庭消费向来可以占 GDP 的一半，对经济增长至关重要。家庭消费增速放缓的趋势在 2014 年末已经出现，导致 2015～2017 年经济增长动力不足。2017 年，家庭消费状态更加低迷，家庭消费增长率低于经济增长率。2017 年 5～6 月是斋月，也是印尼家庭消费的高峰期，但实际上，2017 年第二季度家庭消费增长率仅为 4.95%，不及 2016 年同期且相比第一季度，仅有小幅度增长。第三季度，家庭消费同比增长 4.93%，与第二季度相差无几，低于该季度 GDP 增长率。零售业遭遇寒冬。2017 年全年，零售业增长率由从前的两位数跌落成一位数。2017 年 6 月末，“7－11”连锁店撤出印尼。9 月，全国最大的连锁商场玛塔哈丽关闭了南雅加达的两家店面。②

由于新增 400 万个工作岗位，工资水平提高，消费贷款利率下调，保持低通货膨胀率，几乎所有有利于刺激消费的因素存在，③ 因此家庭消费增速放缓的原因令印尼中央银行和政府困惑。佐科总统在 10 月初的公开讲话中表示，从线下到线上消费模式的转变是主要原因。④ 印尼中央银行首席经济学家大卫·苏缪认为，中高收入群体购买汽车等耐用消费品的意愿水平降低是家庭消费状态低迷的主要原因，由财政部相关人员组成的特别研究小组也

---

① Desi Angriani, “Perbaikan Konsumsi di 2018 akan Kerek Inflasike Level 4%,” *Metrotvnews*, http://ekonomi.metrotvnews.com/makro/4KZOqPEN－perbaikan－konsumsi－di－2018－akan－kerek－inflasi－ke－level－4.

② “Stagnant Wages and E-commerce Ravage Indonesia’s Department Stores,” *Nikkei Asian Review*, https://asia.nikkei.com/Business/Trends/Stagnant－wages－and－e－commerce－ravage－Indonesia－s－department－stores.

③ Karlis Salna, Tassia Sipahutar, “Why Aren’t Indonesian Consumers Spending?” *Bloomberg News*, https://www.bloomberg.com/news/articles/2017－10－08/mystery－over－indonesian－spending－leaves－policy－makers－in－a－bind.

④ Dimas Ryandi, “Di Acara KADIN, Jokowi Bicara Lepas dan Panjang,” *JawaPos*, https://www.jawapos.com/read/2017/10/04/160861/di－acara－kadin－jokowi－bicara－lepas－dan－panjang.

得出相似结论。[①] 印尼中央银行指出，高收入群体出现储蓄意愿水平提高、消费意愿水平降低的变化。[②] 消费增速减缓和投资增加可能改变未来印尼 GDP 主要贡献因素中投资、消费、出口的比例。

（三）投资符合预期，外资流入增加

2017 年印尼吸引投资超额完成目标，为 692.9 万亿印尼盾（原计划是吸引 678.8 万亿印尼盾投资）。[③] 第一季度实现国内外投资 165.8 万亿印尼盾，同比增长 13.2%。其中，国内直接投资为 68.8 万亿印尼盾，同比增长 36.4%。雅加达特区首长选举和伊斯兰组织的政治动员导致的社会不稳定，使 2017 年第一季度国外直接投资表现不佳，国外直接投资仅为 97 万亿印尼盾，同比增长 0.94%。[④] 第二季度共实现国内外投资 170.9 万亿印尼盾，同比增长 12.7%。其中，国内直接投资为 61.0 万亿印尼盾，同比增长 16.9%，国外直接投资为 109.9 万亿印尼盾，同比增长 10.6%。第三季度实现国内外投资 176.6 万亿印尼盾，同比增长 13.7%。其中，国内直接投资为 64.9 万亿印尼盾，同比增长 16.8%，国外直接投资为 111.7 万亿印尼盾，同比增长 12%。[⑤] 第四季度实现国内外投资 179.6 万亿印尼盾，同比增长 12.7%。其中，国内直接投资为 67.6 万亿印尼盾，同比增长 16.4%，国

---

① Karlis Salna, Tassia Sipahutar, "Why Aren't Indonesian Consumers Spending?" *Bloomberg News*, https://www.bloomberg.com/news/articles/2017-10-08/mystery-over-indonesian-spending-leaves-policy-makers-in-a-bind.

② Detik Finance, "BI: Masyarakat Kelas Atas Tahan Konsumsi, Pilih Menabung," *Detik Finance*, https://finance.detik.com/moneter/d-3770340/bi-masyarakat-kelas-atas-tahan-konsumsi-pilih-menabung.

③ Sakina Rakhma Setiawan, "Kuartal I 2017, Realisasi Investasi di Indonesia Capai 165, 8 Triliun," *Kompas*, http://ekonomi.kompas.com/read/2017/04/26/152526926/kuartal.i.2017.realisasi.investasi.di.indonesia.capai.165.8.triliun.

④ 本段数据来自 Sakina Rakhma Setiawan, "Kuartal I 2017, Realisasi Investasi di Indonesia Capai 165, 8 Triliun," *Kompas*, http://ekonomi.kompas.com/read/2017/04/26/152526926/kuartal.i.2017.realisasi.investasi.di.indonesia.capai.165.8.triliun。

⑤ "Kuartal Ⅲ 2017, Investasi Asing Tembus Rp111 Triliun," *CNN Indonesia*, https://www.cnnindonesia.com/ekonomi/20171030144302-92-252163/kuartal-iii-2017-investasi-asing-tembus-rp111-triliun.

外直接投资为112万亿印尼盾，同比增长10.6%。[①] 可见，2017年四个季度实现投资的增速较平稳。

印尼在过去几年吸引新投资的成效不明显。2014年大选影响了投资总额，增长率只有14.29%。2015年投资总额出现一定反弹，增长19.52%，但没有恢复到苏西洛执政末期20%以上的增长率。尽管从2016年1月起，普通商业银行的投资贷款利率下调到12%以下，但2016年投资增长率仍然下跌到12.48%。国外资本流入量较小，由于税务特赦的优惠条件，国内投资增长幅度较大。2011~2017年印尼投资总量和增长率见图5。

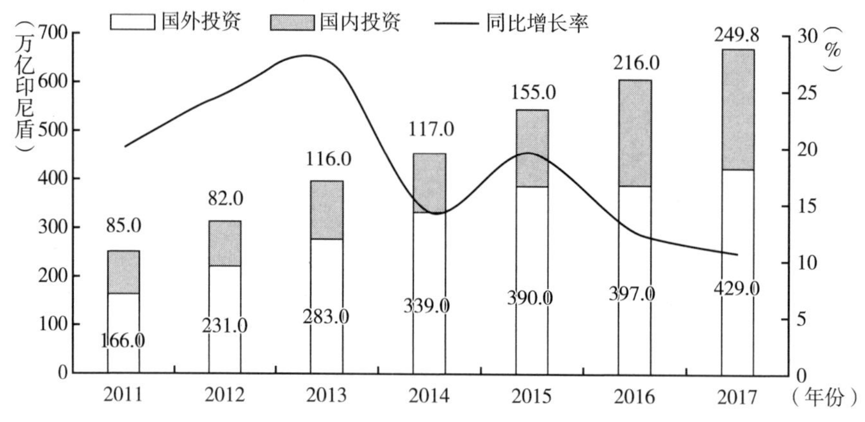

图5　2011~2017年印尼投资总量和增长率

注：2017年数据为目标值。

资料来源：印尼投资局。

2017年，普通商业银行的投资和营运资本贷款利率继续下调，截至2017年6月，投资贷款利率调整为11%，营运资本贷款利率下调到11.12%。[②]

2017年5月，标准普尔将印尼主权信用评级上调到投资级别的“BBB-”，

① “Realisasi Investasi Lampaui Target,” *Tempo*, https：//koran.tempo.co/konten/2018/01/31/426942/Realisasi-Investasi-Lampaui-Target.

② 银行贷款利率数据来自印尼中央统计局。

评级展望为稳定。上一次标准普尔调高印尼主权信用评级还是在2011年。至此，标准普尔、穆迪和惠誉三大国际信用评级机构对印尼的主权信用评级都达到了投资级别，[①] 这是自亚洲金融危机以来印尼首次获得三个机构投资级别的评价。[②] 12月20日，惠誉上调印尼主权信用评级到“BBB”，这是该机构自1995年以来给印尼的最高评级。主权信用评级调高有助于提振投资者的信心。同时，较低的贷款利率和大宗商品价格上升也有利于吸引投资。2017年，印尼前五大外资来源地区是新加坡（84亿美元）、日本（50亿美元）、中国内地（34亿美元）、中国香港（21亿美元）和韩国（20亿美元）。[③] 吸引投资的主要领域是钢铁、机械和电子产业、矿业、水电气供给行业、房地产和产业园区。[④]

（四）政府消费恢复，刺激经济增长

2016年下半年，政府消费出现负增长，2017年前三个季度，政府消费均实现正增长：第一季度，政府消费实现2.68%的正增长；第二季度，增长率下跌到1.93%；[⑤] 第三季度，增长率为3.46%。[⑥] 考虑到2016年负增长后的基准较低，第四季度政府消费增长率会进一步提升。

---

① 《标普上调印尼主权信用评级至投资级》，新华网，http://news.xinhuanet.com/fortune/2017-05/19/c_1121004500.htm，上网时间：2019年5月30日。

② *Indonesia Economic Quarterly*, The World Bank, June 2017, p. ii.

③ "Realisasi Investasi Lampaui Target," *Tempo*, https://koran.tempo.co/konten/2018/01/31/426942/Realisasi-Investasi-Lampaui-Target.

④ "Domestic and Foreign Direct Investment Realization in Quarter Ⅱ and January - June 2017," Indonesia Investment Coordinating Board, http://www2.bkpm.go.id/images/uploads/file_siaran_pers/2%29_Paparan_Bahasa_Inggris_Press_Release_TW_II_dan_Jan_Juni_2017.pdf.

⑤ "Jika Konsumsi Pemerintah Membaik, Pertumbuhan Ekonomi Bisa 5.1%," *Sindonews*, https://ekbis.sindonews.com/read/1228259/33/jika-konsumsi-pemerintah-membaik-pertumbuhan-ekonomi-bisa-51-1502179122.

⑥ "Bappenas: Pertumbuhan Ekonomi 2017 di Bawah Target," *Harian Teribit*, http://www.harianterbit.com/hanterekonomi/read/2017/11/14/89583/30/21/Bappenas-Pertu mbuhan-Ekonomi-2017-di-Bawah-Target-.

（五）进出口贸易额增加，贸易顺差扩大

2017 年，印尼进出口贸易回暖。2012 年以来，印尼出口额明显下滑，2012 ~2014 年甚至出现贸易逆差。① 2015 ~2016 年，进出口额增长速度下滑趋势明显，但从 2015 年起，印尼出现贸易顺差。2017 年，因棕榈油、煤等大宗商品价格上升，进出口贸易回暖。2017 年，出口额为 1687.28 亿美元，进口额为 1568.93 亿美元，累计贸易顺差为 118.35 亿美元，② 已超过 2016 年全年 83.63 亿美元的贸易顺差。2017 年大部分月份的出口额增速达到两位数，只有 6 月出现负增长（见图 6）。

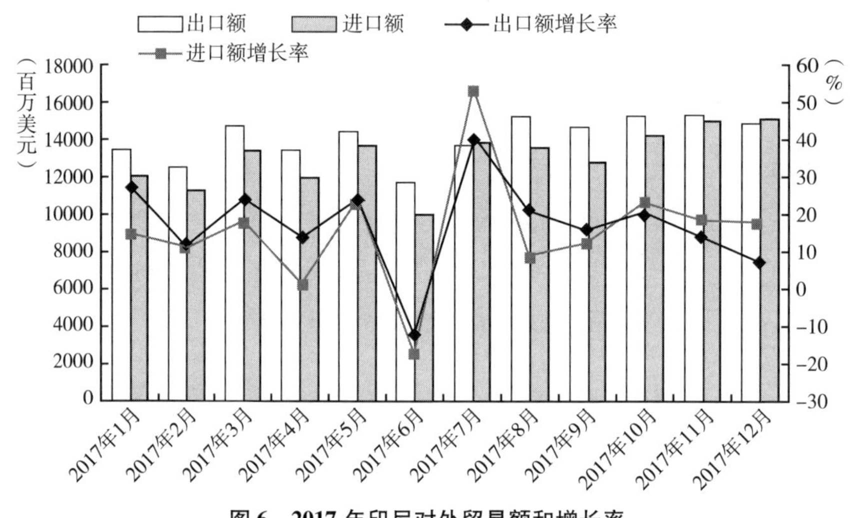

图 6　2017 年印尼对外贸易额和增长率

资料来源：印尼中央统计局。

出口增长主要来自非油气产品。2017 年，油气产品出口额为 157.38 亿美元，非油气产品出口额为 1529.90 亿美元。③ 2017 年 1 ~10 月，非油气产

① 左志刚等编《印度尼西亚经济发展报告（2017）》，社会科学文献出版社，2017，第 9 ~10 页。

② 数据来自印尼中央统计局。

③ 《印尼中央统计局：2017 年印尼外贸顺差达 118.4 亿美元》，中华人民共和国驻印度尼西亚共和国大使馆经济商务处网站，http://id.mofcom.gov.cn/article/sbmy/201801/20180102699635.shtml，上网时间：2018 年 6 月 1 日。

品出口贡献贸易顺差184.5亿美元，而油气产品出口产生贸易逆差66.7亿美元。在非油气领域，前五大出口产品是矿物燃料、机电产品、交通工具和零件、饰品和宝石、鞋制品，而动物和植物油脂是出口增长较快的产品。非油气领域前五大进口产品是机械、塑料制品、钢铁、交通工具和零件、生物化学制品。[①]

2017年印尼前五大出口目的地是中国、美国、日本、印度和新加坡。前五大进口来源地是中国、日本、泰国、新加坡和美国。美国和印度是印尼主要的贸易顺差来源国。

在印尼进出口贸易伙伴列表中，中国稳居第一名，中国也是印尼最大的贸易逆差来源国。2017年1～11月，中国与印尼进出口贸易额为527.06亿美元，其中印尼从中国的进口额为320.37亿美元，对中国的出口额为206.70亿美元（见图7）。印尼从中国进口的产品主要是机电产品，向中国出口的产品主要是矿物燃料、动物和植物油脂及矿产品。

从2012年起，印尼对主要出口目的地的出口额有不同程度的下降，其中对日本出口额下降幅度最大（从2011年的337.14亿美元下降到2016年的160.89亿美元），这是因为印尼对日本出口的产品主要为矿石燃料、铁矿、镍矿等，受全球价格影响较大。由于相似的原因，印尼对新加坡的出口额下降幅度也较大（从2011年的184.44亿美元下降到2016年的118.61亿美元）。尽管在2012～2015年印尼对中国的出口额也有所下降，但在2016年下降趋势止住，出口额从2015年的150.46亿美元增长到2016年的167.91亿美元，[②] 这与出口产品结构变化有关：动物和植物油脂、纸浆、钢铁、原木和木制品等在印尼出口结构中占据越来越重要的地位，而矿物燃料在印尼出口结构中的重要性降低。印尼对美国的出口额的变化不大，因为印尼对美国的出口产品主要为服装、鞋帽、橡胶、鱼类、电子产品，且各种产品的出口额所占比例较均衡。

---

① "Perkembangan Perdagangan Luar Negeri Periode Januari-Oktober 2017," *Kemendag*, http://www.kemendag.go.id/files/pdf/2017/11/20/infografis-perkembangan-perdagangan-luar-negeri-jan-okt-2017-id0-1511152307.pdf.

② 数据来自印尼中央统计局。

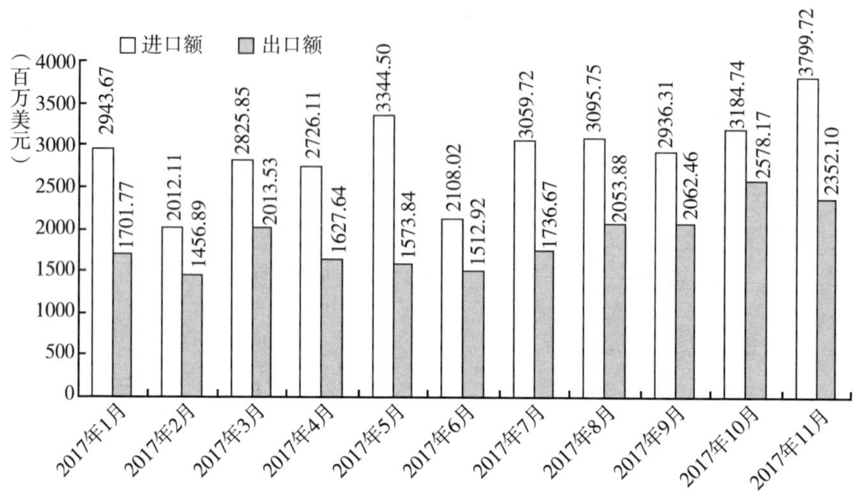

图7　2017 年 1 ~ 11 月印尼与中国的进口额与出口额

资料来源：印尼中央统计局。

2013 ~2014 年，日本、新加坡、美国和泰国作为印尼进口产品来源国的重要性下降，而印尼对中国产品的需求量则保持平稳。当前印尼进口的主要产品是机械、矿物燃料、电子器械、塑料产品、钢铁、交通工具等，印尼与中国的贸易具有很强的互补性。

（六）能源、制造业收缩，服务业发展

佐科执政以来，产业结构的变化如下：非油气加工业仍是 GDP 第一大来源，产值占 GDP 的 18% 左右，煤和油气加工业的产值占 GDP 的比例出现下滑。总的来看，目前制造业产值占 GDP 的比例约为 20%，且出现继续下降的趋势。这比 10 年前制造业产值占 GDP 的比例减少了约 7 个百分点。农林渔业受季节性影响，波动较大，但从整体上看，其产值占 GDP 的比例在每年前三个季度较稳定，维持在 14% 左右。信息与通信、交通与仓储行业产值占 GDP 的比例增长较快（见图 8）。

2016 年，因极端天气影响，农林渔业遭受较大打击。2017 年，农林渔业生产恢复很快。2017 年第一季度，农林渔业产值同比增长 7.12%，对第

一季度经济增长贡献最大，也是2008年以来增速最快的一个季度;[①] 第二季度，农林渔业是环比产值增长最快的产业（增长8.44%）;[②] 第三季度，农林渔业产值同比增长2.92%，低于2016年同期增长速度（增长3.03%）。[③] 从整体上看，农林渔业在2017年对GDP增长的贡献较大。

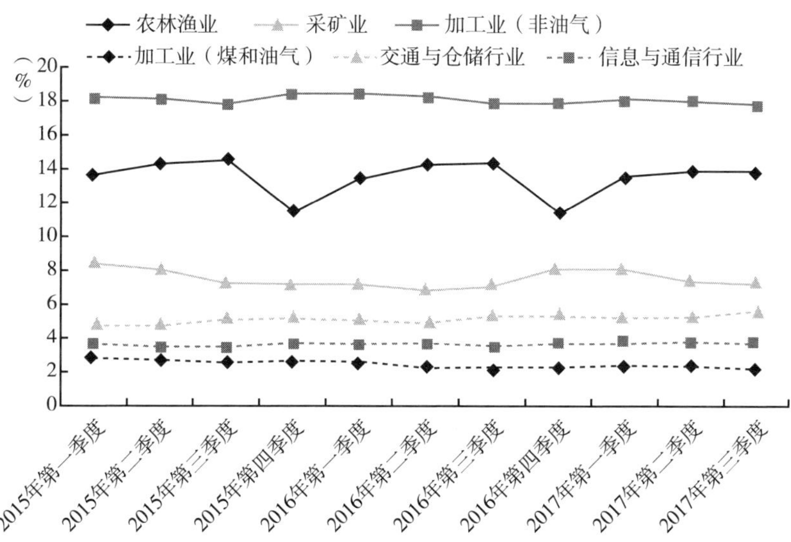

图8　2015年第一季度至2017年第三季度印尼各行业产值占GDP的比例

注：按现行价格计算。
资料来源：印尼中央统计局。

制造业在2017年整体表现平淡，产值在第一季度同比增长4.24%，第二季度增速下滑到3.54%，[④] 均低于GDP增速。第三季度的表现有所改善，

① *Indonesia Economic Quarterly*, The World Bank, June 2017, p. 6.

② "Pertumbuhan Ekonomi Indonesia Triwulan Ⅱ - 2017," *BPS*, https://www.bps.go.id/pressrelease/2017/08/07/1365/pertumbuhan-ekonomi-indonesia-triwulan-ii-2017.html.

③ "Ekonomi RI 5.06%: Sektor Perikanan Tumbuh Tinggi, Pertanian Turun," *Detik Finance*, https://finance.detik.com/berita-ekonomi-bisnis/3715658/ekonomi-ri-506-sektor-perikanan-tumbuh-tinggi-pertanian-turun.

④ "BPS: Pertumbuhan Manufaktur Melambat," *Bisnis*, http://industri.bisnis.com/read/20170807/257/678850/bps-pertumbuhan-manufaktur-melambat.

大型和中型制造业产值同比增长5.51%，小型制造业产值同比增长5.34%。食品和饮料加工业对大型和中型制造业产值增长的贡献最大，而电脑、电子产品和光学器件产值在小型制造业中增长最快，制药业的发展也较快。[①] 制造业中产值占比较大的五个领域是食品和饮料、化学制品、初级金属、橡胶和橡胶产品、制衣。印尼制造业整体呈现萧条的态势。2017年，采购经理指数（PMI）最高值出现在4月（51.2），最低值出现在7月（48.6），全年有5个月PMI低于50，低于50意味着制造业呈现收缩态势。2017年第三季度，制造业产值占GDP比重跌至21%，为2000年以来的最低位。

矿业受到限制出口禁令的影响，巴布亚省、马鲁古省等以矿业为主要产业的地区的GDP增速不理想。[②] 2017年第一季度，因煤价较低、产能不足，矿业和采掘业产值同比下滑0.49%，环比下滑0.78%。[③] 截至2017年末，矿业和采掘业的不良贷款比例较高，矿业和采掘业获得银行贷款的难度较大。[④] 然而，2017年下半年，煤价上升、产能增加，对矿业和采掘业是一个好消息。

在服务业中，宾馆和餐饮业产值对GDP的贡献率最大。[⑤] 2017年，较亮眼的产业是信息与通信行业和电子商务。信息与通信行业是2017年第一

---

① "Pertumbuhan Industri Manufaktur melejit pada Kuartal Ⅲ," *CNN Indonesia*, https://www.cnnindonesia.com/ekonomi/20171101145541-92-252731/pertumbuhan-industri-manufaktur-melejit-pada-kuartal-iii/.

② "Di Bawah Target, BI Proyeksi Ekonomi RI 2017 Tumbuh 5.1%," *Detik Finance*, https://finance.detik.com/moneter/3730324/di-bawah-target-bi-proyeksi-ekonomi-ri-2017-tumbuh-51.

③ "BPS: Sektor Pertambangan Mengalami Penurunan pada Kuartal I 2017," *Tempo*, https://bisnis.tempo.co/read/872542/bps-sektor-pertambangan-mengalami-penurunan-pada-kuartal-i-2017.

④ "Bank Masih Hindari Sector Pertambangan," *Kontan*, http://keuangan.kontan.co.id/news/bank-masih-hindari-sektor-pertambangan.

⑤ "Di Bawah Target, BI Proyeksi Ekonomi RI 2017 Tumbuh 5.1%," *Detik Finance*, https://finance.detik.com/moneter/3730324/di-bawah-target-bi-proyeksi-ekonomi-ri-2017-tumbuh-51.

季度和第二季度同比增速最快的行业（增速分别为9.10%[①]、10.88%[②]），第三季度，累计同比增速为9.80%。[③] 国际电信联盟评价印尼是全球十个最具活力的电信市场之一。[④] 随着手机和网络的普及以及中产阶级消费群体规模的扩大，数字经济异军突起，2017年，数字经济涨幅在30%以上。[⑤] 消费者喜欢在线上购买的产品是服装、鞋、手表、机票、智能手机、机动车配件、化妆品和书。[⑥] 为了进一步支持电子商务发展，印尼及时颁布了相关条例和发展规划。佐科总统在2016年11月签署了电子商务路线规划。印尼中央银行在2017年12月推出国家支付网关，使电子支付在各银行接口之间的转换更便捷、更便宜。然而，物流业仍是电子商务发展的制约因素。

（七）金融市场稳定，股市进入牛市

2017年，货币供应量稳定增长。2017年11月，广义货币供应量（M2）余额为3932.74亿美元，同比增长约10.6%。[⑦] 2017年11月，狭义货币供应量（M1）余额为989亿美元。流通中现金（M0）余额为537.29万亿印尼盾（约合403亿美元）。

总存款规模持续扩大，增速走出低谷。截至2017年10月，商业银行和农村银行中社会存款总额（印尼盾和外币）达5020.30万亿印尼盾，比

① "Pertumbuhan Ekonomi Indonesia Triwulan Ⅰ－2017," *BPS*, https://www.bps.go.id/pressrelease/2017/05/05/1364/pertumbuhan－ekonomi－indonesia－triwulan－i－2017.html.

② "Pertumbuhan Ekonomi Indonesia Triwulan Ⅱ－2017," *BPS*, https://www.bps.go.id/pressrelease/2017/08/07/1365/pertumbuhan－ekonomi－indonesia－triwulan－ii－2017.html.

③ "Ekonomi Indonesia Triwulan Ⅲ－2017," *BPS*, https://www.bps.go.id/pressrelease/2017/11/06/1366/ekonomi－indonesia－triwulan－iii－2017－tumbuh－5－06－persen.html.

④ "Indonesia Making Progress in Global ICT Ranking," *The Jakarta Post*, http://www.thejakartapost.com/news/2017/12/15/indonesia－making－progress－in－global－ict－ranking.html.

⑤ 《数字经济促进2018年经济增长》，《印度尼西亚商报》2017年11月16日。

⑥ "E-Commerce in Indonesia: Many Consumers Look Offline, Buy Online," *Bisnis Indonesia*, https://www.indonesia－investments.com/news/todays－headlines/e－commerce－in－indonesia－many－consumers－look－offline－buy－online/item8410?.

⑦ 数据来源于CEIC和印尼中央银行。

2016 年同期多出 484.01 万亿印尼盾。存款增速自 2012 年（15.6%）以来逐年放缓，到 2015 年降到 8%，[①] 2017 年存款增速比 2016 年略提高。2017 年 10 月社会存款总额相比 2016 年同期增长 10.67%，相比 2015 年同期增长 18.41%。个人存款总额占全部存款总额的 55.88%。[②]

信贷增速仍处在低位，不良贷款得到控制。2012 年 6 月，印尼国内信贷增速达到历史高点（26.2%），之后信贷增速放缓。进入 2017 年，虽然增速下降的趋势得到控制，但信贷增速仍处于低点。[③] 截至 2017 年 10 月，商业银行和农村银行的印尼盾和外币信贷余额为 4588.812 万亿印尼盾，比 2016 年 10 月同期增长 8.05%。产业信贷占全部信贷余额的 70.83%，其中，批发零售业和汽修行业信贷占 19.16%，制造业信贷占 16.77%，农林渔业信贷占 6.84%。[④]

不良贷款率下降。不良贷款率在 2014 年初至 2016 年中期出现小幅攀升，从不到 2% 上升到约 3.25%。从 2016 年中期开始，不良贷款率得到控制，2016 年末，不良贷款率降到 3.29%，到 2017 年末进一步降到 2.96%。[⑤]

印尼盾兑美元汇率的表现比前两年更平稳。印尼盾兑美元汇率在 2017 年的均值约为 13360，各月汇率均值在 13304 ~ 13527 浮动。印尼盾兑人民币汇率在 2017 年前半年处在 1930 ~ 1940，波动不大，但在后半年出现了小幅波动（见图 9）。随着人民币的升值，人民币兑印尼盾汇率也随之攀升，1 元人民币在年末可以兑换 2040 印尼盾左右。

证券市场比较繁荣。截至 2017 年 10 月，在印尼证券交易所，有 678 家公司发行了股票，比 2015 年同期增加了 46 家公司，发行股票市值为 3327.3 万亿印尼盾。2015 年 9 月，雅加达股市开始进入牛市，2016 年第

① 左志刚主编《印度尼西亚经济发展报告（2017）》，社会科学文献出版社，2017，第 185 页。

② 数据来自印尼中央银行。

③ 数据来自 CEIC。

④ 数据来自印尼中央银行。

⑤ "Bank Masih Hindari Sector Pertambangan," *Kontan*, http://keuangan.kontan.co.id/news/bank-masih-hindari-sektor-pertambangan.

四季度进入短时间回调期，12 月 23 日，雅加达股指跌到阶段性低位（5027.70 点）。2017 年股指走势向好，一部分原因是国外资金的进入。2017 年 7 月 3 日，股指达到 5910.24 点，此后经过 3 个月的回调和波动，从 10 月开始，股指出现新一波的增长并在 12 月突破 6000 点大关，创下历史新高。截至 2017 年 10 月，259 家公司发行了债券，已发行公司债券市值为 569.68 万亿印尼盾，比 2016 年同期增长 13.18%，公司债券余额市值为 363.12 万亿印尼盾。

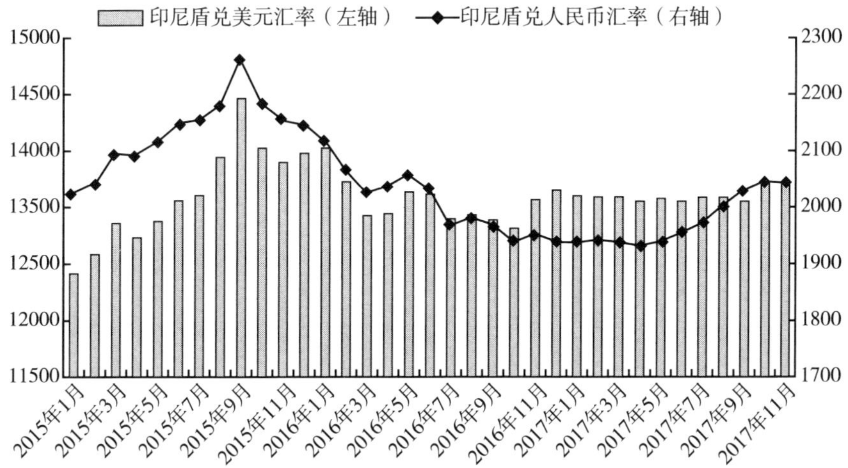

图 9　2015 年至 2017 年 11 月印尼盾对美元和人民币汇率的月均值

资料来源：x-rates。

（八）民生状况小幅改善

2017 年，失业率小幅下降。佐科总统上任以来，鼓励在正式岗位就业，不断创造新的工作岗位，2015 年以来，失业率持续下降。失业率从 2016 年 2 月的 5.50% 下降到 2017 年 2 月的 5.33%；从 2016 年 8 月的 5.61% 下降到 2017 年 8 月的 5.5%。截至 2017 年 8 月，22 个省的失业率在全国平均水平以下，其中巴厘省、明古鲁省、中苏拉威西省、西苏拉威西省等的失业率较低。12 个省的失业率高于全国平均水平，失业率较高的地区如东加里曼丹省、西爪哇省、马鲁古省、万丹省、西巴布亚省和亚齐省。首都雅加达的失业率为5.36%，略高于全国平均水平。①

2017年，贫困率小幅下降。② 贫困率自2005年以来持续下降，苏西洛第一任期内下降速度较快，第二任期内下降速度趋缓。佐科执政期间，贫困率继续稳步、缓慢下降。2017年3月的贫困率达10.64%，全国贫困人口总数为2770万人，仅比2014年9月减少0.32%。③ 21个省的贫困率低于全国平均水平，13个省的贫困率高于全国平均水平。贫困率较高的省如西努沙登加拉省、明古鲁省、南苏门答腊省、中爪哇省、亚齐省等。印尼中央统计局发现，食品价格（如大米、鸡蛋和鸡肉等的价格）是影响贫困率的主要因素，因此，佐科总统要求内阁努力维持食品价格稳定。④

2017年末，全国各地调高最低月工资标准，升幅处于政府制定的最低线8.71%～15.44%。从2012年起，印尼各省开始较大幅度调高最低月工资标准，2012～2014年的增幅最大，2015～2017年的增速放缓，但仍高于2012年以前的增速。截至2016年末，印尼各地平均最低月工资为1997819印尼盾，比2015年增加了207477印尼盾。2017年10月末，雅加达特区首长阿尼斯将2018年最低月工资标准从之前的3300000印尼盾提升到3800000印尼盾。⑤ 这是基于《2015年第78号关于工资的政府规定》提出的，即工资

① 失业率数据来自印尼中央统计局。

② 贫困率数据来自印尼中央统计局。印尼各省的贫困线标准不同且每年变更，以2017年3月为例，全国平均贫困线以个人平均月支出（278277.85印尼盾）为分界。贫困线标准较高的省，例如邦加勿里洞省，贫困线是449106.13印尼盾；而南苏拉威西省的贫困线标准很低，个人平均月支出在215790.81印尼盾以下即为贫困人口。

③ "BPS: Penurunan Kemiskinan di RI Berjalan Lambat," *Detik Finance*, https://finance.detik.com/berita-ekonomi-bisnis/3762450/bps-penurunan-kemiskinan-di-ri-berjalan-lambat.

④ Bagus Prihantoro Nugroho, "Perintah Jakowi Kementeri Agar Orang Miskin Tak Tambah Banyak," *Detik Finance*, https://finance.detik.com/berita-ekonomi-bisnis/3573536/perintah-jokowi-ke-menteri-agar-orang-miskin-tak-tambah-banyak.

⑤ "Jakarta Sets 2018 Minimum Wage at Rp 3.6 Million," *The Jakarta Post*, http://www.thejakartapost.com/news/2017/11/01/jakarta-sets-2018-minimum-wage-at-rp-3-6-million.html.

上调比例等于前一年通货膨胀率加 GDP 增长率。[①] 2017 年末，最低月工资标准升幅最高的省是马鲁古省，从 1925000 印尼盾升到 2222220 印尼盾，升幅达 15.44%。[②] 尽管这有助于促进居民消费，但最低月工资标准的快速提高会增加企业经营的人力成本，而且由于最低月工资标准增幅与人力资源质量的提升不匹配，这或将提前透支印尼低廉劳动力的优势，阻碍劳动密集型产业向印尼转移。

2017 年，农民的实际收入减少。虽然农民的名义日薪不断增加，但实际日薪在减少，名义日薪和实际日薪的差距在扩大。2015 年 1 月，实际日薪和名义日薪之差为 7702 印尼盾。截至 2017 年 10 月，农民平均实际日薪为 37431.90 印尼盾，平均名义日薪为 49770.7 印尼盾，两者之差扩大到 12338.8 印尼盾。[③] 农民的劳动收入被严重挤压，使印尼政府面临越来越严重的农业劳动力流失问题，长此以往，则会威胁印尼政府提出的“食品安全”或“粮食自给”目标。[④]

综上所述，由于中国、美国和亚太其他中等收入国家的经济增速出现小幅下降，这对印尼的出口产业产生负面影响，而印尼 2017 年的经济增速出现小幅反弹的趋势实属难得。这说明印尼经济结构的外部依赖性并不是非常高。2008 年全球金融危机爆发后，印尼遭受打击的水平也低于亚太中等收入国家的平均水平，这说明，印尼的经济结构具有较强的对抗外部压力的能力。然而，印尼的经济结构不是完美的，其经济增长仍过度依赖家庭消费，2017 年消费模式变化和消费增长乏力的事实预示着印尼需要提高投资在经济结构中的比例，以带动工资水平提高和消费能力提升。

---

① “PP Nomor 78 Tahun 2015 Mengakomodir Upah Karyawan,” *Tempo*, https://nasional.tempo.co/read/1030141/pp-nomor-78-tahun-2015-mengakomodir-upah-karyawan.

② 《2018 最低工资标准升幅最高 5 省份》，《千岛日报》2017 年 11 月 21 日，https://qiandaoribao.com/news/103695。

③ 农民日薪数据来自印尼中央统计局。

④ 关于印尼的“食品安全”和“粮食自给”的概念差异，可参考 Peter G. Warr，“Food Security vs. Food Self-Sufficiency: The Indonesian Case (March 1, 2011),” *Crawford School Research Paper*, https://ssrn.com/abstract=1910356 or http://dx.doi.org/10.2139/ssrn.1910356。

二　2017年经济政策

在2016年后半年出口低迷和政府消费被控制的背景下，印尼为2017年制定了谨慎的财政政策以控制财政赤字；印尼中央银行继续执行较宽松的金融政策，两次调低利率以增加贷款和吸引投资；政府继续深化政治—经济结构性改革，提升征税能力，提高地方政府的预算能力，完善营商环境，进行国企重组以提高效率。

尽管2017年出现了一些出乎意料的情况，如国内消费模式变化、大宗商品价格浮动等，但印尼经济的表现基本符合预期，外商投资、营商环境、税收等领域表现突出。部分短期成果的取得离不开2017年经济政策的指导，例如，财政赤字控制在安全范围内，得益于财政部稳健的预算方案；国外直接投资恢复并完成既定目标，得益于中央政府对雅加达特区首长选举后政治环境迅速恢复的努力；全球竞争力指数排名提高和主权信用评级提升，得益于佐科总统从上任起坚持实施营商环境优化政策；2017年超额完成增值税目标的好成绩，[①] 得益于财政部的综合税改。从长期来看，印尼正在进行的政治—经济结构性改革和基础设施建设将为经济增长打下牢固的基础。

（一）财政政策谨慎

在全球和印尼经济面对诸多不确定性的情况下，2017年，印尼财政政策的基调是，谨慎支出，以促进经济增长。印尼财政部的习惯做法是提出较高的目标，此后视情况调低，但2016年10月国会通过的2017年预算案罕见地具有理性、务实的基调。[②] 财政部判断国家财政收入不足的情况将持

① Setyo Aji Harjanto, "Penerimaan Perpajakan Hanya 91 Persen dari Target di 2017," *CNN Indoneesia*, https://www.cnnindonesia.com/ekonomi/20180102183322-532-266156/penerimaan-perpajakan-hanya-91-persen-dari-target-di-2017.

② *Country Report*: *Indonesia*, The Economist Intelligence Unit, 11 May 2017, p. 6.

续，在2016年8月通过的2017年预算案中调低了财政收入和支出预算，预计2017年财政赤字达到333万亿印尼盾，约占GDP的2.41%，经2017年7月修订后，增加到占GDP的2.92%或397.235万亿印尼盾，依法将财政赤字控制在3%以内。[①] 公债占GDP的比重自2012年的低点（24%）以来约升高了5个百分点，到2016年底，公债占GDP的比重为27.9%，[②] 在发展中国家中处于比较健康的水平，低于新加坡（112%）、越南（62%）、马来西亚（53%）、菲律宾（42%）、泰国（41%）、柬埔寨（33%）等。[③]

2014年以来，全球大宗商品价格走低对印尼财政收入造成严重的负面影响，虽然2016～2017年的税务政策调整缓解了财政压力，但未能从根本上扭转财政收入紧张的趋势。2016年7月1日，印尼开始实行税务赦免法案，[④] 目标是资产申报总额为4000万亿印尼盾，汇返本国资金为1000万亿印尼盾，追回税款为165万亿印尼盾，这将使财政收入增加11%。[⑤] 截至2017年3月31日税务赦免期结束，资产申报总额达4865万亿印尼盾，超过了预期目标，然而汇返本国资金仅有147万亿印尼盾，追回税款仅为114万亿印尼盾。[⑥] 税务赦免是2016～2017年稳定财政收入的一剂"强心针"，却不是治病的"灵丹妙药"，印尼政府仍需谨慎地"量入为出"。

在2017年财政支出减少的情况下，政府关注基础设施建设和地方财政分权。一方面，基础设施建设预算大幅增长：2016年，基础设施建设预算占财政支出的15.11%，2017年提升到18.60%，绝对值增加了70万亿印尼盾。与基础设施建设相关的部门的预算都有所增加，如公共工程与住房部、

---

① 《2003年国家财政法》规定，财政赤字必须低于GDP的3%。

② 数据来自印尼财政部。

③ Kevin O'Rourke, "Reformasi Weekly Review," 21 July 2017, p. 12.

④ 2016年6月28日，印尼国会通过关于税务赦免的第11号法，该法从同年7月1日起实施。

⑤ Riatu Qibthiyyah, Ariane Utomo, "Survey of Recent Developments Family Matters: Demographic Change and Social Spending in Indonesia," *Bulletin of Indonesian Economic Studies*, Vol 52, No. 2, 2016, pp. 133－159.

⑥ 数据来自印尼财政部。

交通部和社会部，它们的预算比2016年分别增长了9%、14%和40%。[①] 与基础设施配套的相关立法在2017年也开始推进。6月，总统签署了第56号关于处理国家战略项目征地的社会影响的总统规定，这是继2012年第2号公共基础设施征地总统规定以来又一个支持基础设施发展的法令。该规定允许项目开发者使用国家预算补偿居住在国有地块上、因基础设施建设需要搬迁的居民。

另一方面，2017年，中央政府通过增加地方转移支付和乡村发展款项进一步深化地方财政分权。2009～2015年，地方转移支付占财政支出比重维持在31%～33%，2016年激增到37%，2017年，中央政府将地方转移支付占财政支出比重设定为37%（见图10）。另外，乡村发展款项自2015年以来持续攀升。2014年第6号关于农村发展的法律要求至少10%的地方拨款应用于乡村建设，每个村庄每年应获得约10亿印尼盾的拨款。

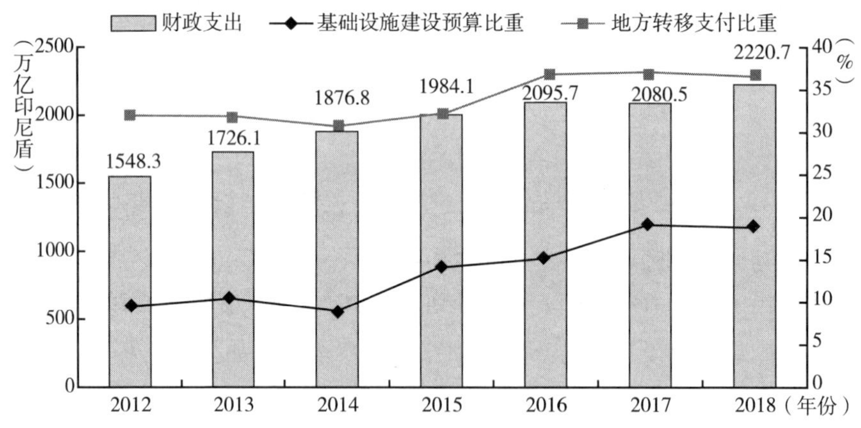

图10　2012～2018年印尼财政支出和基础设施建设预算、地方转移支付比重

资料来源：印尼财政部。

① Siwage Dharma Negara，"Indonesia's 2017 Budget Seeks Cautious Economic Expansion，" *ISEAS Perspective*，No. 51，2016，p. 8.

（二）金融政策继续放宽

2017 年印尼中央银行继续实行宽松的金融政策，以促进消费、鼓励投资、刺激经济增长。2016 年，印尼中央银行调低利率，[①] 为 4.75%，并放宽放贷规定。2017 年 8 月、9 月，印尼中央银行两次调低七天回购利率，为 4.50% 和 4.25%。印尼中央银行在 8 月同时调低了 2017 年银行贷款增长率预期，从 10%~12% 下调到 8%~10%。2017 年 12 月美联储加息后，印尼中央银行保持 4.25% 的利率不变。

2018 年印尼金融政策很可能不会继续放宽，因为截至 2017 年末，通货膨胀率和汇率表现均在印尼中央银行的目标范围内，且面对美元走强的势头，印尼中央银行认为，货币政策继续放宽的空间已不大，未来经济政策调整的重头戏体现在财政政策上。

（三）结构性改革持续推进

佐科上台后对政治—经济制度进行了一系列有长远影响的改革，如 2014 年，减免燃油补贴的政策为基础设施建设节省了大量财政资源，以及直接向村庄发放发展资金、放宽外商投资领域限制等。2017 年，佐科政府的政治—经济结构性改革有诸多亮点，如进行全面税务系统改革、提升地方政府预算能力、提升营商便利性和进行国企改革。

1. 进行全面税务系统改革

印尼政府的征税能力较低而且近几年出现恶化的趋势。印尼政府的税收收入实现比例从 2011 年的 101% 下跌到 2015 年的 83%。[②] 2016~2017 年的税务赦免揭露了印尼政府对个人所得税征收能力不足的缺陷，仅有不到 100 万名印尼人参加了税务赦免项目。在 2018 年世界银行经商便利度调查中，印尼

---

① 从 2016 年 8 月 19 日起，印尼中央银行不再使用中央银行利率作为基准利率工具，而使用七天回购利率，参见《2016 年 8 月 19 日起七天回购利率将代替央行利率》，《印度尼西亚商报》2016 年 4 月 16 日。

② 数据来自印尼财政部。

的缴税便利度排名从第104名下降到第114名。[①] 征税能力不高是制约财政收入增加的主要原因。税收收入仅占GDP的10.4%（2016年），不到国际货币基金组织提出的15%门槛。[②] 2016～2017年的税务赦免期开启了印尼税务改革的新篇章，虽然税务特赦在短期内取得了一定效果，但不能从根本上解决印尼征税能力低的问题。

为此，财政部着手进行全面税务系统改革，具体措施如下。（1）提高对纳税人信息的获取能力：计划在2018年9月以前实现与OECD国家之间的"自动资讯交换"，[③] 并与印尼信息与通讯部邮政司建立共享信息机制。[④]（2）追查和惩处偷税行为：税务赦免期之后，税务司加强对纳税申报的复核调查，对700余名纳税人进行听证。[⑤]（3）促使缴税手续简化：开通电子报税和缴税渠道，并与Go－Jek合作，以方便中小企业缴税。[⑥]（4）加快税务立法：总统签署了《2017年第36号关于针对被视为收入的特定净资产征收入税的政府规定》，对于特定类型的该缴未缴的税款的相应罚款比例最高可达到200%。[⑦] 税务司正在拟定与电子商务相关的税务规定。[⑧] 另一个热议中的重大机构变革是将税务司从财政部中独立出来，以使其直接向总统负责。税务司独立的计划已经提出10年有余，但一直没有立法。该计划的批复进行得比较顺利，2017年11月28日，该计划已被写入《税务总则法案》

---

① Fiki Ariyanti, "Sri Mulyani Beberkan Alasan Indikator Pajak di EoDB Merah," *Liputan6*, http://bisnis.liputan6.com/read/3149038/sri-mulyani-beberkan-alasan-indikator-pajak-di-eodb-merah.

② Harry Suhartono, Karlis Salna, "Architect of Indonesia Post-Crisis Economy Urges More Tax Reform," *Bloomberg News*, https://www.bloomberg.com/news/articles/2017-07-26/architect-of-indonesia-post-crisis-economy-urges-more-tax-reform.

③ Jarryd de Haan, "Indonesia: Comprehensive Tax Reform on the Way," Future Directions, http://www.futuredirections.org.au/publication/indonesia-comprehensive-tax-reform-way/.

④ "Pajak Jadi Syarat Izen Postel," *Bisnis Indonesia*, 21 Dec. 2017, p. 2.

⑤ Kevin O'Rourke, "Reformasi Weekly Review," 27October 2017, p. 12.

⑥ "Siapa Yang Bias Nikmati Layanan Bikin NPWP Lewat Gojek?" *Detik Finance*, https://finance.detik.com/berita-ekonomi-bisnis/3738914/siapa-yang-bisa-nikmati-layanan-bikin-npwp-lewat-gojek.

⑦ Kevin O'Rourke, "Reformasi Weekly Review," 22 September 2017, p. 10.

⑧ Kevin O'Rourke, "Reformasi Weekly Review," 13 October 2017, p. 12.

并被提交给国会。[①] 2017 年 11 月上任的税务司长罗伯特·帕克帕罕有望推动税务系统全面改革。

2. 提升地方政府预算能力

2017 年，中央政府继续致力于深化地方财政分权、提升地方政府预算能力。佐科执政以来，地方政府制定预算和使用预算资金的能力有所提高，这从 2017 年 1 月地方政府的银行存款总额在 6 年中首次下降可以反映出来。[②]

3. 提升营商便利性

2016 年，印尼列世界银行经商便利度第 91 位，佐科总统制定目标，要将印尼的排名向上提升，列第 40 位。[③] 2015 年 9 月至 2017 年 8 月，佐科总统推出了 16 期经济配套政策（见表 2），其于 2017 年推出了两期经济配套政策，"一站式服务窗口"提升了申请许可证和减免税款等手续的效率，有利于提升营商便利性。2017 年 10 月，作为第 16 期经济配套政策的后续行动，总统签署第 91 号总统规定，建立了以经济统筹部长为主席、12 名相关部委领导为成员的工作小组，小组的工作目标是使投资者可以在网上一次性提交材料并办理营业许可证。佐科内阁自 2015 年以来坚持改善营商环境的举措取得了成效：在 2017 年经商便利度排名中，印尼取得了第 72 位的好成绩。2015~2017 年连续三年，投资局均超额完成吸引投资任务。

表 2　佐科总统颁布的 16 期经济配套政策

期数	时间	经济配套政策
第 1 期	2015 年 9 月	提出宏观经济发展蓝图；简化、撤销部分投资条例；缩短申请免税期和减税优惠的时间
第 2 期	2015 年 9 月	减少工业区许可证申请时间；简化林业投资许可证办理手续；下调进口设备和出口套汇存款税率；设立全国物流监管中心

① "Dirjen Pajak: Kalau DJP Jadi Badan, Bukan Berarti Kami Sewenang-wenang," *Kompas*, http://ekonomi.kompas.com/read/2017/11/28/192000526/dirjen-pajak--kalau-djp-jadi-badan-bukan-berarti-kami-sewenang-wenang.

② Kevin O'Rourke, "Reformasi Weekly Review," 10 March 2017, p. 14.

③ 印尼政府在 2017 年 3~5 月曾计划建立一个专门小组负责此事，但没有下文。

续表

期数	时间	经济配套政策
第 3 期	2015 年 10 月	对特定消费者降低电价
第 4 期	2015 年 10 月	制定新的提升工资制度；完善人民营业贷款的接续步骤；向中小企业发放贷款[a]
第 5 期	2015 年 10 月	鼓励国营企业和私营企业进行资产重估，并提供减税优惠；消除房地产行业投资的双重征税[b]
第 6 期	2015 年 11 月	对经济特别区减税；对水资源开发减税；减少进口药物或药品原材料申请许可证的时间
第 7 期	2015 年 11 月	鼓励发展劳动密集型工业，提供税务优惠；加快发放地契的速度
第 8 期	2015 年 12 月	实施“同一份地图”政策；加快炼油厂兴建的速度；为飞机维修服务企业提供优惠
第 9 期	2016 年 1 月	加快电力基础设施的供应；稳定牛肉价格；提高城市与乡村之间的物流便利程度
第 10 期	2016 年 2 月	放宽 30 余个行业的外商直接投资限制，允许外资在 100 多个行业中占有多数股份[c]
第 11 期	2016 年 3 月	推动中小微企业扩大出口规模；成立房地产投资基金；加快港口物流运输速度；发展药品工业和医疗保健器械产业[d]
第 12 期	2016 年 4 月	削减营商许可程序、时间和费用
第 13 期	2016 年 8 月	为低收入群体提供保障房
第 14 期	2016 年 11 月	制定电子商务路线规划
第 15 期	2017 年 6 月	建立“一站式服务窗口”，改善物流运输系统
第 16 期	2017 年 8 月	中央和地方组成特别机构以改善许可证服务，加快许可证发放速度；建立从中央到地方的综合经商许可系统

注：a. 参见《第四期经济配套（含三部分）》，《印度尼西亚国际日报》2015 年 10 月 16 日，http：//www. guojiribao. com/shtml/gjrb/20151016/239048. shtml；b. 参见《印尼政府出台第五期经济配套措施》，中华人民共和国驻泗水总领事馆经济商务室网站，http：//surabaya. mofcom. gov. cn/article/jmxw/201510/20151001145016. shtml；c. 参见《提振经济，印尼推出系列“松绑”措施（国际视点）》，人民网，http：//hb. people. com. cn/n2/2016/0225/c194063 – 27804303. html；d. 参见《印尼政府出台第十一期经济配套措施》，中华人民共和国驻泗水总领事馆经济商务室网站，http：//surabaya. mofcom. gov. cn/article/ddfg/201603/20160301286034. shtml。

4. 进行国企改革

印尼国企的经营状况普遍不佳，一些国企长期亏损，这已成为印尼的“陈年旧疾”，给国家财政增添负担。基于该情况，政府要求国企进行两方面改革：一是提高集约化水平，成立国企控股公司；二是撤出非核心经营领域，给私营企业和中小型企业留出发展空间。

2015 年末，政府决定合并部分国企并成立国企控股公司以提高集约化水平和加强管理，即按领域成立 15 家国企控股公司。[①] 2017 年，矿业率先进行改革，成立国企控股公司。11 月 29 日，亚沙汉铝矿成为国企矿业控股公司，三家矿业国企 Antam、Bukit Asam 和 Timah 成为其控股公司，印尼自由港公司也被该公司收购。[②] 下一个进行改革的是油气领域，即合并印尼国家石油公司和国家燃气公司。[③]

自 2017 年 10 月起，佐科总统要求国企出售下属企业或进行合并，国企逐步撤出非核心经营领域。10 月 3 日，印尼工商会主席罗山・鲁斯拉尼向总统提出减少国企对经济领域的参与的建议。他说，“我们要求国企回到核心业务上。国企有 118 个，但它们的下属企业几乎有 800 个，已经‘侵犯’了私营企业和中小型企业的发展空间”。

三　印度尼西亚经济前景展望

（一）GDP 有望稳步增长

佐科总统曾提出要在第一任期结束前使印尼经济增长率重回 7%，[④] 至 2017 年底，这个目标很难达成。考虑到中国经济增速放缓、大宗商品价格浮动和地缘政治风险，[⑤] 相关机构和文件对 2018 年印尼经济增长率的保守

---

① 《印尼将尽快成立六大类国企控股公司》，中华人民共和国商务部网站，http://www.mofcom.gov.cn/article/i/jyjl/j/201603/20160301287488.shtml，上网时间：2019 年 6 月 4 日。

② 《数家国营矿业公司转移股份后，Inalum 正式成为矿业控股公司》，《印度尼西亚商报》2017 年 12 月 2 日。

③ "Pemerintah Dinilai Kurang Transparan Soal Holding BUMN," *Tribun Bisnis*, http://www.tribunnews.com/bisnis/2017/12/07/pemerintah-dinilai-kurang-transparan-soal-holding-bumn.

④ "Pemerintah Targetkan Pertumbuhan Ekonomi 7 Persen," *Kompas*, http://bisniskeuangan.kompas.com/read/2014/12/23/163935126/Pemerintah.Targetkan.Pertumbuhan.Ekonomi.7.Persen.

⑤ "Ekonomi RI 2018 Bakal Didorong Lonjakan Investasi Dan Eskpor," *Detik Finance*, https://finance.detik.com/berita-ekonomi-bisnis/3769303/ekonomi-ri-2018-bakal-didorong-lonjakan-investasi-dan-ekspor.

估计约为5.3%：世界银行在2017年10月预估2018年印尼经济增长率为5.3%；印尼中央银行在2017年8月提出的2018年经济增长率目标是5.1%~5.5%；2018年印尼财政预算案提出2018年印尼经济实现5.4%的增长。如果2018年大宗商品价格继续攀升，那么这将对印尼经济增长极为有利。在私人消费方面，考虑到物价稳定、信用成本降低、正式行业工作机会增加和社会福利水平提升，经济学人情报社认为，2017~2021年，印尼私人消费增长率预计约为5.3%。①

（二）财政政策务实，更加强调社会公平

2018年印尼财政预算继续保持理性、务实的基调。家庭消费增长缓慢、大宗商品出口价格不高、税务改革尚在初期阶段、油价上涨等不利因素叠加使2018年大幅提升财政收入水平的可能性很低。中国因经济增速放缓对自然资源的需求量减少也会影响印尼财政收入进项。② 从2018年财政预算看，印尼政府为应对财政收入的“寒冬”做好了准备，谨慎支出，并继续降低财政赤字比例，为2.19%。

随着2019年总统选举的到来，佐科政府的财政政策将向促使社会公平倾斜。佐科总统表示，2018年，财政政策的主题是“强化财政管理以加速公平的经济增长”。政府将增加“希望家庭项目”的扶助群体，从600万个家庭增长到1000万个家庭；为9240万人免费提供国家医疗保险；支持“智慧印尼”教育项目并增加教育奖学金；继续进行食品补贴的非现金化改革。③

财政政策向社会公平倾斜的后果之一是政府拨给基础设施建设的预算减少。基础设施建设预算占2018年财政支出的比例较上年缩减0.11个百

① *Country Report*: *Indonesia*, The Economist Intelligence Unit, 11 May 2017, p.7.

② *Country Report*: *Indonesia*, The Economist Intelligence Unit, 11 May 2017, p.6.

③ Galih Gumelar, “DPR Ketok APBN 2018, Belanja Negara Rp2.221 Triliun,” *CNN Indonesia*, https://www.cnnindonesia.com/ekonomi/20171025140233-78-250951/dpr-ketok-apbn-2018-belanja-negara-rp2221-triliun/.

分点。预算将重点支持正在建设的国家战略项目，以渔业、农业和旅游业项目为主。①

（三）金融政策或收紧

2018 年预算案中印尼盾兑美元的汇率目标为 13500。基于美联储加息的可能,② 印尼中央银行有可能上调七天回购利率，以应对资本撤出和货币疲软的危机。③ 印尼证券业分析师认为，至少 2018 年上半年，股市不会受大选的影响。④

（四）结构改革步伐或放缓

2018 年，印尼全国多个省和县（市）进行地方选举，接着将迎来 2019 年总统选举，地方和国家的政治不确定性不仅将对中央政府进行结构性改革产生负面影响，也会影响新基础设施项目的落地。

印尼的经济走势有利于中印尼深化民间“一带一路”合作。由于 2018～2019 年“选举年”的政治不确定性较高，中印尼签订较高级别的大型跨国合作项目的可能性不高，但由私营企业主导的地方中小型投资合作则有望开花，尤其是中小型基础设施、产业园区和电子商务三个领域。首先，中央政府财政支出向民生领域倾斜，基础设施支出减少，因此，民间资本和国外资本参与投资基础设施的可能性提高。佐科政府支持私人资本以 PPP 模式参与基础设施建设，相关立法和融资渠道已逐渐明确和畅通，私营企业

① Kanwil DJPBN Aceh，“APBN 2018 Fokus untuk Mengentaskan Kemiskinan,” *Direktorat Jenderal Perbendaharaan*，http：//www. djpbn. kemenkeu. go. id/kanwil/aceh/id/berita/berita – terbaru/311 – berita – nasional/2837 – apbn – 2018 – fokus – untuk – mengentaskan – kemiskinan. html.

② 《调查：华尔街预计 2018 年美联储将再加息三次》，路透（中国），https：//cn. reuters. com/article/wall – street – poll – fed – policy – outlook – 1213 – idCNKBS1E801X，上网时间：2017 年 12 月 14 日。

③ 《INDEF 经济学家 Eko Listiyanto 称政府应警惕 2018 年经济的严峻挑战》，《印度尼西亚商报》2017 年 12 月 4 日。

④ 《虽然开始进入地方首长选举政治风险期，2018 年印尼综合指数将增长》，《印度尼西亚商报》2017 年 12 月 3 日。

可尝试涉足清洁能源和环保领域的中小型项目。其次，印尼地方大力扶植的“资源和能源采集—加工—出口”一体化产业园区已经吸引众多中国民营企业投资。未来一两年将有若干园区投入运营。这些产业园区将加快某些资源密集型和劳动密集型产业从中国转移到印尼的步伐，带动上下游配套企业一同出海，从长远来看，这将降低中国企业的生产成本，促进印尼人口就业和出口规模扩大，实现双赢。最后，电子商务、移动支付、手游、数字娱乐等产业的发展为中国企业提供成熟的商业模式和优秀的文化产品提供了绝佳的时机。

2017～2018年印度尼西亚政治形势

骆永昆*

摘　要： 2017年，印尼宗教极端主义抬头，政治斗争激烈，但政局总体稳定。以民主斗争党为核心的执政联盟虽已掌控国会多数席位，但仍然面临以大印尼运动党为首的反对派的强劲挑战。雅加达特区首长选举、社会组织法案、电子身份证腐败案成为政治斗争焦点。反对派领导人普拉博沃依靠宗教极端势力与政府博弈，佐科则依靠主要政党和基层民众的支持巩固政权。2019年，佐科连任呼声较高。

关键词： 宗教极端主义　非政府组织　社会组织法案　电子身份证腐败案

一　雅加达特区首长选举激化朝野斗争

雅加达是印尼首都，也是权力中心。雅加达特区首长选举历来都是全国政治发展的风向标。2014年当选总统的佐科就是从雅加达特区首长的位置上脱颖而出的。2017年，雅加达特区首长选举再次引起各方的关注。

2017年的雅加达特区首长选举主要在三方之间进行，即民主斗争党领导的执政联盟、大印尼运动党领导的反对党联盟和中立的民主党。国会第一大党、执政联盟中的主要政党民主斗争党支持时任雅加达特区首长钟万学及

* 骆永昆，博士，中国现代国际关系研究院东南亚和大洋洲研究所副研究员，北京外国语大学中国—印度尼西亚人文交流研究中心特聘研究员。

其副首长查罗特。钟万学是一个颇具争议的人物。他是华裔基督徒，1966年6月出生于苏门答腊的东勿里洞，当地华人称其阿学。早年，钟万学在雅加达特利剎蒂大学学习，1989年获得地理科技学学士学位，毕业后回到家乡东勿里洞开公司。两年后返回雅加达读书深造，获财政管理学硕士学位。2005年，钟万学开始从政，担任东勿里洞县长。2008年，钟万学加入专业集团党，次年作为该党代表参加国会选举，以119232票当选国会议员。2012年，钟万学离开专业集团党，转投大印尼运动党，并于同年与佐科搭档参加雅加达特区首长选举，当选特区副首长，佐科担任特区首长。2014年，由于政见分歧，钟万学离开大印尼运动党，成为独立人士。此后，由于佐科当选总统，钟万学自动“转正”，成为雅加达特区首长。钟万学勤政清廉，关心百姓，获得众多雅加达居民的支持，是雅加达特区首长选举的热门候选人。

主要反对党大印尼运动党推出教育与文化部前部长阿尼斯与企业家山迪阿卡·乌诺参选。阿尼斯于1969年出生于日惹，其父亲是苏加诺时期的内阁部长。阿尼斯求学经历丰富，曾在印尼、日本、美国读书，并获美国北伊利诺伊大学政治学博士学位。2007年5月，阿尼斯出任雅加达普拉玛蒂娜大学校长。2014年总统选举后，阿尼斯参与“总统过渡办公室”的工作，受到佐科重用。2014年10月，阿尼斯在佐科内阁担任教育与文化部长，2016年10月卸任。他在选举前的呼声并不高，也不被舆论看好。中立的民主党推出前总统苏西洛的儿子阿古斯及搭档西尔维亚娜参选。在三位特区首长候选人中，阿古斯年纪最小，于1978年出生，先后在印尼军事学院、新加坡防务与战略研究院和美国哈佛大学读书，2000年开始从军，但军衔仅到少校，且从未在政府部门工作过，缺乏从政经验。不过，阿古斯在此次选举中得到了民主党、建设团结党、民族觉醒党、国家使命党的支持。①

---

① Nabilla Tashandra，“Parpol Pengusung Agus-Sylviana Finalisasi Susunan Timses Jumat Pekan Ini，” *Kompas*，http：//nasional. kompas. com/read/2016/09/28/14595621/parpol. pendukung. agus - sylviana. umumkan. susunan. timses. jumat. pekan. ini.

从以上三位候选人的经历和民众的接受程度看，钟万学连任雅加达特区首长在情理之中。然而，2016 年 9 月，钟万学有关《古兰经》的一番讲话改变了雅加达的政治生态格局。据当地主流媒体报道，9 月 27 日，钟万学在千岛群岛演讲时称，“如果民众没有选举他，就是被《古兰经》的第 51 节所愚弄”。[①] 此报道一出，伊斯兰社会一片哗然，对钟万学的反对声此起彼伏。尽管钟万学事后发表声明称无意攻击穆斯林，没有亵渎《古兰经》，但为时已晚。10 月，印尼伊斯兰教士联合会主席马鲁夫·阿敏表示，钟万学侮辱《古兰经》和乌里玛，将引发法律后果。[②] 10 月 14 日，大雅加达地区的伊斯兰乌里玛论坛称将联合 55 个伊斯兰组织发起反对钟万学的示威。[③] 10 月 15 日，印尼穆斯林走向街头，抗议钟万学亵渎《古兰经》。11 月 2 日，以“伊斯兰捍卫者阵线”为首的多个伊斯兰组织在首都雅加达发起示威活动，抗议钟万学亵渎《古兰经》。11 月 4 日，示威规模达到最大，约 10 万名示威民众从国家清真寺走到总统府，要求逮捕钟万学，警方出动 1.8 万人维持雅加达公共秩序。示威民众走过的地区，商店关闭，抗议引发示威民众与警方的零星冲突，数辆警车被烧毁。印尼政府派出政治法律安全统筹部长维兰托与示威人员谈判，但遭到拒绝。随后，佐科总统发表讲话，称示威是一项民主的权利，但不是破坏的权

① Video Ahok, “Anda Dibohongi Alquran Surat Al-Maidah 51 Viral di Medsos,” *Republika*, http://khazanah.republika.co.id/berita/dunia - islam/islam - nusantara/16/10/06/oem6xe313 - video - ahok - anda - dibohongi - alquran - surat - almaidah - 51 - viral - di - medsos; “Ahok Reported on Religion Defamation Allegation,” *Tempo*, https://en.tempo.co/read/news/2016/10/07/057810528/Ahok - Reported - On - Religion - Defamation - Allegation; Video Ahok, “Anda Dibohongi Alquran Surat Al - Maidah 51 Viral di Medsos,” *Republika*, http://khazanah.republika.co.id/berita/dunia - islam/islam - nusantara/16/10/06/oem6xe313 - video - ahok - anda - dibohongi - alquran - surat - almaidah - 51 - viral - di - medsos.

② Callistasia Anggun Wijaya, “MUI Accuses Ahok of Religious Defamation,” *The Jakarta Post*, http://www.thejakartapost.com/news/2016/10/12/mui - accuses - ahok - of - religious - defamation.html.

③ “Forum Umat Islam Bersama 55 Ormas Tuntut Ahok Atas Penistaan Agama,” *Radar Indonesia News*, http://www.radarindonesianews.com/2016/10/forum - umat - islam - bersama - 55 - ormas.html.

利。政府将全力维护公共秩序。之后，钟万学亵渎《古兰经》事件不断发酵、升级，针对钟万学的示威游行频繁发生。另外，反对佐科的群体也加入其中，以大印尼运动党为首的反对派联盟明确站在阿尼斯一边，[①] 印尼警方对钟万学提出正式指控，这使选举局势更加复杂。12 月，钟万学亵渎《古兰经》事件开庭审理，这直接影响了后来的雅加达特区首长选举。

2017 年 2 月 15 日，雅加达特区首长选举拉开帷幕。尽管选前的民调显示，75% 的雅加达民众对钟万学的执政业绩表示认可，但亵渎《古兰经》事件对钟万学带来了巨大冲击。结果，三对候选人组合在选举中都未获得半数选票。其中，钟万学组合在选举中获得 2357587 张选票，所获选票数占总选票数的 42. 91% ，阿尼斯组合获得 2200636 张选票，所获选票数占总选票数的 40. 05% 。阿古斯组合获得 936609 张选票，所获选票数占总选票数的 17. 05% 。根据选举规则，得票较多的钟万学组合和阿尼斯组合进入第二轮选举。2 ~4 月的第二轮选举，反对派和伊斯兰组织针对钟万学亵渎《古兰经》事件的示威抗议继续发酵。亵渎《古兰经》事件发展为一个影响首都社会稳定和国家政治稳定的重要问题。4 月，第二轮选举举行。阿尼斯组合最终赢得 57. 95% 的选票，击败钟万学组合（42. 05% ），阿尼斯当选新一届雅加达特区首长。钟万学的得票率不但没有突破 50% ，反而比第一轮得票率略有下降。随着钟万学在选举中失利，法院针对钟万学亵渎《古兰经》事件的审理也进入快车道。2017 年 5 月 9 日，北雅加达地区法院宣判，雅加达特区首长钟万学亵渎《古兰经》罪名成立，被判入狱 2 年，立即执行。钟万学服从判决，最终被收押在井皮楠监狱。由于获刑，钟万学的特区首长职位也被剥夺，副首长查罗特接替钟万学出任雅加达特区代理首长，2017 年 10 月，阿尼斯出任雅加达特区新一任首长。

---

① Koalisi PKS, "Gerindra, dan PAN Diharapkan Berlanjut ke Pemilu 2019," *Kompas*, http: // nasional. kompas. com/read/2017/12/25/05150011/koalisi - pks - gerindra - dan - pan - diharapkan - berlanjut - ke - pemilu - 2019.

钟万学连任失利，显示普拉博沃领导的反对派在与佐科和民主斗争党的权力斗争中略占上风。这也是2016年专业集团党退出反对派联盟——红白联盟后，处于弱势的红白联盟首次在政治斗争中得势。这次选举在一定程度上改变了印尼的政治格局。执政的佐科和民主斗争党受到打压，同时“钟万学事件”引发的宗教极端主义给佐科政府执政带来了前所未有的挑战；胜选的红白联盟进一步凝聚民心，有信心赢得2019年总统选举；中立的民主党尽管有前总统苏西洛的领导，但难以笼络民心，几乎无力影响政局。民主斗争党领导的执政联盟和大印尼运动党领导的红白联盟针锋相对，政治斗争日渐白热化。

二 “社会组织法案”加剧执政联盟矛盾

雅加达特区首长选举后，印尼社会呈现分裂状态。以“印尼伊斯兰解放党”“伊斯兰捍卫者阵线”为首的宗教极端主义抬头，民主政治朝着民粹主义方向发展，政府维护社会稳定的任务艰巨。

2017年5月，佐科政府以威胁国家安全和社会稳定为由，宣布解散“印尼伊斯兰解放党”，以打压日益活跃的伊斯兰非政府组织。“印尼伊斯兰解放党”是伊斯兰解放党在印尼的分支，总部设在雅加达市南区，大约有200万名追随者，是印尼境内的一个宗教激进组织，反对民主政治，目标是建立以沙里亚法为基础的伊斯兰神权国家。近年来，“印尼伊斯兰解放党”异常活跃，时常炒作一些敏感的议题挑起印尼国内的宗教、民族和社会矛盾，对印尼的社会稳定带来了极大的挑战，引起了政府的关注。2016年9月以来，“印尼伊斯兰解放党”借钟万学亵渎《古兰经》事件不断发起游行示威，并把矛头指向中央政府，要求政府撤换钟万学，并接受伊斯兰治国理念。此举不仅引发雅加达地区混乱，而且对印尼的议会民主政治和“潘查希拉”建国原则构成威胁。政治法律安全统筹部长维兰托指出，“印尼伊斯兰解放党”作为一个法人社会团体，没有发挥实现国家发展目标的积极作用。强烈迹象显示，该组织开展的活动引起社会冲突，威胁社会安全、公共秩序和国家的完整统一，这与印尼《1945年宪法》的目标背道而驰，违反印尼社团法令。[①] 然而，佐科政府解散“印尼伊斯兰解放党”的政令受到多方指责。反对者普遍认为，“印尼伊斯兰解放党”与“伊斯兰捍卫者阵线”不同，它没有暴力反对政府。政府滥用权力解散该党具有明显的政治目的，即打压反对佐科政府的宗教势力。[②]

为给解散“印尼伊斯兰解放党”提供法律支持，7月13日，佐科总统签署《有关社会组织管理2017年第2号代法令政府条例》，授权政府相关部门，依法解散威胁国家安全的极端组织。依据该法令政府条例，印尼法律人权部有权解散违反建国原则和《1945年宪法》的民间激进组织。而此前的法令则要求政府在解散相关团体前，进行3次说服、书面警告、暂停活动等，并获得法院的批准。该法令政府条例是继5月颁布解散“印尼伊斯兰解放党”政令后，佐科政府又一个严厉打压非政府组织的举措，同时也为5月的解散政令提供了法律依据。依据该法令政府条例第80A条，7月19日，法律人权部撤销了有关建立“印尼伊斯兰解放党”的决定书，正式解散“印尼伊斯兰解放党”。但“印尼伊斯兰解放党”认为政府滥用权力对付公民，并称将在法令政府条例成为法律前[③]就解散该党向宪法法院提起诉讼，捍卫法律的公正和尊严。与此同时，印尼政府还关闭了诸多社交媒体，以封杀网络极端主义。比如，7月17日，在印尼颇受欢迎的社交媒体Telegram网络版被正式取缔。印尼信息与通讯部长鲁迪安达拉时警告脸谱、推特等社交媒体，如果不关闭散播激进内容的账户，其就将被“封杀”。

10月24日，《有关社会组织管理2017年第2号代法令政府条例》正式提交国会讨论。由于国会有权驳回佐科总统签署的条例，因此，国会成为反

① 《印尼总统签法令为解散激进组织提供法律依据》，中国新闻网，http：//www.chinanews.com/gj/2017/07－13/8276820.shtml，上网时间：2019年6月4日。

② Jewel Topsfield，Karuni Rompies，“Indonesia Bans Islamic Organisation Hizbut Tahrir to Protect Pancasila，” *The Sydney Morning Herald*，http：//www.smh.com.au/world/indonesia－bans－islamic－organisation－hizbut－tahrir－to－protect－pluralism－20170719－gxeaae.html.

③ 依据印尼的政治制度，代法令政府条例在总统签署后，须经国会通过方可成为法律。

对者与佐科政府博弈的最后舞台。实际上，早在2013年，国会通过《2013年第17号社团法令》时，“伊斯兰捍卫者阵线”“印尼伊斯兰解放党”等极端组织就举行游行示威，抗议政府打压自由和民主。时隔4年，宗教极端组织再次于国会讨论期间在国会大厦外进行游行示威，反对国会通过该法令政府条例。但最终经过激烈的辩论，参会的445名国会议员中有314名同意通过该法令政府条例。由此，《有关社会组织管理2017年第2号代法令政府条例》正式成为法律。在国会的政党派系中，坚定支持通过该法令政府条例的有民主斗争党、专业集团党、国民民主党和人民良心党。民主党、民族觉醒党、建设团结党同意通过该法令政府条例，但要求进行部分修订；而大印尼运动党、繁荣公正党和国家使命党则完全持反对意见。[①] 值得注意的是，本属于执政联盟的民族觉醒党和建设团结党与核心执政党民主斗争党政见不一，这令执政联盟颇为难堪。更为严重的是，执政联盟中的国家使命党完全站到了反对派一边，反对通过该法令政府条例。对此，国家使命党辩称，拒绝通过该法令政府条例是支持佐科总统，以维护《1945年宪法》的言论和集会自由。姑且不论国家使命党的解释是否有理，不可否认的是，国家使命党、民族觉醒党和建设团结党公然不听“招呼”，与民主斗争党“大唱反调”，表明梅加瓦蒂领导的执政联盟并不团结，这对佐科总统的行政权造成不小的冲击。实际上，这已不是国家使命党和民族觉醒党第一次与民主斗争党“对着干了”，在有关2019年总统选举“门槛”的问题上，国家使命党支持B方案和E方案，但民主斗争党和执政联盟的其他四个政党支持A方案。[②] 执政联盟内讧在印尼已经不是什么新闻，苏西洛政府就曾多次遭遇执政联盟成员的掣肘。但不论怎么说，不掌握政党领导权的佐科如果遇到内讧的执政联盟，则其总统权力必将受到国会和政党的双重制约。这也是佐科执

① Joko Panji Sasongko, “DPR Sahkan Perppu Ormas Jadi Undang-undang,” *CNN Indonesia*, https://www.cnnindonesia.com/nasional/20171024135314-32-250616/dpr-sahkan-perppu-ormas-jadi-undang-undang.

② Nurul Fitri Ramadhani, “Ruling Coalition Upbeat about Keeping Presidential Threshold,” *The Jakarta Post*, http://www.thejakartapost.com/news/2017/07/20/coalition-parties-optimistic-about-unchanged-presidential-threshold.html.

政以来，政府有关基础设施建设、反腐败政策和政治改革推进缓慢的原因。为控制政局，佐科不得不多次改组内阁，将不听“招呼”的部长清除队伍，或是通过签发总统令，确保经济政策顺利实施。

三　“电子身份证腐败案”增添政局变数

20 世纪 60 年代苏哈托执政以来，贪腐成为制约印尼政治、经济和社会发展的毒瘤。苏西洛、佐科等几任政府采取严厉措施反腐，印尼的腐败状况有所改善，但没有根本变化。2016 年“腐败印象指数”显示，印尼的得分仅为 37 分（得分范围为 0 ~ 100 分，得分越高，表明越清廉），印尼属于腐败程度较为严重的国家。2017 年，随着“电子身份证腐败案”的曝光，腐败问题再次成为印尼政坛的焦点，佐科阵营与专业集团党的关系也变得更加微妙。

“电子身份证腐败案”要追溯到 2010 年。时任总统苏西洛计划在全国范围内推广使用电子身份证，以建设人口数据库。为此，印尼中央政府投入 5.9 万亿印尼盾（约合 4.4 亿美元）财政预算支持电子身份证项目。2010 ~ 2017 年，电子身份证项目已经实施 7 年，但项目并未取得任何实质性进展。2017 年初，当地媒体爆料电子身份证项目牵涉巨额腐败，引起印尼国内民众的普遍关注。据悉，时任司法人权部长、国会议长、内政部长、地方首长、国会议员及国会主要政党的党首等 80 名政要均牵涉其中，他们涉嫌谋取好处费。佐科总统震怒，称即使引发政局动荡，也要一查到底。2017 年 3 月，肃贪委员会、国会下议院道德委员会等相关部门在全国范围内调查取证，国会议长塞提亚成为焦点。印尼检察院提交诉状，指出电子身份证项目的 5.9 万亿印尼盾预算仅有 51% 用于项目，其余 49% 作为“分红”给了国会议员、内阁官员以及项目执行方或合伙企业。[①] 4 月，塞提亚等多名高官

① 《印尼国会议长涉嫌贪污》，联合早报网，http：//www.zaobao.com/news/sea/story20170719 - 780099，上网时间：2019 年 6 月 4 日。

因涉嫌腐败被限制出境6个月，“电子身份证腐败案”调查取得重大进展。7月，肃贪委员会以涉嫌“滥用职权为个人或企业捞取利益”、涉嫌毁灭证据及串供等罪名将国会议长塞提亚列为嫌犯。11月，塞提亚被正式逮捕。佐科总统表态不会干预司法进程。12月，塞提亚出庭受审。法院指控其收受730万美元和一块价值13.5万美元的名表。[①] 随后，塞提亚被剥夺国会议长和专业集团党主席两个要职。塞提亚因此成为“电子身份证腐败案”曝光以来被抓获的最高级别政府官员，也是“电子身份证腐败案”取得的重要进展。2018年4月，塞提亚被雅加达反腐败法院判处15年监禁，并被禁止在释放后5年内参加政治活动。[②]

塞提亚及其隶属的专业集团党是印尼政坛的关键性力量，而塞提亚本人与苏哈托家族有密切关系，是印尼政坛的争议性人物。专业集团党在苏哈托执政期间是印尼的执政党。苏哈托下台至今，专业集团党在印尼政坛扮演重要角色。1999～2009年，该党在国会的席位均超过100个，是印尼政坛的主要政党之一。但该党有时是执政党（2009年），有时是反对党（1999年、2004年）。更为重要的是，该党与另一主要政党民主斗争党势不两立，这对印尼政局的稳定产生消极影响。2014年，专业集团党在大选中获得91个席位，仅次于第一大党民主斗争党（109席）。此时的民主斗争党是主要执政党，该党成员佐科是新任总统。专业集团党加入了由大印尼运动党领导的反对派联盟——红白联盟，这使红白联盟在国会的席位的比例达到了63%，成为压制民主斗争党和制约佐科总统的主要政治力量。红白联盟任命塞提亚担任国会议长。塞提亚领导的国会多次与佐科政府对抗，致使国会一度停止工作。塞提亚成为仅次于普拉博沃的重要反对派官员。然而，2016年5月，塞提亚当选专业集团

① Aditya Mardiastuti, “Setya Novanto Terus Menunduk Saat Jaksa Bacakan Dakwaan,” *Detik*, https://news.detik.com/berita/d-3768616/setya-novanto-terus-menunduk-saat-jaksa-bacakan-dakwaan.

② Adinda Normala, “Setya Novanto: Finally Sentenced after Decades of Scandals,” *Jakarta Globe*, http://jakartaglobe.id/news/setya-novanto-finally-sentenced-decades-scandals/，上网时间：2018年5月1日。

党主席后，出乎意料地带领专业集团党转投执政联盟，支持佐科政府。虽然转投执政联盟引起专业集团党内讧，但专业集团党的加盟使执政联盟在国会的席位激增至386席，佐科阵营扭转了被动局面，国会的政治格局被改写。然而，正当佐科阵营在国会取得优势时，塞提亚却因腐败案被收监。佐科在国会少了一个坚定的支持者。2017年12月，当大印尼运动党副主席、国会副议长法蒂勒接替塞提亚代理议长职务时，国会再次掀起了反对政府议案的浪潮，反对派联盟在一定程度上主导了国会的议程。

应当说，塞提亚的离去不论对专业集团党还是对佐科的执政联盟来说都是不小的打击。一方面，专业集团党内部派系众多，未来的权力斗争可能加剧。其中的关键问题是各派系能够在多大程度上接受新的党主席艾尔朗伽，巴克里派系是否会卷土重来不得而知。尽管艾尔朗伽明确表示将继续支持佐科参选2019年总统，但在激烈的权力斗争的背景下，到2019年大选前，专业集团党会不会从执政联盟中“倒戈”仍不确定。另一方面，新任的国会议长班邦·苏莎迪奥能否像其前任塞提亚一样与佐科默契配合，构建一个和谐的府院关系也不得而知。但众所周知的是，班邦·苏莎迪奥在反腐败问题上与佐科总统意见相左。班邦·苏莎迪奥也因未将其拥有的豪车填入财产报告表被肃贪委员会要求更新财产报告。[①] 有人猜测，班邦·苏莎迪奥担任国会议长后会修改肃贪委员会法令，进一步削弱肃贪委员会。虽然班邦·苏莎迪奥本人对此予以否认，[②] 但权力斗争背后，班邦·苏莎迪奥与佐科在反腐败问题上的较量可能成为焦点。《雅加达邮报》的主编恩迪认为，班邦·苏莎迪奥不会自动听命于总统，佐科不会像此前

① Lizsa Egeham, “Bambang Soesatyo Koleksi Mobil Mewah, KPK Minta Perbarui LHKPN,” *Liputan6*, http://news.liputan6.com/read/3231426/bambang-soesatyo-koleksi-mobil-mewah-kpk-minta-perbarui-lhkpn.

② Bambang Soesatyo, “ketua DPR yang baru: Mendukung atau melemahkan KPK?” *BBC*, http://www.bbc.com/indonesia/indonesia-42685607.

一样控制国会。[①]

可以肯定的是，佐科与专业集团党两位要员艾尔朗伽和班邦·苏莎迪奥的合作还有待磨合。而随着2019年大选的到来，专业集团党在印尼政坛中的作用会越来越凸显。甚至从某种程度上说，专业集团党在未来的总统和国会选举中将起到至关重要的作用。

四 2019年大选

2019年是全国大选年，各主要政治力量自雅加达特区首长选举开始就跃跃欲试，积极筹备。各方竞争和博弈的焦点主要是2019年选举的规则，佐科总统连任的呼声较高。

2019年印尼的全国大选是自2004年印尼选举制度改革以来的第四次大选。[②] 不过与此前国会选举先于总统选举举行不同，2019年，印尼总统选举和国会选举将在同一天举行。依据选举法草案工作委员会和印尼中央政府的决定，2018年3月，大选委员会确定参选政党；5月，各党派提交国会、地方代表理事会候选人名单；8月，提交总统和副总统候选人名单；9月，大选委员会确定总统和副总统候选人；2018年10月13日至2019年4月13日是选举拉票期。2019年4月17日举行总统选举和国会选举。[③] 截至2018年1月，已经有15个政党通过大选委员会的审查，它们有资格参加2019年大选。民主斗争党、专业集团党和大印尼运动党仍然是三个主要政党。

有关政党推举总统候选人的“门槛”问题成为各方博弈的焦点。依据印尼选举法，只有获得20%的国会席位或者25%选票的政党才有权单独

① Bambang Soesatyo, “From Rookie MP to Indonesia's Speaker of Parliament in 8 Years,” *The Straits Times*, 22 January 2018.

② 前三次分别是2004年、2009年、2014年。

③ “Pemilu 2019: Rabu 17 April 2019,” *Harian Terbit*, http://nasional.harianterbit.com/nasional/2017/04/25/80352/0/25/Pemilu-2019-Rabu-17-April-2019，上网时间：2018年1月8日。

推举总统候选人。各主要政党对于是否有必要降低提名总统候选人的“门槛”争论不休。以大印尼运动党为首的势力，即大印尼运动党、繁荣公正党、建设团结党、民族觉醒党、国家使命党、民主党、人民良心党7个政党主张废除提名总统候选人的最低“门槛”，以便让更多小党参加总统选举。但国会中的两个大党民主斗争党和专业集团党，以及执政联盟中的其他小党则主张维持最低“门槛”不变。2017年7月，国会经过激烈讨论，最终通过新的选举法案，同意维持总统候选人提名的最低“门槛”标准，即获得国会席位少于20%或获得选票少于25%的政党或政党联盟无权提名总统候选人。①

2018年2月，民主斗争党正式提名佐科为2019年总统候选人。支持佐科竞选总统的主要政党还有专业集团党、国民民主党等。专业集团党秘书长伊德鲁斯称，该党将为佐科带来大约65%的选票。2018年4月，大印尼运动党正式推举该党总主席普拉博沃作为2019年总统候选人。这是在2014年后，佐科与普拉博沃再次角逐总统。普拉博沃获得繁荣公正党等政党的支持。除佐科和普拉博沃外，还有可能参选总统的候选人包括雅加达特区现任首长阿尼斯、前总统苏西洛的儿子阿古斯、前三军总司令加托以及人民协会会议现任主席祖尔基弗利·哈桑等。根据2017年4~11月的民调，佐科总统在印尼主要民调机构中的支持率都大幅领先。其中，2018年的民调显示，53%的民众支持佐科，18.5%的民众支持普拉博沃，前总统苏西洛的支持率仅为2.6%。从地域上看，佐科总统在西爪哇和东爪哇地区的支持率都明显高于普拉博沃，是呼声最高的总统候选人。

佐科总统连任呼声最高主要有以下几个原因。一是佐科总统亲民的作风深受民众欢迎。2014年，佐科凭借草根的身份赢得中下层民众的支持，当选总统。当选总统多年来，他并没有因为当上总统就“摆起官架子”，相反仍然走亲民路线，经常深入民间，与民众直接沟通与交流，了解百姓疾苦，

① Margareth S. Aritonang，“Nurul Fitri Ramadhani，Election Bill Passed，Presidential Threshold Intact，” *The Jakarta Post*，http：//www. thejakartapost. com/news/2017/07/21/election - bill - passed - presidential - threshold - intact. html，上网时间：2018年1月8日。

维护被边缘化的小市民的利益，获得民众的好评。这是佐科获得较高支持率的根本原因。

二是佐科的反腐败政策深入民心，获得大力支持。佐科自上任以来，就狠抓反腐败工作。在佐科的支持下，肃贪委员会几乎每个月就会曝光一名贪官。尤其是在“电子身份证腐败案”上，佐科坚决不手软，下令一查到底，哪怕将自己的支持者国会议长塞提亚拉下马也绝不停手。佐科总统坚决严厉地打击腐败受到民众欢迎。

三是佐科手腕灵活，处理事件有分寸，获得了各派的支持。2014 年大选胜出时，佐科其实是一个弱势总统。一方面，他在民主斗争党内并不担任领导职务，指挥不了政党。况且，民主斗争党的主席是前总统梅加瓦蒂，政治实力雄厚。从成为市长到担任雅加达特区首长再到当选总统，佐科离不开民主斗争党的鼎力支持。佐科依赖民主斗争党，不敢轻易得罪梅加瓦蒂。另一方面，梅加瓦蒂领导的执政联盟在 2014 年的国会中处于明显弱势，佐科在国会并不能获得任何政党的支持。佐科与政敌普拉博沃的关系也非常微妙。然而，佐科在处理“电子身份证腐败案”、进行内阁改组、建设雅加达—万隆高铁以及处理与专业集团党关系等时，不仅给足相关政党和要员面子，而且按部就班地依据自己的意愿行事，巧妙地安抚了各方，使各方的利益达到平衡。比如，2016 年，佐科处理连旺农民抗议开矿和建水泥厂事件就颇具政治智慧。当时，中爪哇省长甘加尔不顾最高法院的法令向印尼水泥厂颁发许可证，引发民众反对。佐科本可以向中爪哇省长施压，要求中爪哇省政府处理水泥厂的问题，但佐科两次接见当地农民，了解民众诉求，指示环境与林业部官员就水泥厂事件深入调研，发布“战略环境研究报告”，并命令水泥厂必须在“战略环境研究报告”发布后才可以动工，以平息民愤。[①] 这表明佐科在处理复杂事件和权力斗争中有独特的手腕和非常强的控局能力，这是其立足印尼政坛的主要原因。

---

① Christie Stefanie, “Soal Kendeng, Jokowi Lempar Bola ke Ganjar Pranowo,” *CNN Indonesia*, https: //www. cnnindonesia. com/nasional/20170324170807 - 20 - 202582/soal - kendeng - jokowi - lempar - bola - ke - ganjar - pranowo/.

四是在佐科的领导下，印尼经济平稳发展。2014 年佐科上任后，推出了以发展海洋基础设施为主要内容的“全球海洋支点”构想，大力推进基础设施建设和渔业发展，积极进行结构性改革。2015 ~ 2017 年，佐科政府先后推出 16 期经济配套政策、修订投资负面清单、任命新的投资协调委员会主席，以着力改善投资环境，吸引投资，创造就业机会，促进国内消费，刺激经济发展。2016 年、2017 年，印尼 GDP 增速都保持在 5.0% 水平，实现了平稳增长。分析显示，2030 年，印尼的 GDP 将达到 5.4 万亿美元，成为世界第五大经济体。而到 2050 年，印尼的 GDP 将进一步增加，达到 10.5 万亿美元，成为世界第四大经济体。[①] 经济的稳定增长，尤其是基础设施的改善以及民生问题得到解决，使民众倾向于支持佐科连任总统。

① 《印尼将成为世界第五大经济体》，《印尼商报》2017 年 9 月 15 日。

2017 ~2018年印度尼西亚外交形势

潘 玥*

摘 要： 2017 ~ 2018 年印尼的外交政策主要有三大理念，即重视国家利益的“务实外交”、维护海洋权益的“海洋外交”以及积极参与地区和国际事务。其中，“务实外交”是佐科政府外交政策的最大特点，主要包括经济外交、大国平衡和领事保护。虽然外界对佐科政府执政时期的外交表现基本满意，但佐科政府在外交方面仍面临一定的困难与挑战。展望2019 年，印尼的外交政策不会有大的变动，将继续坚持以“务实外交”为主、以“海洋外交”为辅的外交政策，并积极在促进东盟一体化上谋求更大的发言权和影响力。伴随 2019 年印尼大选年，佐科政府的外交政策将配合大选的情况与造势进行一定的微调，但总体不会脱离既定框架。

关键词： 务实外交 经济外交 大国平衡 中国—印尼关系

一 2017年印尼外交的主要理念

2014 年，佐科总统上台，就外交政策提出四大要点：（1）凸显印尼作

---

* 潘玥，暨南大学国际关系学院副研究员，印尼战略与国际问题研究中心（CSIS）访问学者，研究领域为印尼的政治与社情，在《当代亚太》、《现代国际关系》、《东南亚研究》和《东南亚南亚研究》等刊物发表多篇论文。

为群岛国家的属性；（2）发挥中等强国外交的全球性作用；（3）提高印尼在印度洋—太平洋地区的参与度；（4）进一步改革外交部，强调经济外交。[①] 他在最初组建内阁时就打破常规，任命印尼第一位女外长蕾特诺。佐科总统总体满意蕾特诺外长的表现。2017 年，佐科政府奉行 2014 年执政以来的外交理念，其外交政策相对稳定，特点较为鲜明。外交政策在实施过程中虽有微调，但没有大的变化。在佐科总统和蕾特诺外长的共同努力下，印尼外交主要表现如下。

（一）重视国家利益的“务实外交”

“务实外交”是佐科政府外交政策的突出特点，其中经济外交是“务实外交”的重要内核。佐科总统自 2014 年上台以来，一直坚持以国内经济发展为先的政策。[②] 佐科总统认为应与印尼民众共享外交的红利与成果，实现“惠济人民”的目的。印尼外长蕾特诺在就职演说中称，印尼外交要服务于本国人民，印尼驻外官员是本国出口商品的推销员，驻外机构要重视对印尼劳工的领事保护。[③] 为了实施惠济人民、国家利益优先的经济外交政策，佐科政府不断出台吸引外资的优惠措施，简化外资准入流程，改善印尼的投资环境，在基础设施、跨境金融和电子商务等领域取得了显著成绩，其中大量中印尼合资的大型基础设施项目签约动工或建成，如雅加达—万隆高速铁路（以下简称“雅万高铁”）、吉松达乌收费公路三期项目和“棉兰—民礼”高速公路等。除了“引进来”外，佐科政府也鼓励印尼企业和资本“走出去”。从 2016 年起，印尼与部分非洲国家的贸易额快速提高，增长率普遍超

---

① Awidya Santikajaya, “Indonesia: Foreign Policy under Jokowi and Prabowo,” *The Diplomat*, https://thediplomat.com/2014/06/indonesia-foreign-policy-under-jokowi-and-prabowo/，上网时间：2017 年 12 月 23 日。

② 潘玥：《中国海外高铁“政治化”问题研究——以印尼雅万高铁为例》，《当代亚太》2017 年第 5 期，第 122 页。

③ Yuni Arisandy, “Menlu: Diplomasi Luar Negeri Indonesia Pro-rakyat,” *Antara News*, https://kalbar.antaranews.com/berita/327869/menlu-diplomasi-luar-negeri-indonesia-pro-rakyat，上网时间：2017 年 12 月 23 日。

过200%。此外，“大国平衡”也是“务实外交”的一大特点，佐科政府希望通过“大国平衡”，在一些重大的经贸合作项目上获得更好的条件，其中雅万高铁和雅加达—泗水高铁项目（简称“雅泗高铁项目”）都是佐科政府在大国间游走，以实现利益最大化的例证。

（二）维护海洋权益的“海洋外交”

2014年，佐科总统提出“全球海洋支点”构想，表明印尼政府的关注点从陆地转向海洋。这一构想包括确保印尼海上领土完整、打击非法捕鱼行为、开展海洋外交、加强海上交通基础设施建设和增强海军实力等。[①]对此，佐科政府做了大量工作，不仅成立了多个专门负责海洋相关事务的政府部门，还着力打击非法捕鱼行为，佐科总统下令“无须逮捕，直接击沉”。这一举措被外界解读为佐科政府奉行“强硬外交”，无惧得罪周边国家，一改苏西洛时代“只交朋友，不做敌人”的政策。然而，这一解读有失偏颇，佐科政府在捍卫海洋权益上态度坚决，手腕强硬，但并未改变印尼外交“自主、积极”的传统。前总统苏西洛“只交朋友，不做敌人”的政策并不意味着为了加强印尼与其他国家的双边关系，而放弃本国的独立性和国家利益，[②]因此，佐科总统在海洋问题上坚决的立场和态度，与苏西洛的政策本质上并无矛盾之处，都旨在捍卫国家主权和利益。

此外，佐科政府高度重视海洋主权，主要有两大任务：一是规划谈判的路线图；二是重启并推进已停滞的边界谈判工作。仅2015年，印尼就与菲律宾、马来西亚、越南、帕劳和东帝汶等进行了9次谈判，其中印尼还派遣特使与马来西亚就海洋边界问题进行磋商。此外，印尼还就陆上边界问题进行了14次谈判。2016年，印尼进行了20次海洋边界谈判（其中特使级谈

① Abba Gabrillin, “Kemenlu Siap Jadikan Indonesia Poros Maritim Dunia,” *Kompas*, http://nasional.kompas.com/read/2014/10/29/17584501/Kemenlu.Siap.Jadikan.Indonesia.Poros.Maritim.Dunia，上网时间：2017年12月23日。

② Ziyad Falahi, “Memikirkan Kembali Arti Million Friends Zero Enemy Dalam Era Paradox of Plenty,” *Global & Strategis*, Th.7, No.2, hlm.233.

判有3次）和16次陆上边界谈判。2016年12月15日，印尼与新加坡海上边界协议正式生效。印尼还签署了印尼—马来西亚（加里曼丹—沙巴）调查和划界谅解备忘录。而印尼与东帝汶的两段悬而未决的边界，也进入了谈判的最后阶段。2017年，印尼完成了2个边界的谈判工作。2017年9月，印尼再次与新加坡签署海洋边界协议，并与菲律宾签署"专属经济区"划定协议。[①] 除了海洋边界外，印尼高度重视陆上边界争议的解决。2015～2018年，印尼与印度、马来西亚、越南、帕劳、菲律宾、新加坡、泰国和东帝汶共进行129次磋商。[②] 边界谈判连年取得突破性进展，对印尼加强周边外交和维护领土主权起到关键作用。

（三）积极参与地区和国际事务

佐科政府提高国内经济和国家利益的优先级，佐科是印尼历史上较少关注外交和国际事务的总统，但这并不意味着佐科政府将印尼的外交格局由区域视域降格为国内视域。相反，佐科政府有选择性和有针对性地参与地区和国际事务，以期获得更大的国际影响力，这将有利于实现佐科的竞选承诺和经济目标。在佐科总统上台伊始颁布的"九项愿望"中，第一条第一款便是："我们将发挥印尼在全球和地区合作中的作用，增进不同文明间的相互理解，维护世界的和平与民主，促进南南合作，解决威胁人类的全球性问题。"[③] 佐科总统出席了多个国际活动，如亚太经合组织领导人非正式会议、二十国集团峰会、东盟和东亚峰会以及亚非会议召开60周年纪念活动。

对于印尼而言，东盟内部的团结是一个重要议题。虽然在执政初期，佐

---

① "Press Briefing Menlu Retno：Capaian Tiga Tahun Politik Luar Negeri Indonesia Dalam Pemerintahan Jokowi-JK，" *Kementerian Luar Negeri Republik Indonesia*，https：//www. kemlu. go. id/id/berita/Pages/Menlu – Retno – Marsudi， – Capaian – Tiga – Tahun – Politik – Luar – Negeri – – Indonesia – Dalam – Pemerintahan – – Jokowi – JK. aspx，上网时间：2017年12月23日。

② "2019 Annual Press Statement of Retno LP Marsudi，Minister for Foreign Affairs，" *Kementerian Luar Negeri Republik Indonesia*，9 January 2019，p. 5.

③ "Visi Nawacita Dalam Politik Luar Negeri Indonesia，" *Presiden RI*，http：//presidenri. go. id/program – prioritas – 2/visi – nawacita – dalam – politik – luar – negeri – indonesia. html，上网时间：2017年12月30日。

科总统对东盟事务的重视程度略逊于苏西洛时期，但他很快就转变思路，重新将东盟尤其是印尼在东盟中的主导作用，放在印尼参与国际事务的重要位置。2017年，东盟成立50周年，东盟在维护东南亚区域的和平与稳定和繁荣昌盛方面发挥了不可或缺的作用。作为东盟最大的经济体，印尼继续引领东盟发展，加快东盟一体化进程，尤其是作为中间人和调停者，减少区域内的冲突和矛盾。2017年，印尼是全球8个联合国维和行动贡献国之一，在联合国建设和平委员会中发挥积极作用。在中东冲突和缅甸与孟加拉国冲突中发挥斡旋与沟通的桥梁作用。[①] 长期以来，印尼从未停止帮助巴勒斯坦人民。2015年，印尼是耶路撒冷问题国际会议的东道国。2016年，印尼是第十五届伊斯兰合作组织特别高级大会的东道国，这次大会就巴勒斯坦和圣城问题展开讨论。2017年，在耶路撒冷骚乱发生后，印尼成为召开伊斯兰合作组织部长级会议的推动者。

在罗兴亚问题上，印尼认为，罗兴亚存在明显的人权危机，情况相对复杂。印尼选择通过外交手段帮助受害者。同时，印尼高度关注事态的发展，希望事态不再恶化，并主动提供了一定的人道主义援助。蕾特诺认为："在2017年8月25日新一轮冲突发生后，印尼是第一个主动派外长前往缅甸和孟加拉国的国家。我们感谢两国对我们的信任，帮助罗兴亚地区和孟加拉国难民。这种信任是绝无仅有的。"[②] 2018年，印尼参与地区与国际事务的态度更为积极，不但举办了亚运会，还举办了多个国际性大会，包括国际货币基金组织和世界银行2018年年会、东盟领导人会议、第一届世界创意经济会议、第二届巴厘政府治理和商业论坛、第一届印尼—非洲论坛、第一届印尼—非洲海洋对话等。

---

① "Press Briefing Menlu Retno：Capaian Tiga Tahun Politik Luar Negeri Indonesia Dalam Pemerintahan Jokowi-JK，" *Kementerian Luar Negeri Republik Indonesia*，https：//www. kemlu. go. id/id/berita/Pages/Menlu – Retno – Marsudi， – Capaian – Tiga – Tahun – Politik – Luar – Negeri – – Indonesia – Dalam – Pemerintahan – – Jokowi – JK. aspx，上网时间：2017年12月23日。

② Djanti Virantika，"Bahas Konflik di Rakhine，Menlu Retno Telah Tiba di Myanmar，" *Okezone*，https：//news. okezone. com/read/2017/09/04/18/1768740/bahas – konflik – di – rakhine – menlu – retno – telah – tiba – di – myanmar，上网时间：2017年12月23日。

二 佐科政府“务实外交”的主要作为

“务实外交”是佐科政府外交政策的最大特点，但这并不意味着前总统苏西洛的外交政策华而不实。佐科政府外交政策中的理想主义或自由主义色彩相对较弱，他将外交政策的重心放在印尼人民、国家利益和国内经济发展等重要方面及一些与人民利益直接相关的事务上。蕾特诺外长认为，“务实外交”的核心在于“实”，指外交目标能得以实现。[①] 优先考虑国家利益和国内经济也并不意味着佐科政府不顾双边和多边关系的发展，减少对地区和国际事务的参与，相反，佐科政府在东盟、中东和联合国中的作用逐步凸显。“务实外交”的主要内容包括经济外交、大国平衡和领事保护，其中，经济外交是重要内核，大国平衡是关键手段，领事保护是新增内容。

（一）经济外交取得了显著成效

佐科政府的经济外交内容丰富，主要考量国内经济发展，意在推销印尼产品，吸引更多外国资本，提升印尼经济的自立水平，为实现印尼工业化奠定坚实基础。其中，惠民、招商引资、大兴基础设施、击沉非法渔船、进行国际贸易和开辟新的出口市场等是经济外交的重要内容。佐科总统的目标非常明确，他希望与外国政要“只谈商业合作”，减少无谓的“礼节性对话”。[②] 根据佐科总统的设想，印尼作为一个大国和中等强国，更应将外交政策的重心放在国内，尤其是要实现高速经济增长和振兴国民经济。一个国家的外交政策，如果与人民的利益背离，就将严重违反外交的宗旨与目的。

---

① Ranny Virginia Utami, “Menlu Baru RI Terapkan Diplomasi Pro-Rakyat,” *CNN Indonesia*, https://www.cnnindonesia.com/internasional/20141029153858 – 127 – 8734/menlu – baru – ri – terapkan – diplomasi – pro – rakyat，上网时间：2017 年 12 月 28 日。

② Kornelius Purba, “Commentary: Jokowi’s Diplomacy, Problems of Executions and Bullet Trains,” *The Jakarta Post*, http://www.thejakartapost.com/news/2015/10/23/commentary – jokowi – s – diplomacy – problems – executions – and – bullet – trains.html，上网时间：2017 年 12 月 30 日。

根据蕾特诺外长的部署与规划，印尼的外交官员必须践行有尊严和立场鲜明的外交政策，努力维护与提高印尼人民的利益与生活水平，采取扎实的方式游说潜在投资人，建立人脉网络，为印尼人民谋利益，如拓展印尼产品的销售市场、推广印尼旅游资源等。

在招商引资、大兴基础设施方面，佐科政府通过加强立法与监督，改善印尼的投资环境，不断出台吸引外资的优惠政策，简化外资准入流程，以实现振兴经济和提高人民生活水平的目标。在此背景下，大量外资流入印尼。2014 年，进入印尼的外商直接投资总额较 2013 年有明显的增长，随后一直维持在约 290 亿美元的高位。[①] 不仅投资总额有所增加，而且涉及的投资项目和行业规模也在扩大，尤其是基础设施建设领域。2017 年，据印尼财政部估计，未来 5 年，印尼建设基础设施需要 4245 亿美元，均摊到各年，所需资金相当于每年财政收入的 50%，这将成为国家财政的沉重负担。因此，仅靠国家预算难以完成所有的基础设施建设项目，佐科政府积极寻求外部资金支持，鼓励国企和国内外私营企业积极参与，通过公私合营模式进行基础设施建设项目合作。[②] 根据麦肯锡（印尼）的测算，未来十年，印尼公私合营市场的潜在价值高达 1800 亿美元，这对于国际投资者有着巨大的吸引力。印尼投资协调委员会称，截至 2017 年底，在基础设施方面，印尼获得的实际投资达到 1500 万亿印尼盾。在加快基础设施建设的同时，佐科政府还不断优化基础设施的空间分布，一改“爪哇中心主义”的传统，推动各岛均衡发展。据世界银行发布的世界物流表现指数（该指数评分标准涉及边检效率、交通基础设施发展水平、物流价格竞争力、物流服务质量、货物追踪能力和按期交货能力六项），印尼从 2007 年的第 43 名跌落到 2010 年的第 75 名，虽然在 2012 年、

① “Neraca Arus Dana Indonesia Tahunan 2012 - 2016,” *Badan Pusat Statistik Indonesia*, http://10.0.0.16/publication/2017/09/29/268daef3823609435ca3c756/neraca-arus-dana-indonesia-tahunan-2012-2016，上网时间：2017 年 12 月 28 日。

② 《未来 5 年印尼政府至少借贷 250 亿美元用于基建项目》，中华人民共和国驻印度尼西亚共和国大使馆经济商务处网站，http://id.mofcom.gov.cn/article/ziranziyuan/huiyuan/201506/20150601009682.shtml，上网时间：2017 年 12 月 28 日。

2014年和2016年的名次逐步回升到第59名、第53名和第63名，但是10年间，印尼的物流表现还是下降了20名。[①] 这说明，虽然印尼总体的经济发展水平明显提升，但物流水平和基础设施建设速度落后于经济发展水平和速度。因此，加强基础设施建设，促进海洋互联互通是印尼实现进一步发展繁荣的重要条件。

佐科提出建立“海上高速公路”的概念，这一概念要求印尼成为沟通太平洋和印度洋的桥梁，以有效联通印尼国内的上万个岛屿，改变各个岛屿互不相通的局面。[②] 2016年，爪哇岛以外地区的外商投资实现14.2%的增长，达到284.1万亿印尼盾。[③] 其中，在建的217条公路中有208条位于外岛，占95.85%；16个港口项目中有13个在外岛，占81.25%。[④] 佐科政府执政三年来共建成国道2000公里、高速公路568公里、220万幢房屋、9座水利设施，灌溉设施覆盖面积达900公顷。[⑤] 虽然这与《印尼政府2015～2019年中期发展规划》的目标[⑥]相去甚远，佐科政府加强基础设施建设的政策也因此备受批评，但在佐科总统毫无军政关系、印尼征地难和行政效率低下的背景下，三年能有如此建树，实属不易。这些正在规划或在建的基础设施项目，对印尼国内的经济发展有着重要的影响。下一步，佐科政府将继续

① “Global Rankings 2016, 2014, 2012, 2010 and 2007,” The World Bank, https://lpi.worldbank.org/international/global，上网时间：2018年1月20日。

② 刘畅：《试论印尼的“全球海洋支点”战略构想》，《现代国际关系》2015年第4期，第9页。

③ Yulida Medistiara, “Jokowi Gencar Bangun Infrastruktur, Investasi Luar Jawa Naik 14%,” *Detik*, https://finance.detik.com/berita-ekonomi-bisnis/3405580/jokowi-gencar-bangun-infrastruktur-investasi-luar-jawa-naik-14.a.

④ 杨晓强、杨君楚：《印度尼西亚：2015年回顾与2016年展望》，《东南亚纵横》2016年第2期，第34页。

⑤ “Jokowi-JK Genjot Infrastruktur, Realisasi Investasi Hampir Rp 1.500 Triliun,” *Tribun News*, http://www.tribunnews.com/nasional/2017/10/18/jokowi-jk-genjot-infrastruktur-realisasi-investasi-hampir-rp-1500-triliun，上网时间：2017年12月28日。

⑥ 即印尼未来5年将建设2650公里普通公路、1000公里高速公路、3258公里铁路、24个大型港口、60个轮渡码头、15个现代化机场、14个工业园区、49个水库、33个水电站。参见《未来5年印尼基础设施建设需约4245亿美元资金》，中华人民共和国驻印度尼西亚共和国大使馆经济商务处网站，http://id.mofcom.gov.cn/article/ziranziyuan/jians/201506/20150601009653.shtml，上网时间：2017年12月28日。

推行初见成效的基础设施建设鼓励政策。2018 年，基础设施建设方面的预算为 409 万亿印尼盾，其中经济基础设施预算为 395.1 万亿印尼盾，资金缺口较大，急需吸引外资。①

击沉非法渔船，加强对海洋资源的管理与开发，也是佐科政府经济外交的重要内容。佐科政府提出“全球海洋支点”构想的重要动因是印尼需要规范开发丰富的海洋资源。佐科政府认为，印尼是一个海洋大国，拥有丰富的海洋资源，如果海洋资源得到规范的管理与合理的开发，其就将成为印尼经济新的增长点。据估计，周边国家的非法捕鱼行为，使印尼每年出现高达 260 万亿印尼盾的损失，65%的珊瑚礁受到污染和破坏。② 佐科总统称，海洋是全球 5.2 亿人的收入来源，非法捕鱼活动已造成世界鱼类资源减少 90.1%。据联合国粮农组织公布的数据，2014 年，印尼的海洋鱼类产量排名世界第二，当年的海洋鱼类捕捞量达到 600 万吨，相当于世界海洋鱼类总产量的 6.8%。③ 印尼希望通过本国的努力，让世界上更多的国家和组织意识到非法捕鱼行为是跨国性犯罪，其严重性不容小觑，与人口贩卖、毒品交易和武器走私都是影响恶劣的非传统安全问题。非法捕鱼不仅会对国家造成巨额的经济损失，使大量本国渔民失去生计，还会影响地区的安全与稳定，因此，印尼需要联合更多周边国家，尤其是环印度洋区域合作联盟的成员共建完善的全面信息和监督网络，共同打击各种形式的非法捕鱼行为。④ 佐科政府近年来打击非法捕鱼行为的行动已初见成效，印尼海

① Agustiyanti，“Jokowi Anggarkan Rp409 Triliun untuk Infrastruktur 2018，” *CNN Indonesia*，https：//www. cnnindonesia. com/ekonomi/20170816130445 – 78 – 235127/jokowi – anggarkan – rp409 – triliun – untuk – infrastruktur – 2018，上网时间：2017 年 12 月 28 日。

② “Presiden：Indonesia Rugi Rp 260 Triliun Akibat Illegal Fishing，” *Publica News*，https：//www. publica – news. com/berita/nasional/2016/10/10/3551/presiden – indonesia – rugi – rp – 260 – triliun – akibat – illegal – fishing. html，上网时间：2017 年 12 月 28 日。

③ Farah Gita，“Jokowi Tegaskan Bahaya Illegal Fishing，” *Media Indonesia*，http：//mediaindonesia. com/index. php/news/read/71262/jokowi – tegaskan – bahaya – illegal – fishing/2016 – 10 – 10，上网时间：2017 年 12 月 27 日。

④ “Melalui KTT IORA，Menlu Retno Dorong Kerja Sama RI-Mauritius，” *Kementerian Luar Negeri Republik Indonesia*，https：//www. kemlu. go. id/id/berita/Pages/Melalui – KTT – IORA， – Menlu – Retno – Dorong – Kerja – Sama – RI – Mauritius. aspx，上网时间：2017 年 12 月 27 日。

域的过度捕捞水平已下降至30%～35%，印尼的海洋鱼类储量从2013年的730万吨上升到2015年的990万吨。严厉打击非法捕鱼行为提高了渔产贸易的水平，2016年上半年，印尼国内渔业产品出口额比2015年同期增长7.34%。[①] 但佐科政府打击非法捕鱼、击沉非法渔船的行为，对其他东盟国家产生了一定的影响。据统计，2014～2016年，佐科政府共击沉236艘在印尼海域从事非法捕鱼行为的外国渔船。周边国家对此颇有怨言，认为应通过外交、协商、合作等途径解决此问题，而非直接单方面击沉渔船。佐科政府的这一行为，被认为是“民族主义情绪高涨”且“简单粗暴”的外交举措，虽然得到了印尼民众的支持，但被认为外交成熟度欠佳，影响了印尼与周边国家的关系。

在国际贸易方面，佐科政府不断深化与传统市场的合作关系，与此同时，也在努力开辟新的出口市场，如非洲、南亚、中亚和南美等。其中，印尼与非洲国家的贸易增长最为显著。2016年，印尼对马达加斯加的贸易额增长112%，与乍得的贸易额增长207%，与津巴布韦的贸易额增长223%，与加蓬的贸易额增长562%，与赞比亚的贸易额增长637%，而印尼对卢旺达的贸易量更是增长了17倍。[②] 印尼不断发展和深化与非洲国家间的商业关系，不仅表现在政府官员层面，私人层面的经贸往来也日益频繁。印尼一直在几个非洲经济组织的贸易框架内进行谈判，以减少关税。2018年首次举行印尼—非洲论坛，目的是加强印尼和非洲私营领域间的互动。在短短的2天，印尼和非洲等国共达成5.86亿美元的商业交易和高达13亿美元的商业协议。[③] 另外，印尼与哈萨克斯坦和乌兹别克斯坦等中亚国家，与古巴、

---

① Angga Aliya, “Jokowi Ajak Dunia Perangi Illegal Fishing,” *Detik*, https://finance.detik.com/berita-ekonomi-bisnis/3317309/jokowi-ajak-dunia-perangi-illegal-fishing，上网时间：2017年12月31日。

② “Press Briefing Menlu Retno: Capaian Tiga Tahun Politik Luar Negeri Indonesia Dalam Pemerintahan Jokowi-JK,” *Kementerian Luar Negeri Republik Indonesia*, https://www.kemlu.go.id/id/berita/Pages/Menlu-Retno-Marsudi, -Capaian-Tiga-Tahun-Politik-Luar-Negeri--Indonesia-Dalam-Pemerintahan--Jokowi-JK.aspx，上网时间：2017年12月28日。

③ “2019 Annual Press Statement of Retno LP Marsudi, Minister for Foreign Affairs,” *Kementerian Luar Negeri Republik Indonesia*, 9 January 2019, p. 11.

厄瓜多尔、多米尼克等中南美洲国家，与拉脱维亚和斯洛伐克等中东欧国家的贸易增长率均超过100%。[①]

仅2015年，印尼就进行了37项经济合作协议谈判，如地区全面经济伙伴关系等。[②] 2016年，印尼经济外交的步伐不断加快，印尼与欧盟举行了16次会谈，先后与韩国、意大利、匈牙利、俄罗斯、挪威、加拿大等20多个国家，就加强双边贸易伙伴关系达成一致意见。2017年，印尼已进行了11个谈判，以达成自由贸易协定和关于建立更紧密经贸关系的安排。印尼外交人员鼓励外国企业家参加印尼贸易博览会。2017年，印尼贸易博览会的交易额达11亿美元，共签订了31份贸易合同。[③] 据统计，印尼外交官员和代表已经为超过35000名印尼商界人士提供相关信息，并在供需配对环节提供一定的协助。在经济外交中，突出的成就是提高了印尼战略产业的能力。印尼已成功销售印尼铁道公司的火车和印尼航天公司的飞机等战略工业产品。[④] 印尼已向孟加拉国出口多达400节火车车厢，其中已交付150节车厢，250节车厢已完成签约工作。[⑤] CN－235运输机在非洲一些国家得到了广泛应用。[⑥] 部分欧洲国家，

① "2019 Annual Press Statement of Retno LP Marsudi, Minister for Foreign Affairs," *Kementerian Luar Negeri Republik Indonesia*, 9 January 2019, pp. 11－12.

② "Pernyataan Pers Tahunan Menteri Luar Negeri RI Tahun 2016," *Kementerian Luar Negeri Republik Indonesia*, https://www.kemlu.go.id/id/pidato/menlu/Pages/PPTM%202016%20Menlu%20RI.pdf，上网时间：2017年12月28日。

③ Wilfridus Setu Embu, "Pemerintah Prediksi Raup Kontrak Dagang Rp 3 Triliun Selama TEI 2017," *Merdeka*, https://www.merdeka.com/uang/pemerintah-prediksi-raup-kontrak-dagang-rp-3-triliun-selama-tei-2017.html，上网时间：2017年12月28日。

④ "Pesawat dan Kereta Buatan Indonesia Semakin Diminati Pasar Afrika," *Tabloid Diplomasi*, https://www.tabloiddiplomasi.org/index.php/2017/07/12/pesawat-dan-kereta-buatan-indonesiasemakin-diminati-pasar-afrika/，上网时间：2017年12月28日。

⑤ Achmad Faizal, "150 Gerbong Kereta Api Buatan PT Inka Diekspor ke Bangladesh," *Kompas*, http://regional.kompas.com/read/2016/04/01/01382361/150.Gerbong.Kereta.Api.Buatan.PT.Inka.Diekspor.ke.Bangladesh，上网时间：2017年12月28日。

⑥ Giri Hartomo, "Presiden Jokowi Pamerkan Pesawat CN235 yang Diminati Berbagai Negara Dunia," *Okezone*, https://economy.okezone.com/read/2017/09/01/320/1767570/presiden-jokowi-pamerkan-pesawat-cn235-yang-diminati-berbagai-negara-dunia，上网时间：2017年12月28日。

如塞尔维亚，对印尼方便面的投资达1100万欧元。[①]

在佐科政府“经济外交”和国内经济政策的双重作用下，印尼经济得到长足的发展。2016年，印尼经济增速在连续5年下滑后有所回升，现价GDP增长率为5.02%，同时，投资驱动作用水平提升、三次产业结构优化、采矿与油气工业产值所占比重下降、服务业占比提升、通货膨胀率和汇率下跌趋势得到有效控制等。[②] 这主要得益于佐科政府实施增加投资、加快基础设施建设和进行转移支付、削减能源补贴等政策。

（二）大国平衡最大化了印尼的国家利益

佐科总统作为印尼第一位“草根”出身的总统，从执政之初就面临“朝小野大”的局面，其一步步通过“平衡战略”，平衡各方势力，加强各方相互依赖和相互制衡，不断巩固自身的政治地位。而这一“平衡战略”，也被佐科政府广泛运用在外交领域，尤其是在大国平衡方面。总体而言，佐科政府延续了印尼自主、积极的外交理念，避免与任何国家建立正式联盟关系，使印尼成为有安全保障、独立自主的国家；将东盟作为印尼外交政策基石，提升印尼在东盟的主导地位，努力推动东盟一体化发展；实施大国平衡外交战略，与中、美、日等国和平共处、紧密合作，以实现印尼国家利益的最大化；不断提升印尼的国际地位，在地区和国际事务中继续发挥积极的作用。佐科政府的务实外交主要指的是，外交工作应基于印尼的国情，分清轻重缓急，更专注于进行增强自身实力的建设，避免疲于应对非优先的国际事务。佐科政府主张，印尼应加强与那些符合印尼国家利益、为印尼人民带来实惠的国家合作，在损害或无益于国家和人民利益的事务上保持中立不介入的态度。

在处理与中、美、日等国关系上，佐科政府秉承“大国平衡”的外交

---

① Christine Novita Nababan, “Indofood Bangun Pabrik Indomie di Serbia,” *CNN Indonesia*, https://www.cnnindonesia.com/ekonomi/20160904125712-92-155976/indofood-bangun-pabrik-indomie-di-serbia，上网时间：2017年12月28日。

② 左志刚主编《印度尼西亚经济发展报告（2017）》，社会科学文献出版社，2017，第1页。

理念，旨在维护印尼国家和人民的利益。佐科政府与中国的经贸合作非常密切，继续强化印尼与中国的全面战略伙伴关系。中国成为佐科总统上任以来出访的第一个国家，2014 年 11 月，他应邀来华出席亚太经合组织领导人非正式会议，与国家主席习近平会谈。佐科总统提出的建设海洋强国、“全球海洋支点”构想和中国提出的建设“21 世纪海上丝绸之路”倡议高度契合，双方可推进基础设施建设，农业、金融、核能等领域合作，充分发挥海上和航天合作机制的作用。[①] 2015 年 3 月，应习近平主席的邀请，佐科总统对中国进行国事访问并出席博鳌亚洲论坛，两国共同发表《中华人民共和国和印度尼西亚共和国关于加强全面战略伙伴关系的联合声明》。2015 年 4 月，习近平主席赴印尼出席亚非领导人会议和万隆会议 60 周年纪念活动，两国共同发表《中华人民共和国与印度尼西亚共和国联合新闻公报》。2016 年 9 月，习近平主席与佐科总统在二十国集团杭州峰会期间会见。两国最高元首互访与会谈频繁。在数次会谈中，佐科总统积极推进两国的全面战略伙伴关系，重点加强海洋合作、经贸关系和基础设施建设等，不断提升双边关系水平。目前，中国内地是印尼第四大外资来源地，仅次于新加坡、日本和中国香港。

近年来，中印尼两国间的贸易额节节攀升。2018 年，中印尼非油气产品贸易额为 696.3 亿美元，同比增长 22.5%；其中印尼对中国的出口额为 243.9 亿美元，同比增长 14.3%，占印尼对外出口总额的 15.0%，居印尼出口目的地首位；印尼自中国的进口额为 452.4 亿美元，同比增长 27.4%，占印尼进口总额的 28.5%，在印尼进口来源地中居首位。[②] 同时，在佐科政府不断简化投资流程、加大投资的优惠力度、欢迎中国资本进入印尼的背景下，中国持续加大对印尼的投资力度，中国对印尼的直接投资从 2008 年的

① 《APEC 授权发布：习近平会见印度尼西亚总统佐科》，新华网，http://news.xinhuanet.com/world/2014-11/09/c_1113174426.htm，上网时间：2017 年 12 月 28 日。

② 《2018 年 1—12 月中印尼贸易情况概述》，中华人民共和国商务部网站，http://www.cic.mofcom.gov.cn/article/economicandtrade/indonesiaoverview/201901/407557.html。

1.74 亿美元增长至2016 年的26.65 亿美元。[1] 2017 年，中国对印尼直接投资达33.61 亿美元，同比增长26%，[2] 连续两年保持印尼第三大投资来源国地位，仅次于新加坡（84.4 亿美元，占比为26.2%）和日本（50.0 亿美元，占比为15.5%）。其中，新加坡外资份额比重较2016 年下降5.5 个百分点，日本外资份额比重较2016 年下降3.1 个百分点，中国内地和香港合计外资份额比重与2016 年持平。但考虑到相当一部分中国内地资本经中国香港和新加坡投资印尼的情况，如果将中国内地和中国香港的投资额相加（21.2 亿美元，占比为6.6%），则中国将以16.6%的占比超越日本，[3] 成为印尼第二大投资来源国，并且这种增长趋势较强劲，据估计，中国将在十年内成为印尼第一大投资来源国。2017 年，中国对印尼的直接投资已占中国对外直接投资的2.5%。根据印尼投资协调委员会的数据，2018 年，中国对印尼直接投资为24 亿美元，[4] 这也是自"一带一路"倡议推出以来，中国在印尼直接投资首次出现下滑。2013～2018 年，中国在印尼直接投资累计为101.28 亿美元，共计6737 个项目。[5]

佐科政府继续发展印尼与美国的全面伙伴关系，加强与美国在安全与防务方面的合作。2015 年10 月，佐科总统首次访问美国，和奥巴马总统

---

① Xie Feng, China's Former Ambassador to Indonesia Argued That If the Investment of China through Hong Kong and Singapore Were Included, China May Be the Largest Investor in Indonesia," in Xie Feng, "'Orkestra Angklung' RI-China," *Kompas*, 2016, p. 6.

② "Realisasi Investasi PMDN dan PMA Tahun 2017 Melampaui Target," Kementerian Agraria Dan Tata Ruang / Badan Pertanahan Nasional, https://www.bpn.go.id/BERITA/Narasi-Tunggal/realisasi-investasi-pmdn-dan-pma-tahun-2017-melampaui-target-74744，上网时间：2018 年11 月28 日。

③ 《2017 年印尼投资情况概述》，中华人民共和国商务部网站，http://www.mofcom.gov.cn/article/tongjiziliao/fuwzn/ckqita/201802/20180202707721.shtml，上网时间：2018 年12 月23 日。

④ "Total Realisasi Investasi Tahun 2018 sebesar Rp 721, 3 trilliun, Naik 4, 1%," *BKPM*, https://www.bkpm.go.id/images/uploads/file_siaran_pers/Narasi_Bahasa_Indonesia_Press_Release_TW_IV_2018.pdf，上网时间：2019 年2 月28 日。

⑤ "Peringkat Realisasi Investasi PMA Berdasarkan RRT Tahun 2013 s. d. Tahun 2018," Nasional Single Window for Investment-BKPM, https://nswi.bkpm.go.id/data_statistik，上网时间：2019 年2 月22 日。

深入探讨发展战略合作伙伴关系，加强经济、防务、人文、能源和海洋等各领域合作，签署了《印尼—美国海上合作谅解备忘录》，同意加强海上安全、海洋经济、海洋资源、渔业管理、海上航行以及海洋科学技术等领域的合作。考虑到印尼庞大的人口、地区领导力以及在贸易、商务和经济发展中发挥的作用，美国高度重视与印尼的合作伙伴关系。2016 年是美国的大选年，针对候选人特朗普许多反伊斯兰教、反移民以及反少数族群的言论，印尼出现众多激烈的批评声音。他在贸易上的“保护主义”立场，也引起了印尼商界的普遍担忧和广泛关注。因此，特朗普当选后，外界普遍认为，佐科政府和印尼社会将减少与美国的往来，印尼和美国的关系将在一定程度上“遇冷”。然而，特朗普上台后，印尼与美国关系并未出现紧张，佐科总统祝贺特朗普胜选，并希望“美国的新任总统能继续保持两国的外交关系，共创世界和平与繁荣”。[①] 这体现了佐科总统“务实外交”的理念，保持印尼与美国关系的正常化，与佐科政府“国内优先”和“经济导向”的外交政策并行不悖。[②] 只要是对印尼国家和人民利益有利的国家，印尼都应该交好。

同时，佐科政府也继续积极发展印尼与日本的伙伴关系。印尼和日本均有意加强经济和防务领域的合作，促进日本企业对印尼投资，扩大双边贸易范围。2015 年 3 月，印尼与日本签署贸易与投资合作谅解备忘录。印尼欢迎日本加大投资力度，日本予以回应，愿在工业和人力资源等领域加大投资力度。日本的投资集中在汽车、汽配和城市高速铁路等领域。印尼与日本都是海洋国家，都重视海洋领域合作，在这一领域拥有巨大的合作潜力。佐科政府非常希望在发展海洋部门和进行海洋基础设施建设方面，得到日本技术和资金的帮助。在安全与防务方面，2015 年 12 月，印尼与日本建立外交与

---

① 廖建裕：《特朗普当选后印尼与美国关系》，联合早报网，http：//www. zaobao. com/forum/views/opinion/story20161124 - 694115，上网时间：2017 年 12 月 28 日。

② Greg Fealy, “Distracted Pragmatism: Indonesian Responses to Trump,” in *The Trump Administration's First 100 Days: What Should Asia Do?* (Australian National University's College of Asia & the Pacific, 24 April 2017), pp. 18 – 19.

国防部长级“2+2”磋商，双方就局势逐渐紧张的南海问题达成合作意向，并一致同意每两年举行定期磋商。这是日本首次与东盟成员国举行“2+2”磋商。[①] 日本还向印尼提供海上巡逻船，以支援印尼打击海盗的行动，推动同印尼缔结军备合作协议，帮助印尼提升防务能力。

佐科政府的“大国平衡”政策，相对平衡地处理印尼与中、美、日等国间的关系，并没有明显的侧重，表现出极强的实用主义特点，只要是对印尼有利的方案，无论是由哪个国家提出的，佐科政府都予以重视和认真考虑。早在2011年，日本就耗资400万美元，对雅万高铁项目进行可行性分析，但最后由于种种原因而搁置项目。[②] 2015年，佐科政府重启雅万高铁项目的建设规划工作，在认真研究中日两国的方案后，中方方案以低造价、短工期、不使用政府预算、无须国家担保等优势中标。随后，佐科政府基于“大国平衡”战略，有意将雅泗高铁项目交给日本承建。印尼的高铁项目似乎变成佐科政府“两边下注，寻求利益最大化”的筹码。2017年7月，印尼交通部长苏马迪公开表示：“我们没有终止与日本在雅泗高铁项目上的合作，但同时我们也欢迎中国的参与。”[③]

（三）领事保护保障了印尼海外侨民的权益

除了关注国内人民和企业的福祉外，佐科政府也高度重视海外的印尼公民和企业，决心加强领事保护。首先，进行立法，通过了《2017年第18号关于保护印尼移工的法律》和《2018年第5号关于综合保护印尼公民的印度尼西亚共和国外交部长条例》。据估计，2013年，约有650万

---

① 《日本与印尼首次举行2+2会议磋商南海问题》，自由亚洲电台，http：//www.rfa.org/mandarin/yataibaodao/junshiwaijiao/nz-12172015135105.html，上网时间：2017年12月28日。

② “AIIB to Finance Three Indonesian Projects，” *Tempo*，2 January 2017.

③ “Jepang Mulai Curiga，Proyek Kereta Api Cepat Jakarta-Surabaya Diberikan ke China?” *Tribun News*，http：//www.tribunnews.com/internasional/2017/07/24/jepang-mulai-curiga-proyek-kereta-api-cepat-jakarta-surabaya-diberikan-ke-china，上网时间：2017年12月28日。

名印尼公民在142个国家和地区工作，其中相当一部分从事家政工作。[1]鉴于大量印尼女佣在国外受到不平等对待，屡屡出现虐待印尼女佣致残致死的案件，佐科总统于2014年对外宣布，为了维护印尼民族的尊严和保护印尼海外劳工的权益，印尼将于2018年全面停止女佣输出。[2]此举引起国内外轩然大波，各印尼劳工输入国纷纷表示印尼暂停劳工输出，将导致它们出现严重的“用工荒”，而印尼劳工也不断申诉，如果佐科政府禁止他们出国务工，就将使他们失去生计，国家也会失去重要的外汇来源。由于国内外反对声音较大，佐科政府不得不调整印尼女佣的输出规划，并加强对其他海外印尼劳工的保护。

印尼政府在2014年向中国台湾提出了三个涉及看护的条件，分别是看护应被纳入最低基本薪资的保障范围；看护有自己的宿舍，不需要与雇主同住；工时相对固定，加班须付加班费。只有满足上述要求，印尼才会继续允许对中国台湾输出看护。虽然中国台湾方面未应允印尼政府的要求，但在2015年8月，中国台湾与印尼、菲律宾、越南、泰国等达成协议，将18年未涨的看护薪资从15840元新台币调至17000元新台币。而在2017年2月，印尼政府再度提出要求，希望将薪资从17000元新台币调至19000元新台币。[3]佐科总统要求每个印尼海外劳工都必须拥有护照，由于某些原因被雇主或中间人暂扣护照的海外劳工，可以到当地的使领馆补办护照。在海外出生的劳工子女，应前往使领馆补办出生证，适龄儿童必须在海外的社区学习中心按时入学。马来西亚是大量印尼公民务工的海外目的地，如大量女佣和在种植园工作的农民工。印尼解决了在马来西亚油棕种植园工作的

---

① “Jumlah TKI Capai 6, 5 Juta, Tersebar di 142 Negara,” *Detik Finance*, https://finance.detik.com/berita-ekonomi-bisnis/2194313/jumlah-tki-capai-65-juta-tersebar-di-142-negara，上网时间：2017年12月28日。

② M. Wismabrata, “Jokowi Akan Stop Pengiriman TKI,” *Kompas*, http://regional.kompas.com/read/2015/02/14/03274001/Jokowi.Akan.Stop.Pengiriman.TKI，上网时间：2017年12月28日。

③ 杨智强：《印尼的自尊：“零国际帮佣”的背后》，报道者网站，https://www.twreporter.org/a/indonesia-zero-domestic-helpers-overseas，上网时间：2018年1月10日。

印尼农民工子女的基础教育问题。三年来，印尼在沙巴和沙捞越成功增加了16个社区学习中心。按计划，预计在2018年，印尼会在沙捞越新建50个社区学习中心和学校，然而，截至2017年底，仅建成19个。① 由此可知，印尼政府并非要停止看护的输出，而是希望改善他们在国外的待遇。

除了重点关注的女佣外，佐科政府也开始规范其他劳工的输出规划。2017年10月，印尼和沙特阿拉伯签署协议，实施新的印尼劳工输出政策，其中包括一站式工作签证签发机制、印尼劳工可工作的七个特定职位、取消家政中介和实施24小时保护机制等。② 外交部长蕾特诺称："对印尼公民进行保护的挑战越来越大，但我们不会退缩。因为这是印尼政府的承诺，我们将全心全意地保护印尼。准确地说，我们的外交官员已经准备好全天24小时进行领事保护。"③

加强对海外印尼公民保护的重点在于完善保护制度。保护制度将使用大数据技术等，并进行多种创新：一是建立综合的数据库，二是推出包括"移动安全旅行"在内的多个移动应用程序，三是推出SMS短消息等，四是提高领事保护的服务水平和质量。2015～2018年，印尼公民领事保护数据库已投入使用并发挥重要作用，外交部已成功处理73503起案件，通过外交手段，278名印尼公民免受死刑，181942名涉嫌逾期居留的印尼公民被遣返。值得一提的是，印尼外交部从菲律宾和索马里解救了37名印尼公民。此外，通过外交官员提供的法律援助，在国外遇到经济权利受到侵害的印尼

---

① Hanni Sofia Soepardi, "Jokowi Minta Semua TKI Harus Punya Paspor," *Antara News*, https：//kl. antaranews. com/berita/3234/jokowi – minta – semua – tki – harus – punya – paspor，上网时间：2017年12月28日。

② "Sistem Baru WNI Bekerja di Saudi Disepakati," *Tribun News*, http：//www. tribunnews. com/nasional/2017/10/17/sistem – baru – wni – bekerja – di – saudi – disepakati，上网时间：2017年12月28日。

③ "Press Briefing Menlu Retno：Capaian Tiga Tahun Politik Luar Negeri Indonesia Dalam Pemerintahan Jokowi-JK," *Kementerian Luar Negeri Republik Indonesia*, https：//www. kemlu. go. id/id/berita/Pages/Menlu – Retno – Marsudi， – Capaian – Tiga – Tahun – Politik – Luar – Negeri – – Indonesia – Dalam – Pemerintahan – – Jokowi – JK. aspx，上网时间：2017年12月28日。

公民获得相应赔偿，共计5740亿印尼盾。[①] 2014年，印尼劳工未被禁止前往中东地区之前，从中东地区汇回国内的外汇总额为28.7亿美元；2015年，相关禁令发布后，从中东地区回流的外汇飙升至35.2亿美元。外交部与7个部委合作，加强对人口偷渡和贩运的管理。印尼外交部对60个大量向海外输出劳工的县市进行保护能力建设。下一步，佐科政府将继续加大领事保护方面的投入力度。

三　2017年中印尼的外交关系

自"一带一路"倡议在印尼落地以来，中印尼的外交关系日益紧密。印尼"海洋强国"和"全球海洋支点"构想与中国"21世纪海上丝绸之路"倡议具有广阔的合作空间，政治互信不断加强，合作成果丰硕，高层互访频繁，高层对话机制完善。2013年，习近平主席在访问印尼时提出了建立"21世纪海上丝绸之路"的倡议，足见中国对印尼的重视。2014年，印尼总统佐科上任后，中印尼两国交流与合作更加紧密。中印尼共同参与"21世纪海上丝绸之路"建设，对东南亚地区具有重要的引领、辐射和示范作用。中国提议建立亚洲基础设施投资银行（以下简称"亚投行"）后，印尼迅速表达了加入的意愿，并寻求将亚投行总部落户雅加达。[②] 2014年11月，印尼财政部长签署谅解备忘录，印尼正式成为亚投行成员，印尼官员卢奇出任亚投行副行长。亚投行积极支持印尼的基础设施建设项目。2017年1月，亚投行宣布资助苏门答腊高速公路、发电站和水利设施建设和运营项目。[③] 2019年2月25日，印尼中央银行北京代表处在中国北京正式落成并

① "2019 Annual Press Statement of Retno LP Marsudi, Minister for Foreign Affairs," *Kementerian Luar Negeri Republik Indonesia*, 9 January 2019, p. 10.

②《印尼财长：争取使亚投行总部设在雅加达》，新浪网，http://finance.sina.com.cn/stock/usstock/c/20150323/131021783702.shtml，上网时间：2017年12月31日。

③ "AIIB to Finance Three Indonesian Projects," *Tempo*, https://en.tempo.co/read/news/2017/01/02/056831789/AIIB-to-Finance-Three-Indonesian-Projects，上网时间：2018年1月10日。

营业，[①] 以加强中印尼两国经贸与金融合作。中印尼在地区层面拥有广泛的共同利益。在维护地区和平与稳定、促进世界繁荣发展、全面推动南南合作、应对全球性议题方面，中国是印尼重要的合作伙伴，双方应加强战略沟通与协作。

为推进与落实相关计划，两国建有副总理级对话机制、高层经济对话机制、副总理级人文交流机制三大合作机制。两国还建有政府间双边合作联委会（外交部长牵头）、经贸技术联委会（商务部长牵头）、防务安全磋商以及航天、农业、科技、国防工业等领域的合作机制。[②]

2017～2018 年，中印尼高层互访不断，合作领域不断拓展，合作规模日益扩大，对话领域更加广泛，如政治安全对话、高层经济和人文交流对话等，它们是统筹和推动中印尼关系发展的重要支柱。2017 年 8 月 21 日，中国和印尼副总理级对话机制第六次会议在北京举行，由国务委员杨洁篪和印尼政治法律安全统筹部长维兰托共同主持。双方表示要按照习近平主席和佐科总统达成的重要共识，推动两国全面战略伙伴关系向更深层次、更广领域发展。双方同意继续保持高层交往，就两国关心的重大问题保持密切沟通，加强发展构想对接，深化防务、执法、反恐、禁毒、网络、海上、航天等领域合作；共同维护南海和地区的和平与稳定，推动中国—东盟关系和东亚合作持续深入发展，在国际和地区多边机制中加强沟通与协调。[③] 2017 年10 月 24 日，首届中国和印尼禁毒合作双边会议在雅加达举行。会后，双方签署了《中华人民共和国公安部禁毒局和印度尼西亚共和国国家禁毒委员会关于加强禁毒合作的实施方案》。双方议定，进一步加强合作，切实改善两国和地区毒品形势，共同推动两国禁毒合作务实、深

---

① 《印尼央行北京代表处正式开业　可望加强印中两国经贸与金融合作》，《千岛日报》2019 年 2 月 27 日。

② 《中国同印度尼西亚的关系》，中华人民共和国外交部网站，http：//wcm. fmprc. gov. cn/pub/ chn/gxh/cgb/zcgmzysx/yz/1206＿ 43/1206x1/t6115. htm，上网时间：2017 年 12 月 31 日。

③ 《中国和印尼举行副总理级对话机制第六次会议》，新华网，http：//news. xinhuanet. com/world/2017 －08/21/c＿ 1121519290. htm，上网时间：2017 年 12 月 31 日。

入发展。[1] 2017 年 11 月 28 日，国务院副总理刘延东在梭罗与印尼人类发展与文化统筹部长布安共同主持中印尼副总理级人文交流机制第三次会议。刘延东和布安共同签署科技创新等相关领域的合作文件，双方坚持充分发挥机制的统筹引领作用，围绕两国发展计划的对接，加快推进教育、科技、文化、卫生、媒体、体育、青年、旅游等领域的务实合作，不断提升和增强人文交流的水平和影响力，为中印尼全面战略伙伴关系奠定更加坚实的社会民意基础，为促进世界多样文明和谐共生、推动构建人类命运共同体做出贡献。[2] 2017 年 12 月 15 日，中国—印尼海上合作技术委员会第十次会议在雅加达举行。双方同意在继续保持两国海上安全、航行安全、海洋科研与环保领域对话合作的基础上，进一步加强在海洋经济、海上资源开发、海上基础设施建设等领域的合作，不断丰富中印尼全面战略伙伴关系内涵。[3] 2018 年 4 月，佐科总统特使、印尼海洋与投资统筹部长卢胡特访华，国务院总理李克强、中央政法委书记郭声琨、国务委员兼外长王毅分别同其会见，王毅表示，双方应以共建"一带一路"、推动区域一体化进程、构建新型国际关系为三个努力方向，进一步丰富两国全面战略伙伴关系内涵，明确未来互利合作的重点与方向。[4] 2018 年 5 月 6～8 日，应印尼总统佐科的邀请，中国国务院总理李克强对印尼进行正式访问，[5] 两国签署《中华人民共和国政府和印度尼西亚共和国政

---

① 《首届中国印尼禁毒合作双边会议在雅加达举行》，新华网，http://news.xinhuanet.com/world/2017－10/24/c_ 1121851083.htm，上网时间：2017 年 12 月 31 日。

② 《中印尼副总理级人文交流机制第三次会议举行》，新华网，http://news.xinhuanet.com/world/2017－11/29/c_ 1122026064.htm，上网时间：2017 年 12 月 31 日。

③ 《中国—印尼海上合作技术委员会第十次会议在雅加达举行》，中国新闻网，http://www.chinanews.com/gj/2017/12－15/8401593.shtml，上网时间：2017 年 12 月 31 日。

④ 《王毅会见印尼总统特使、海洋统筹部长卢胡特》，中华人民共和国外交部网站，2018 年 4 月 12 日，https://www.fmprc.gov.cn/web/wjbzhd/t1550293.shtml，上网时间：2018 年 11 月 3 日。

⑤ 《印尼海洋统筹部长：期待李克强总理的访问能够进一步推动两国关系发展》，中华人民共和国中央人民政府网站，http://www.gov.cn/xinwen/2018－05/05/content_ 5288390.htm，上网时间：2018 年 11 月 3 日。

府联合声明》。[①] 2018年10月，卢胡特作为佐科总统特使再度访华，国务委员王勇、国务委员兼外长王毅同其会见，卢胡特感谢中国政府对印尼地震和灾后重建提供的帮助，表示对华关系始终是印尼对外关系的优先方向，印尼高度赞赏双方建立全面战略伙伴关系5年来取得的积极进展，愿进一步密切双方高层往来，借鉴中国发展和治理经验，以双方签署共建“一带一路”和“全球海洋支点”合作协议以及建立“区域综合经济走廊”联委会为契机，加强投资、产业、基础设施、渔业、人力资源等领域的合作，实现共同发展。[②]

相信在双方的共同努力下，中印尼将进一步深化经贸、政治、文化、军事和安全等领域的交流与合作，加强在地区和国际事务中的协调与配合，共同促进亚洲与世界的和平、稳定与繁荣。

四　佐科政府的外交政策展望

虽然外界对佐科政府的外交表现基本满意，但佐科政府在外交方面仍面临一定的困难与挑战。第一，在“大国平衡”中，佐科政府应如何妥善处理大国间的矛盾，以及如何应对大国间的竞争对印尼带来的冲击。佐科政府的外交政策以“务实”著称，但在“大国平衡”问题上，包含一定的理想主义，总希望“雨露均沾”“得陇望蜀”。佐科政府希望利用印尼具有战略性的地缘政治优势，让中、美、日等国相互竞争，在政治、经济、安全等方面获益。印尼既希望中国在经济发展中扮演重要角色，但又防止过于亲近中国；既希望美、日在地区安全上发挥积极作用，但又因为担心自身外交的自主性和在地区事务中的领导权受到削弱，而不与美、日建立盟友关系；既希望借助中、美、日等国间的相互竞争来获得最大收益，但又担心过度竞争甚

① 《中华人民共和国政府和印度尼西亚共和国政府联合声明》，新华网，http://www.xinhuanet.com/world/2018-05/08/c_1122797023.htm，上网时间：2018年11月3日。

② 《王毅会见印尼总统特使、海洋统筹部长卢胡特》，中华人民共和国外交部网站，https://www.fmprc.gov.cn/web/wjbzhd/t1550293.shtml，上网时间：2018年11月3日。

至对抗，使印尼利益受损。把握民族主义和国家利益间的尺度极大地考验佐科的外交手腕。

第二，佐科总统提出的“全球海洋支点”构想存在若干问题。一是“全球海洋支点”只停留在构想和概念阶段，具体的措施有待细化和完善，相关政府部门亟待紧密合作与协调。比如，“全球海洋支点”构想与“21世纪海上丝绸之路”倡议在海洋外交、海上基础设施建设、海上旅游和海洋安全等方面该如何对接，至今仍有待中印尼双方协商，制定对接的方案和基本的时间表。二是如何获得国内外各方力量实质性的支持。佐科总统的“全球海洋支点”构想具有前瞻性和全球性，但如果印尼的国家实力无力支撑这一构想，则一切都是徒劳，如海上通信基础设施的建设，不仅需要大量的资金，还需要先进的技术支持。即使佐科政府大力招商引资，加快科学技术的发展与引进，但如果印尼经济持续疲软，地方政府不配合，行政效率低下，寻租性腐败屡禁不止，则项目也依然无法推进。佐科政府在实现“全球海洋支点”构想目标的过程中面临的难题不是“设想”，而是落到实处的“推进”。

第三，佐科政府如何处理“经济外交”和“海洋外交”中日益复杂而紧张的周边关系。佐科政府实施“经济外交”和“海洋外交”政策，严厉打击非法捕鱼行为。2016年2月，印尼炸毁了27艘外国渔船，这些外国渔船分别来自菲律宾、越南、马来西亚和缅甸。[①] 频繁击沉和扣押周边国家涉嫌在印尼海域非法捕鱼的渔船和人员，使周边国家对印尼存在一定的负面情绪。同时，印尼又通过友好协商的方式，与周边国家就陆上、海上边界和“专属经济区”主张重叠的问题进行谈判。在各种举措的影响下，佐科政府将如何维持与周边国家的友好关系，如何得到周边国家对其打击非法捕鱼行为的谅解与支持，将是佐科政府外交工作的难点和重点。

---

① 《印尼炸毁27艘外国渔船画面》，凤凰网，http://m.ifeng.com/news/shareNews?aid=106505455&mid=，上网时间：2017年12月29日。

展望2019年，佐科政府的外交政策不会有大的变化，佐科政府将继续坚持以“务实外交”为主、以“海洋外交”为辅的外交政策，并积极在东盟谋求更大的发言权和影响力。2019年，佐科政府的外交政策将配合总统大选的情况与造势进行一定的微调，但总体不会脱离既定框架。为了争取民众的支持，2019年，佐科政府的外交政策会在务实的基础上，在某些双边关系和外交事件中向民族主义倾斜。①

① Aaron L. Connelly, “Indonesian Foreign Policy under President Jokowi,” Lowy Institute, https://www.lowyinstitute.org/sites/default/files/indonesian-foreign-policy-under-president-jokowi_0_0.pdf, p. 15，上网时间：2017年12月30日。

专题报告

Topical Reports

佐科政府海洋强国战略、印尼海洋政策与中印尼发展计划对接

〔印尼〕刘慧丽*

摘　要：　印尼总统佐科提出新的海洋政策设想，制定并实施海洋政策，改革或建立海洋机构。经过四年的运行，印尼在国际舞台上尚未被视为海洋强国。2017 年，佐科政府颁布了一项有关海洋政策的总统条例，以为未来政府的工作计划指明重点方向。印尼政府在建立海洋强国的过程中将面临诸如基础设施薄弱、资金短缺、海上安全等方面的挑战。印尼的"全球海洋支点"构想与中国的"21 世纪海上丝绸之路"倡议可以协调一致。佐科政府尝试继续与中国进行合作，加大两国合作的力度。除了机遇外，中印尼双方需要妥善应对诸如手续问题、

* 刘慧丽，印度尼西亚人，毕业于清华大学社会科学学院国际关系学系，现为中国—印度尼西亚人文交流研究中心特聘研究员、达国新雅学院（Tarumanagara XinYa College）讲师。感谢清华大学社会科学学院国际关系学系张聪提供的文献支持。

政治因素、外国劳工许可问题等，努力减少合作过程中的潜在风险。

关键词： 佐科　中印尼关系　海洋强国战略　21 世纪海上丝绸之路　战略对接

从地理上看，印尼是群岛国家，陆地面积仅为印尼总面积的 1/3，2/3 的面积是海洋。然而，由于长期不重视海洋，印尼尚未自主开发潜在的海洋资源，海洋资源开发仍然主要由外国公司控制。为了更好地利用印尼丰富的海洋资源，佐科政府着力制定并实施海洋强国战略，实现“全球海洋支点、全球文明枢纽”的愿景。

佐科政府提出的“全球海洋支点”构想，将重点放在五大支柱上。其中三大支柱有关国内问题，涉及文化、渔业和基础设施，另外两大支柱有关外交政策问题，涉及外交和国防。具体而言，第一，建设印尼海洋文化。第二，保护海洋和海洋资源，通过渔业发展与渔民参与等捍卫海洋经济主权。第三，通过建设“海上高速公路”、深水港，发展物流和航运业，以及完善海洋旅游、海事基础设施，促进海陆互联互通。第四，加强海洋外交、海事合作，消除诸如鱼类偷盗、主权侵犯、领土争端、海盗行为和海洋污染等海洋冲突的根源。第五，建立海上防卫力量，维护海上主权和财富，维护海上航运和海上安全。① 尽管其以国内市场为重点，但“全球海洋支点”构想重构了印尼国家的发展方向，是印尼海洋发展战略向前迈进的重要一步。从长远来看，这可能预示着印尼将成为不可忽视的区域甚至全球海上力量。

① Muhammad Ashari, “Rakornas Kemaritiman Bahas Ambisi Indonesia Jadi Poros Maritim Dunia,” *Pikiran Rakyat*, http://www.pikiran-rakyat.com/nasional/2017/05/04/rakornas-kemaritiman-bahas-ambisi-indonesia-jadi-poros-maritim-dunia-400448.

印尼的海洋和渔业方面的经济潜力年均达到1.2万亿美元,[①] 印尼具有进行海上经济外交的资本。印尼需要外商投资,支持海洋产业发展和海洋基础设施建设,提高海洋资源开发能力。2013年10月,习近平主席访问印尼时提出共同建设“21世纪海上丝绸之路”。“21世纪海上丝绸之路”倡议和印尼的“全球海洋支点”构想的利益诉求一致。可以说,印尼的“全球海洋支点”构想和中国的“21世纪海上丝绸之路”倡议契合。印尼与中国互为经济合作伙伴,双方经贸往来频繁,实现两国计划的对接将促进两国经济共同增长。

本报告将分析佐科政府的海洋强国战略,特别是海洋强国战略的概念及其目标与内容、海洋政策的出台及其执行过程中面临的挑战。最后将探讨中国的“21世纪海上丝绸之路”倡议和印尼的“全球海洋支点”构想对接面临的主要机遇和挑战。

一 佐科政府海洋强国战略的概念、目标与内容

印尼提出了以“全球海洋支点”构想为核心的海洋强国战略。本部分将介绍与分析海洋强国战略的概念和佐科政府海洋强国战略的目标与内容。

(一)海洋强国战略的概念

战略是一个实现长远而非近期目标的总体计划,涉及战略目标、手段及配套措施。国家战略是利用国家政治、经济等具有潜力的资源,包括战争或和平时期的军事力量,确保一国利益的最大化。[②]

---

① Arie C. Meliala, “Potensi Laut Indonesia Belum Dimanfaatkan Secara Optimal,” *Pikiran Rakyat*, http://www.pikiran-rakyat.com/nasional/2016/06/15/potensi-laut-indonesia-belum-dimanfaatkan-secara-optimal-371905.

② Edward N. Luttwak, “Strategy the Logic of War and Peace,” Harvard University, 1987, pp. 239-240; Barry Buzan, *An Introduction to Strategic Studies: Military Technology and International Relation* (Macmillan, 1987), p. 3.

海洋强国战略意味着在海洋上拥有强大的权力，这种权力是以海权为核心的。[①]“海权”一词表示在海域发挥政治、外交、经济、军事等方面的领导作用。[②] 海洋强国的本质涉及国家权力，是维护海洋主权的手段，目的是确保国家利益。[③] 一个国家只有具备展示、利用和维护海洋资源的能力，才可以被称为海洋强国。[④]

印尼是海洋国家，而不仅仅是海上国家。需要强调的是，海洋国家是为了国家的荣耀而利用海洋的国家，而海上国家则是与海相关的国家，靠近海洋或由海洋组成。[⑤] 印尼海洋强国战略的实施涉及“全球海洋支点”构想，以及具体的海洋政策和海洋防御战略。

综合上述观点，印尼海洋强国战略的概念为国家对周围海洋的总体方针，其与海洋活动共同实现国家利益的最大化。

（二）海洋强国战略的目标与内容

佐科政府外交政策取向集中在海洋地缘政治方面。正如马汉所说，海上力量是国家在海洋地缘政治中统治世界的工具。佐科的愿景是把印尼建设成被其他国家尊重的海洋大国。为了实现这个愿景，他的外交政治顾问苏克马向其提出了一些建议，如确立海洋强国的概念等。佐科政府除了延续以往的对印尼的区域大国、中等大国的身份定位之外，更加强调海洋强国的身份定位。佐科政府的海洋强国战略涉及以下几个关键方面。

1. 建设海洋强国

东南亚海域是“全球海洋支点”构想最重要的区域之一。印尼拥有 39

---

① 胡波：《2049 年的中国海上权力：海洋强国崛起之路》，中国发展出版社，2015，第 5 页。

② 胡波：《中国海权策：外交、海洋经济及海上力量》，新华出版社，2012，第 20 页。

③ Gatot Soedarto, *Strategi Maritim Bangsa Bahari Nusantara*（*Indonesian Edition*）（Create Space Independent Book Publisher, 2015）, p. 9.

④ Adanti Pradita, "Maritime Power Ambition Seen as Cure to Unhealthy Economy," *Liputan6*, 2015, https://www.liputan6.com/global/read/2307871/maritime-power-ambition-seen-as-cure-to-unhealthy-economy.

⑤ A. Kadar, "Pengelolaan Kemaritiman Menuju Indonesia Sebagai Poros Maritim Dunia," *Jurnal Keamanan Nasional*, Vol. 1, No. 3, 2015, p. 428.

个海峡，它们与亚洲地区的其他海峡相连，这本应使印尼成为该区域稳定的关键抓手，但遗憾的是，到目前为止，印尼的这些海洋潜力没有得到充分挖掘。

佐科的海洋强国愿景具有一定的历史延续性。印尼前总理朱安达·卡塔维查亚在 1957 年 12 月 13 日发布的《朱安达宣言》中确定了岛屿之间的海洋是印尼领海的一部分和印尼作为群岛国家的定位。1982 年，《联合国海洋法公约》的颁布使印尼对领海和专属经济区的主张得到国际认可。[①] 印尼海洋与海事法巡回大使哈斯金·贾拉尔是该公约的幕后决策人，成功让国际社会相信印尼有权主张连接其外岛最外点的基线之间的所有海上领土。1998 年，哈比比总统宣布了《布纳肯宣言》，该宣言的实质是确定海洋在印尼未来发展中的重要性，同时认为海洋既是机遇也是挑战。现任总统佐科的“全球海洋支点”构想继承了《布纳肯宣言》的内涵。在佐科的愿景和使命中，有五条重要的线索可以帮助人们更好地了解其海洋政策。第一，通过海洋外交加快印尼边境争端的解决，包括与周边 10 个国家的边界纠纷；第二，保证印尼领土完整，包括海洋主权、安全和繁荣的外岛；第三，在 200 海里专属经济区内获取自然资源；第四，增强海上防卫力量；第五，避免与海洋大国对抗，推动解决领土争端。佐科的“全洋海洋支点”构想基于以下客观事实：印尼是横跨两个大洲（亚洲和大洋洲）和两个大洋（太平洋和印度洋）之间的群岛。印尼一直认为自己是东盟天然的领袖。东盟是重要的，但不是唯一的，现在印尼应该把外交政策重点放在东盟以外的地区。佐科的“全球海洋支点”构想使印尼被视为横跨两洲、两洋的海上力量。此外，佐科拥有海洋强国的远见，显然是因为意识到了印尼的军事能力不足，为了维护国家利益，印尼需要维护海上安全。

---

① “Mengenang Visi Kemaritiman HM Soeharto,” *Jurnal Maritim*, http://jurnalmaritim.com/2015/01/mengenang-visi-kemaritiman-hm-soeharto/.

2. 维护海洋权益

印尼海洋领域的开发面临许多挑战，如非法捕鱼、过度捕捞和资金紧张。[①] 海洋安全成为影响一国发展经济的重要因素。如果没有控制海洋安全的能力，则其将难以控制、探索和保护自然资源。[②] 因此，印尼需要增强海军力量，保护海洋。

粮食安全问题不一定来自土地，海洋是印尼粮食安全最重要的贡献者。面对粮食安全问题，发展渔业可提高印尼的粮食安全水平。在粮食安全政策的支持下，社会需要继续丰富和增加食用鱼类的品种和数量。从目前食用鱼类数量来看，印尼仍不能与马来西亚或日本相比。[③] 印尼进口盐也表明印尼荒废了其拥有的巨大海洋财富。印尼拥有丰富的自然资源，不应该依赖外部供应来实现粮食安全。基于此，佐科认为，印尼应该充分利用海洋发展政策来维护国家粮食安全。

印尼重视海洋资源的可持续发展，适度限制在其领海的捕鱼活动，以防止过度捕捞，加强立法，限制新增的渔业公司和渔民的捕鱼活动。现行颁布实施的法规用于监督捕鱼，规范水产养殖许可证的发放，禁止使用对环境有破坏性的渔具，如拖网、炸药和毒药等，对其他生物的生存造成危险的做法也都被严令禁止。

3. 捍卫海洋主权

国际法专家尤瓦纳认为，佐科总统比苏西洛在维护国家主权方面的态度更加强硬。外长蕾特诺的新任务是抛弃苏西洛政府不利于印尼的外交政策。政府必须把“千朋友零敌人”改为“所有国家都是朋友，只要印尼的主权

① 薛松、许利平：《印尼“海洋强国战略”与对华海洋合作》，《国际问题研究》2016 年第 3 期，第 66 页。

② Aulia Bintang Pratama, “Dua Menko Beberkan Kekuatan Maritim Indonesia,” *CNN Indonesia*, http://www.cnnindonesia.com/nasional/20150916121018-20-79091/dua-menko-beberkan-kekuatan-maritim-indonesia/.

③ “Ikan Bisa Mendukung Ketahanan Pangan,” *Kompas*, http://bisniskeuangan.kompas.com/read/2013/12/11/1436167/Ikan.Bisa.Mendukung.Ketahanan.Pangan.

不被破坏，只要国家利益不受到损害”。[①] 佐科的海洋大国愿景必然要求印尼坚决应对其他国家在海上对其的干扰。

印尼必须加强对小岛屿的监督，以使其免受传统和非传统安全的威胁。这不仅关系到这些岛屿的安全，而且还涉及对岛屿周围的非法活动进行监督。应通过采取措施提高印尼的海上防御能力和水平。[②]

印尼是中国的重要经济合作伙伴，许多中国产品出口到印尼。“21世纪海上丝绸之路”和“全球海洋支点”构想的对接将促进两国经济发展。

印尼海洋与海事法巡回大使哈斯金·贾拉尔认为，印尼是走向“海洋国家”的群岛国家。海洋国家和群岛国家的定义不同。海洋国家是一个知道如何使用、保护和维护海洋空间以及海洋资源的国家。[③] 印尼若要成为海洋国家，就必须能够管理和利用其海洋财富和海洋空间，其中包括承认和尊重印尼海域的国际权利、能够打击在印尼领海的违法行为、能够与周边国家建立涉及海上边界管理的机制、能够保持航行船只在印尼水域的安全、能够利用印尼海域之外（诸如公海和国际海底等）的自然资源和空间。

印尼除了能够利用海洋资源加速经济发展和社会繁荣外，也应该具有充足的海上安全力量，如海岸警卫队，以维持海域的安全。[④] 佐科在2015年访问中国时，承诺加强海上合作，希望亚洲基础设施投资银行和丝绸之路基金资助印尼海上基础设施建设。

---

① “Menlu RI Jangan Hanya Akomodatif pada Barat,” *CNN Indonesia*, http://www.cnnindonesia.com/internasional/20141027103530 - 106 - 8246/menlu - ri - jangan - hanya - akomodatif - pada - barat/.

② Brad Nelson, Yohanes Sulaiman, “Indonesia Makes Waves: A New Maritime Policy Heralds a More Assertive Foreign Policy,” *Global Asia*, Vol. 10, No. 1, 2015, p. 75.

③ “Hasjim Djalal: Standing for a Maritime Nation,” *The Jakarta Post*, http://www.thejakartapost.com/news/2014/04/21/hasjim - djalal - standing - a - maritime - nation.html.

④ Simela Victor Muhamad, “Indonesia Menuju Poros Maritim Dunia,” *Info Singkat*, Vol. Ⅵ, No. 21/I/P3DI, 2015, p. 6.

二　印尼海洋政策的出台、执行情况及主要挑战

佐科政府把印尼视为世界的海上轴心。海洋政策的实施取决于其具体内容和执行环境。海洋政策的实施将影响印尼社会福利和安全目标的实现。海洋政策的实施需要执行者对海洋活动做出重大贡献，完善海洋基础设施。

（一）政策出台

佐科政府制定了新的海洋政策。佐科政府的海洋政策鼓励印尼人改变陆地思维，促进海洋发展。[①] 印尼海洋政策是维护印尼海洋权益的一般性指导方针，涉及海事领域各部门的方案和活动，目的是加速推广“全球海洋支点”构想。[②] 其主要内容涉及印尼政府对海洋潜在资源的探索、保障航行自由和海上安全以及维护国家的海洋利益的对外政策。具体而言，海洋政策可以解释为任何可能影响未来海洋发展的决策，通常是公众、经济、国防和其他利益相互平衡的产物。印尼海洋政策为有关部门进行海洋资源开发提供建设性指导。

印尼海洋政策旨在推进佐科的“全球海洋支点”构想，突出印尼作为印度洋和太平洋强国的作用，实现太平洋和印度洋的互联互通促使印尼发挥外交优势。为加强在该地区的外交存在，印尼政府采取以下措施：第一，提高印尼在东盟的实际领导地位；第二，建立区域安全基础设施；第三，妥善处理区域经济一体化和自由贸易对国家经济利益的影响。[③]

2017 年 3 月 1 日，佐科总统发布 2017 年第 16 号总统条例，核心内容是

---

① 黄永弟：《“21 世纪海上丝绸之路”与印尼“全球海洋支点”战略对接的思考》，《宏观经济管理》2017 年第 3 期，第 63 页。

② Peraturan Presiden Republik Indonesia Nomor 16 Tahun 2017 Pasal 1 Ayat（1）tentang Kebijakan Kelautan Indonesia.

③ Iis Gindarsah，Adhi Priamarizki，“Indonesia's Maritime Doctrine and Security Concerns，” *RSIS Policy Report*，9 April 2015，p. 3.

印尼海洋政策。[①] 佐科政府还发布了详细的国家海洋政策白皮书草案。其主要分为两个部分：第一是印尼海洋政策，第二是印尼海洋政策的行动计划。印尼海洋政策包括七大支柱，是对“全球海洋支点”构想五大支柱的扩充和完善，它们是：第一，海洋资源管理与人力资源开发；第二，海上防务、执法和安全；第三，海事治理；第四，海洋经济、基础设施和福利的改善；第五，海洋空间管理和环境保护；第六，航海文化；第七，海洋外交。

印尼海洋政策详细列出了战略目标及优先事项，负责政策执行的有关部门、时间表和资金来源。总统条例明确指出，海洋与投资统筹部长被授权协调海洋事务，即卢胡特负责协调政策的实施、监督和对海事政策进行评估，其他相关部委被授权执行行动计划。[②]

尽管部分专家认为这一海洋政策存在漏洞，缺乏实质性的方案，并且仍然严重偏向于国内相关领域，[③] 但实际上，印尼海洋政策是“全球海洋支点”构想的集中体现，这一海洋政策使印尼海域处于正式的、权威的监管范围之内，印尼的海洋利益维护获得了更为重要的政策支撑和机构保障。重要的是，这一海洋政策重新勾勒了印尼实现海洋抱负的清晰画面。[④]

（二）执行情况

政策执行是关键阶段。“全球海洋支点”构想的政策执行是非常复杂的。实际上，海洋利益相关者之间没有共同的观点。尽管如此，印尼海洋政策仍取得了以下初步成效。

---

① “President Jokowi Signs Presidential Regulations on Maritime Policy,” *Sekretariat Kabinet Republik Indonesia*, http://setkab. go. id/en/president – jokowi – signs – presidential – regulation – on – maritime – policy/.

② Keoni Marzuki, “Indonesia’s National Sea Policy: Concretising the Global Maritime Fulcrum,” *RSIS Commentary*, No. 52, 24 March 2017.

③ Evan Laksmana, “Indonesian Sea Policy: Accelerating Jokowi’s Global Maritime Fulcrum?” *Asia Maritime Transparency Initiative*, https://amti. csis. org/indonesian – sea – policy – accelerating/.

④ Keoni Marzuki, “Indonesia’s National Sea Policy: Concertising the Global Maritime Fulcrum,” *RSIS Commentary*, https://www. rsis. edu. sg/wp – content/uploads/2017/03/CO17052. pdf.

1. 发展海军

海洋强国的理念需要强大的海军力量。佐科试图修改现有的“最低限度必备力量”标准，在五年内把国防预算提高到占 GDP 的 1.5%，推动本土国防工业发展，使印尼国民军在东亚地区成为受尊重的海洋力量。①

2004 年第 34 号法律关于印尼军队的规定明确指出，印尼海军支持国家发展。海军具有维护国家主权的职责，海军有责任进行海上防御，海军可以单独或与相关部门协调进行海上安全行动，努力确保海洋安全。海军负责确保公海安全，以使所有海上航线都能安全使用。海军应能够应对海上威胁，如非法捕捞和毒品走私。②

然而，海洋管制设施和基础设施的限制导致印尼部署海军部队的重点只能集中在管理薄弱的地区，印尼的大部分海域无法被有效监测，这客观上出现了许多违法行为，特别是在印尼领海发生的非法捕鱼活动。2016 年 7 月 20 日，佐科主持会议指出，印尼决定建立现代化军事力量，更新武器装备。至 2018 年 1 月，印尼海军已经获得三架飞机，即一架 CN－235－220 海事巡逻机和两架 AS565 “美洲豹” 反潜直升机。③

2. 打击外国渔船在印尼海域非法捕鱼

自 2014 年起，印尼海洋渔业部长苏西·普吉亚斯图蒂打击非法捕鱼活动的决心越来越坚定。为了贯彻实施佐科的海洋政策，苏西采取了强硬的态度，成立了 IUU 捕捞工作小组，炸沉在印尼领海非法捕鱼的渔船。

外国渔船大多集中在马鲁古、苏门答腊等地。自苏西实施沉船政策以

① Natalie Sambhi, “Jokowi's ‘Global Maritime Axis’: Smooth Sailing or Rocky Seas ahead?” *Security Challenges*, Vol. 11, No. 2, 2015, p. 51.

② Marguerite Afra Sapiie, “New Navy Chief Vows to Support Jokowi's Maritime-Axis Doctrine,” *The Jakarta Post*, 24 May 2018, p. 4.

③ Kristian Erdianto, “Tahun 2018, Alutsista TNI AD, AL, dan AU Bertambah,” *Kompas*, https://nasional.kompas.com/read/2018/01/12/06194701/tahun-2018-alutsista-tni-ad-al-dan-au-bertambah.

来，外国渔船不敢进入印尼领海。印尼渔民不再需要与他们竞争。海事方面不断取得新业绩是强烈打击外国渔船在印尼海域非法捕鱼的结果。自2015年以来，渔业产值的增长率已超过8%。[①] 2017年，渔业部门生产总值增长6.75%。[②] 调查显示，63%的人对佐科政府在海洋领域的表现感到满意。[③]

3. 建设海上高速公路

海上高速公路计划打造定期海运网络，以向弱势、偏远、边境地区提供货运服务。由于物流成本相当高，从西到东的船舶服务发展受限，建设海上高速公路将确保货物可用性，缩小货物区域价格剪刀差。海上高速公路可以有效地、均匀地促进印尼经济发展。

海上高速公路的配套项目之一是建设海港。在双方倡议不谋而合的背景下，中国和印尼在2010年签署了海上交通合作协议，建设梭闸港口。梭闸港口位于北泗水市，横跨马杜拉海峡。印尼国营第二管理港口公司计划将其发展成集装箱港口。中国港湾工程有限责任公司将投资梭闸港口。该公司拥有港口工程、道路、建筑物、隧道和铁路的丰富建设经验。印尼政府希望该公司能在未来30~40年内获得投资回报。之后，印尼政府可以接管梭闸港口。[④]

自2017年初以来，佐科政府在海洋开发方面取得了多项成就。海上高速公路可以使印尼西部和东部之间的发展差距逐渐缩小。据统计，海上高速

---

① Ira Astiana, "Akademisi Puji Kebijakan Sektor Maritim Pemerintahan Jokowi-JK," *Merdeka*, https://www.merdeka.com/uang/akademisi-puji-kebijakan-sektor-maritim-pemerintahan-jokowi-jk.html.

② "Dorong Pertumbuhan Sektor Perikanan Budidaya di Berbagai Daerah," *KKP News*, http://news.kkp.go.id/index.php/dorong-pertumbuhan-sektor-perikanan-budidaya-di-berbagai-daerah/.

③ Wisnu Prasetiyo Adi Putra, "CSIS: Kepuasan Atas Kinerja 2 Tahun Pemerintahan Jokowi Naik Jadi 66.5%," *Detik*, http://news.detik.com/berita/3296773/csis-kepuasan-atas-kinerja-2-tahun-pemerintahan-jokowi-naik-jadi-665.

④ "China Bangun Pelabuhan dan Jalan Tembus Socah," *Bappeda Jatim*, http://bappeda.jatimprov.go.id/2011/05/05/china-bangun-pelabuhan-socah-dan-jalan-tembus/.

公路经过的地方，物流价格将下降20%～25%。[①]

发展滞后已成为雅加达湾渔民面临的新问题，他们的捕鱼量日益减少，不能出海捕鱼的渔民现在靠借债来维持生活。

2017年5月13日，佐科总统访华，出席中国举办的“一带一路”国际合作高峰论坛。佐科一共参加了三次讨论会，讨论关于如何在“一带一路”背景下加强人文交流和发展中印尼两国之间的关系。佐科强调，印尼和东盟在中国发起的倡议中具有重要作用。[②] 佐科总统也表达了印尼建设“全球海洋支点”愿景，表示如果印尼做出重要贡献，那么“一带一路”的目标会更容易实现，这是因为印尼具有重要的战略位置。[③] 佐科总统同习近平主席签署了《中华人民共和国和印度尼西亚共和国关于加强两国全面战略伙伴关系的联合声明》，两国进一步共促经济和技术合作，中国表示愿意投资雅万高铁项目，进行便利化合作。[④]

（三）主要挑战

佐科的海洋政策是印尼政府历史上的新突破，不过，在建立海洋国家的背景下，目前印尼仍面临一些挑战。

1. 战略目标与行动不匹配

佐科希望将印尼成功打造为“全球海洋支点”。佐科政府多次指出，印尼是海洋国家，但由于长期缺乏明确的行动计划，印尼在海洋方面的

---

① Muhammad Ashari, “Rakornas Kemaritiman Bahas Ambisi Indonesia Jadi Poros Maritim Dunia,” *Pikiran Rakyat*, http://www.pikiran-rakyat.com/nasional/2017/05/04/rakornas-kemaritiman-bahas-ambisi-indonesia-jadi-poros-maritim-dunia-400448.

② Bayu Prasetyo, “Presiden Jokowi Akhiri Kunjungan Kerja di Beijing,” *Antara News*, http://www.antaranews.com/berita/629352/presiden-jokowi-akhiri-kunjungan-kerja-di-beijing.

③ Christie Stefanie, “Jokowi Pamer ‘Poros Maritim’ Indonesia di China,” *CNN Indonesia*, http://www.cnnindonesia.com/ekonomi/20170515165425-78-214973/jokowi-pamer-poros-maritim-indonesia-di-china/.

④ Muhammad Ashari, “Indonesia-Tiongkok Jalin Kerjasama Proyek Infrastruktur,” *Pikiran Rakyat*, http://www.pikiran-rakyat.com/nasional/2017/05/15/indonesia-tiongkok-jalin-kerjasama-proyek-infrastruktur-401142.

发展成果并不显著。重要的是，国家职能部门缺乏海洋发展意识，国家发展理念没有实现范式转变，也即从大陆优先转向海洋优先。[①]

佐科政府明确提出印尼的海洋愿景，发布了有关印尼海洋政策的2017年第16号总统条例。总统条例确定了“全球海洋支点”的官方定义。印尼海洋政策是中央和地方政府、社区和商业组织的行动指南。但“全球海洋支点”构想和“海上高速公路”计划付诸实施仍存在不少障碍。印尼还没有建立完善的海洋法律法规体系。为了避免颁布的政策产生冲突，中央和地方政府之间需要进行协调，以便使海洋政策和方案更加明确。

另外，总统条例出现了规制和实施问题。例如，虽然它强调现代化、增加印尼海军舰艇数量和升级现有设施的必要性，但没有提出具体的行动计划。全球经济危机使印尼可以利用的财力紧张，无法实现海军装备的更新换代，印尼建设现代化海上力量任重而道远。[②]

2. 有限的资金和落后的基础设施

印尼政府或多或少增加了国防预算，[③] 然而，海军的预算仍然很少，尤其是采购预算，仅占国防预算的1.5%。[④] 事实上，海军军备更新换代是非常重要的。

佐科执政以来，印尼进行基础设施建设，包括收费公路、港口和机场。根据印尼公共工程与住房部的数据，印尼计划至少在3年内建造2623公里的新道路。[⑤] 佐科提出，印尼物流运输成本是马来西亚和新加坡的2.5倍，

① Muhammad Edrian, “Melihat Keamanan Maritim Indonesia dari Ide Poros Maritim,” *Defendonesia*, Vol. 2, No. 2, 2017, p. 19.

② 吴艳：《印度尼西亚海洋战略探析》，《战略决策研究》2014年第2期，第54~55页。

③ Prima Gumilang, “Kemhan Prioritaskan Anggaran untuk Pangkalan Militer Natuna,” *CNN Indonesia*, https://www.cnnindonesia.com/nasional/20160701164757-20-142477/kemhan-prioritaskan-anggaran-untuk-pangkalan-militer-natuna.

④ “2017, Anggaran Kemhan Rp 108 Triliun,” *Berita Satu*, http://www.beritasatu.com/nasional/393947-2017-anggaran-kemhan-rp-108-triliun.html.

⑤ Eduardo Simorangkir, “Jokowi Bangun 2.623 km Jalan Baru dalam 3 Tahun, di Mana Saja?” *Detik*, https://finance.detik.com/infrastruktur/3695406/jokowi-bangun-2623-km-jalan-baru-dalam-3-tahun-di-mana-saja.

这导致在印尼销售的商品比其他国家的价格要贵。佐科希望印尼的竞争力比其他国家更强，于是，在他的领导下，印尼修建与完善基础设施，以增强印尼的区域和全球竞争力。①

实施这些项目需要不少的资金。为了解决资金问题，政府可以加大对海洋经济发展的巨大潜力和利好前景的宣传力度，以获得银行业的支持。另外，中央和地方政府必须取消无益于海洋投资的项目。这样一来，银行业无疑会为发展海洋经济提供资金。② 不过，现实中存在许多障碍，比如商品价格的地区差异、基础设施的不平衡发展。佐科的初衷是建立有效的海上通道，提高地区间的联通性，通过开放海上通道，将商品配送到偏远、落后的边境地区，从而改善人民的生活。

然而，遗憾的是，三年来，佐科政府的海洋发展政策没有取得预期效果。虽然印尼政府在打击非法捕鱼活动、加强海洋执法方面取得了好成绩，但渔民的公共福利水平没有提高，甚至存在破坏和剥夺渔民宪定权利的行为。此外，对于海洋政策的实施，中央和地方之间缺乏有效的协调。③

3. 国家与社会的利益协调问题

未来，印尼海洋经济的发展取决于政府的决策和人民的支持程度。执法机构和国内利益相关者之间的协调性差会导致权力重叠，进而产生利益冲突。

苏西打击非法捕鱼的政策初见成效。然而，卢胡特请求苏西在 2018 年不要再炸沉外国渔船，并停止将扣押的非法捕鱼船当作国有资产。卡拉支持卢胡特，要求停止炸沉外国渔船的行动，卡拉指出，苏西的所作所为不符合

① Rio Sandy Pradana, "Ini Alasan Presiden Jokowi Getol Bangun Infrastruktur," *Bisnis*, http://industri.bisnis.com/read/20171017/45/700209/ini-alasan-presiden-jokowi-getol-bangun-infrastruktur.

② Lukman Adam, "Kebijakan Konektivitas Maritim di Indonesia," *Politica*, Vol. 6, No. 1, 2015, p. 36.

③ Samrut Lellolsima, "Kebijakan Poros Maritim Jokowi Tak Tentu Arah," *RMOL*, http://politik.rmol.co/read/2017/01/14/276384/Kebijakan-Poros-Maritim-Jokowi-Tak-Tentu-Arah-.

2009 年第 45 号的渔业法。苏西在其他场合进行了回应和澄清，表示该法明确炸沉外国渔船具有合法性。在印尼非法捕鱼的外国渔船被视为进行违法活动，因此，扣押的非法捕鱼船不单单是犯罪证据。佐科认为，该行动对国家有利，特别是有利于维护渔民的权益。佐科支持苏西的做法，并希望继续加强海洋执法。①

4. 海洋安全问题

佐科执政时期，印尼面临更多的海洋安全问题，如恐怖组织在印尼海域绑架、劫持人质和进行海盗活动。因此，佐科总统强调通过与东盟及域内外国家的合作来确保过境船舶的航行安全。菲律宾海域多次发生针对印尼公民的劫持和海盗事件，有鉴于此，印尼选择努力克服经济问题“安全化”的可能危害。② 佐科政府必须积极应对非传统安全问题带来的挑战，不过，印尼缺乏足够的能力进行海上执法。

美国认为印尼参与解决地区问题的努力是有价值的。美国国防部与印尼接洽、合作，表示双方可以共同努力应对地区威胁，尤其是恐怖主义威胁。

总之，如果印尼海洋政策能正确落实，那么印尼就有潜力成为中等海洋强国。同时，印尼需要处理许多问题：基础设施不完善、海洋战略具有弱点、海洋安全面临威胁、腐败问题、薄弱的海军力量以及国内政治问题等。

三　中印尼发展构想对接

习近平主席提出的“21 世纪海上丝绸之路”倡议受到佐科的称赞，该倡议与印尼的“全球海洋支点”构想相契合。印尼在海洋开发经验、

① Fahdi Fahlevi, “Luhut Larang Tenggelamkan Kapal, Susi: Sudah Ditanggapi oleh Pak Presiden,” *Tribun News*, http://www.tribunnews.com/nasional/2018/01/11/luhut-larang-tenggelamkan-kapal-susi-sudah-ditanggapi-oleh-pak-presiden; Ihsanuddin, “Penenggelaman Kapal ala Susi Dipuji Jokowi, Dikritik JK dan Luhut,” *Kompas*, http://nasional.kompas.com/read/2018/01/10/09132351/penenggelaman-kapal-ala-susi-dipuji-jokowi-dikritik-jk-dan-luhut.

② Sukawarsini Djelantik, “Sekuritisasi dan Kerjasama ASEAN dalam Meningkatkan Keamanan di Perairan Kawasan,” *Global & Strategis*, Vol. 10, No. 2, 2016, pp. 198-199.

基础设施建设和技术创新方面存在诸多不足，来自中国的投资对印尼的发展非常有利，但每个机遇后面都存在不可忽视的挑战。

（一）双方合作的互补性

中国的“21 世纪海上丝绸之路”倡议与印尼的“全球海洋支点”构想具有高度互补性，可以协同推进。“21 世纪海上丝绸之路”倡议与“全球海洋支点”构想都是利用海洋优势，以基础设施建设和提高联通性为重点，以对外合作为重要途径，发展经济。对中国而言，印尼是“21 世纪海上丝绸之路”的重要枢纽。印尼在资源、市场、劳动力和地理方面具有优势，是“21 世纪海上丝绸之路”建设的重要伙伴。印尼可以充分利用中国的技术与经验、金融资源和生产能力，成为“全球海洋支点”。①

中国支持印尼建设区域综合经济走廊，促进基础设施和产业发展，使两国间的海洋纽带更加牢固。两国经济互补性强，经贸合作潜力巨大。中国重视发展同印尼的关系，与印尼密切合作。②

中国政府高度支持印尼“全球海洋支点”构想，支持《印尼政府 2015 ~2019 年中期发展规划》，包括建设发电量为 3500 万千瓦时的发电站，修建公路和铁路，建设和扩建机场和港口等基础设施。中国与印尼签署的合作协议如表 1 所示。

表 1　中国与印尼签署的合作协议

序号	合作协议	签署各方	签署时间	签署机构或会议（地点）
1	《中国国家航天局与印尼海上安全协调机构关于印尼遥感地面站项目合作的谅解备忘录》	中国驻印尼大使谢锋（代表中国国家航天局）和印尼海上安全协调机构执行主席玛玛希	2014 年 10 月 6 日	印尼海事安全局（雅加达）

① “Xie Feng：Hand in Hand for Common Development，” http：//id. china – embassy. org/eng/sgxx/dsjh/t1298984. htm.

② 《李克强会见印度尼西亚外长蕾特诺》，新华网，http：//www. xinhuanet. com/politics/leaders/2018 –02/09/c_ 1122395462. htm，上网时间：2019 年 6 月 4 日。

续表

序号	合作协议	签署各方	签署时间	签署机构或会议（地点）
2	《中印尼经济合作谅解备忘录》	中国国家发展和改革委员会与印尼经济统筹部	2015年3月26日	人民大会堂（北京）
3	《中印尼海上搜救合作谅解备忘录》	中国交通运输部和印尼国家搜救局	2015年3月26日	人民大会堂（北京）
4	《2015—2020中国国家航天局与印度尼西亚航空航天研究院合作大纲》	中国国家航天局和印尼航空航天研究院	2015年3月26日	人民大会堂（北京）
5	《共同支持中国优质企业与印尼国有企业的合作谅解备忘录》	中国国家开发银行和印尼国有企业部	2015年3月26日	人民大会堂（北京）
6	《〈中华人民共和国政府和印度尼西亚共和国政府关于对所得避免双重征税和防止偷漏税的协定〉议定书》、《中印尼基础设施与产能合作谅解备忘录》和《中印尼雅加达—万隆高铁合作谅解备忘录》	中国国家发展和改革委员会和印尼国有企业部	2015年3月26日	人民大会堂（北京）
7	《2017—2021年印尼—中国全面战略伙伴关系行动计划》	中国外交部和印尼外交部	2017年5月14日	人民大会堂（北京）
8	《经济技术合作协定的谅解备忘录》	印尼国家发展计划委员会和中国商务部	2017年5月14日	人民大会堂（北京）
9	《雅万高铁贷款协议》	中国国家开发银行和印尼中国高铁有限公司	2017年5月14日	人民大会堂（北京）
10	《中华人民共和国国家能源局与印度尼西亚能矿部关于能源合作的谅解备忘录》	中国国家能源局和印尼能矿部	2017年11月13日	第五届中—印尼能源论坛（雅加达）
11	《中国科技部与印尼研究技术与高等教育部科技创新合作三年行动计划（2018—2020）》、《关于科技园合作的实施协议》和《关于共建中国—印尼港口建设与灾害防治联合研究中心的实施协议》	中国科技部和印尼研究技术与高等教育部	2017年11月28日	中印尼副总理级人文交流机制第三次会议（梭罗）
12	《关于推进区域综合经济走廊合作的谅解备忘录》	印尼海洋与投资统筹部和中国国家发展和改革委员会	2018年5月7日	总统府（茂物）
13	《建设Jenelata大坝和Riam Kiwa水库项目设计的谅解备忘录》	印尼公共工程与住房部和中国国家国际发展合作署	2018年5月7日	总统府（茂物）

资料来源：笔者收集整理得到。

从表 1 可以看出，印尼和中国政府签署了许多谅解备忘录，它们为各方提供指导。谅解备忘录将加强两国之间的协同合作，进一步改善中印尼双边关系。然而，中印尼关系的发展不可避免地面临各种机遇和挑战。

（二）机遇

1. 中国在印尼的投资

佐科政府提出“海洋优先”战略和“全球海洋支点”构想，试图改变印尼过度依赖大陆的发展思想，实现从以大陆为中心向以海洋为中心的转型，进而推动印尼成为世界航运的枢纽。佐科十分重视外岛偏远地区和海洋的利益，原因在于领海主权和海洋资源是国家的核心利益所在。这自然而然使印尼推动“全球海洋支点”构想与中国的“21 世纪海上丝绸之路”倡议对接，以获取中国的投资，发展印尼的基础设施项目。为了吸引来自中国的投资，印尼投资局成立了专门的中国投资窗口，以解决中国企业在印尼投资过程中遇到的问题。①

“一带一路”倡议的优先发展目标是进行基础设施建设。佐科借此机会邀请中国建设雅万高铁，进一步加强中印尼发展计划对接，推动两国互联互通。中印尼两国领导人都意识到海洋对双方政治、经济与安全方面的重要性，并强调两国的海洋发展计划相互契合，可以说，海洋成为印尼与中国发展合作关系的重要桥梁。②

印尼对中国有吸引力的潜在投资地区包括北苏门答腊、北加里曼丹、北苏拉威西。北苏门答腊的项目有瓜拉丹绒港口项目、从棉兰到实武牙的道路项目、能源基础设施项目和发电厂项目，北苏拉威西的项目有比通—万鸦老—哥伦打洛基础设施升级项目，涉及铁路、港口和机场建设。

在电力领域，印尼能源与矿产资源部长佐南指出，印尼欢迎中国投资者

① 刘馨蔚：《“全球海上支点”对接“一带一路”　中国资金涌入印尼基建领域》，《中国对外贸易》2017 年第 10 期，第 72 ~ 73 页。

② 林梅：《印度尼西亚佐科政府的“全球海洋支点”战略及中国与印度尼西亚合作的新契机》，《东南亚纵横》2015 年第 9 期，第 37 页。

在矿山口建设火电厂。[①] 这个项目一度被认为“关闭竞争大门”，让利中国投资者，因为中国投资者“占据”了私人电力供应的一半份额。中国投资者是国有企业。印尼国营电能公司没有回应关于中国投资者的投资问题。[②]

印尼政府正努力促使中国投资者在印尼投资，如放松管制、削减许可程序、发布优惠政策和提供财政激励，例如，在石油和天然气领域，此前的104个许可减少到6个许可；在矿产和煤炭开采领域，从117个许可减少到6个许可；在电力领域，只有5个许可；在可再生能源领域，只有10个许可。[③] 可见，印尼正在努力改善投资环境，吸引投资。

2. 贸易合作

中国已成为印尼最大的贸易伙伴，印尼已成为中国重要的进口国之一。近年来，印尼与中国的贸易额并不平衡。印尼出口到中国的产品主要有原料产品、煤炭、棕榈油和橡胶。而中国出口到印尼的则是成品材料。印尼政府希望继续推动与中国的贸易合作，弥补印尼面临的贸易逆差。

中国驻印尼大使肖千指出，中国正准备从印尼进口更多的产品。印尼出口到中国的商品，如煤炭、棕榈油、橡胶、燕窝、椰子、咖啡、木雕、宝石和虾片等逐渐增多。出口的商品类目也在增加，中国表示欢迎印尼的山竹出口到中国。肖千大使邀请印尼企业家参加2018年11月5~10日在上海举办的中国国际进口博览会。[④]

（三）挑战

“中印尼两国在不信任的背景下维持合作。双方这么多年来一直在平衡

① Annisa Margrit，“Proyek OBOR，Indonesia Nilai Tiga Provinsi Masuk Wilayah Potensial，” *Bisnis*，http：//industri. bisnis. com/read/20170914/12/690014/proyek – obor – indonesia – nilai – tiga – provinsi – masuk – wilayah – potensial.

② “Direktur Utama PLN Sofyan Basir：Investor Cina Sekarang Berbeda，” *Tempo*，17 Januari 2016，p. 92.

③ Fahmi Achmad，“Jonan Berkomitmen Terus Pangkas Perizinan，” *Bisnis Indonesia*，31 Januari 2018，p. 30.

④ Haufan Hasyim Salengke，“Ekspor Indonesia ke Tiongkok Masih Terendah di antara Negara ASEAN，” *Media Indonesia*，http：//mediaindonesia. com/read/detail/143094 – ekspor – indonesia – ke – tiongkok – masih – terendah – di – antara – negara – asean.

各自的威胁认知，避免安全问题困扰经济发展。”[①] 中国与印尼的发展计划对接面临以下挑战。

1. 手续复杂

2015 年 3 月，习近平同佐科签署了有关投资 500 亿美元的谅解备忘录。事实上，只有 99 亿美元得以执行实现，并且集中在以下两个项目：59 亿美元的雅万高铁项目和中国国家开发银行为印尼国有企业提供的 40 亿美元资金。中方表示，印尼监管因素是最大障碍。投资延迟进入印尼的原因之一是许可问题，许可发放需要很长时间。此外，区/市政府的征税问题也是不可忽视的因素。

征地是中国国家开发银行提供 10 亿美元第一期流动性贷款的要求。[②] 中国驻印尼大使肖千要求有关方面加快建设铁路工程。

2. 国内政治因素

国内官僚政治也是不可忽视的挑战。其一，除了监管因素外，其他因素还包括印尼有关部门阻碍中国投资进入，如财政部长倾向于向国际货币基金组织和世界银行借款建设基础设施；一个印尼政党要求政府停止雅万高铁项目，认为该项目对社会没有广泛益处，甚至可能损害国家。[③]

其实每个进入印尼的外国投资者都应该更新许可，而且办理手续占用很长时间，费用也很高。这导致许多外籍工人没有办理签证，成为印尼的“非法劳工”。[④] 如果不采取后续行动，这种情况就将被不负责任的人利用，非法劳工问题会使两国关系恶化。

---

① 兰诺德·C. 塞巴斯蒂安、埃米尔扎·阿迪·赛伦德拉：《在不信任中合作：印尼对华外交政策行为解读——新古典现实主义视角》，载王缉思主编《中国国际战略评论 2017》，世界知识出版社，2017。

② Muhammad Fida, “Rini: Pinjaman China Kereta Cepat JKT-BDG Cair 10 Hari Lagi,” *Detik*, https://finance.detik.com/infrastruktur/3808207/rini-pinjaman-china-kereta-cepat-jkt-bdg-cair-10-hari-lagi.

③ Eko Supriyadi, “Gerindra Minta Pemerintah Hentikan Proyek Kereta Cepat,” *Republika*, http://nasional.republika.co.id/berita/nasional/umum/16/02/04/o20gzr354-gerindra-minta-pemerintah-hentikan-proyek-kereta-cepat.

④ Hadijah Alaydrus, “Hasil Tak Maksimal,” *Bisnis Indonesia*, 31 Januari 2018, p. 1.

印尼劳工部缩减了外国工人办理许可的时间，从 6 天缩减到 2 天。另外，新的网上程序可以减少非法征税行为的发生。这样可以减少非法劳工和意外问题，并提供方便、快捷、廉价的服务。

另外，许多投资者在印尼投资比较谨慎，尤其是正在进行选举的地区，这会影响印尼吸引投资的规模和项目的顺利推进。

其二，印尼部分华人与中国商人紧密的经济关系被误认为他们正在建立有政治目的的联盟。这是因为大部分印尼人对中国的认知通常来自他们对印尼华人的认知。①

四　结语

印尼位于两个大洋和两个大洲之间，具有重要战略意义。如果印尼能把握好地理优势，“全球海洋支点”构想的目标就会实现。佐科的“全球海洋支点”构想在理论上是完美的，但没有具体、完全落实到行动上。

海洋潜力是印尼与中国合作的重要前提。在习近平主席于印尼提出“21 世纪海上丝绸之路”倡议一年后，佐科总统发布“全球海洋支点”构想。印尼致力于深化与中国的合作，合作重点是发展贸易和增加投资。

印尼的自然资源十分丰富，但没有得到妥善处理。今后，印尼将面对实现“全球海洋支点”构想目标的诸多挑战。值得注意的是，印尼海洋政策的发展和“全球海洋支点”将有助于转变地缘政治的“零和博弈”思维。尽管中印尼在实现“21 世纪海上丝绸之路”和“全球海洋支点”的对接上面临不少挑战，而且这些挑战带来的不确定性可能会影响中印尼关系，但鉴于对接带来的经济利益，两国的合作将加强，包括提高工业生产能力和促进科学技术发展、增强经济关系、建设基础设施、完善商业环境等。

① Joshua Kurlantzick, *Charm Offensive: How China's Soft Power Is Transforming the World* (Yale University Press, 2007), p. 125.

东盟50年：印尼的重要角色

娜　敏*

摘　要： 本报告回顾和分析了印尼在东盟50年的发展历程中所扮演的弥合矛盾、维护团结的重要角色。结合沙巴主权争端、越柬战争、亚洲金融危机、南海问题、泰柬冲突、罗兴亚人问题等东盟发展各个阶段所面临的典型考验，分析印尼在东盟发展过程中的角色，即在变动的国际和地区环境下，印尼所经历的“建立期—强化期—弱化期—回归期”四个阶段中扮演的角色，及其在此过程中所采用的双轨外交、穿梭外交等方式。最后指出，印尼在东盟未来发展进程中可能面临的变动的国际和地区形势、东盟内部制度短板与潜在冲突、印尼国内民族主义力量等多重挑战。

关键词： 东盟　印度尼西亚　东盟共同体　多重挑战

一　东盟50年

2017年，东盟成立50周年。走过半个世纪的东盟，维护了东南亚地区的稳定与团结，在一定程度上避免这一极具差异性与多样性的地区演变为“亚洲的巴尔干”，并将自身发展为发展中国家中最大的区域合作组织之一。

* 娜敏，中国社会科学院大学研究生院亚洲与太平洋研究系博士候选人，主要研究方向为印尼与东盟关系。

东盟由最初不被国际社会看好的松散区域组织发展为拥有6.34亿人口、2.55万亿美元经济总量、2.22万亿美元对外贸易总额的全球第七大经济体。在这一过程中，东盟实现了吸收十个成员国的“大东盟”构想，通过《东盟宪章》建立了基于法律基础的区域组织，并进行以东盟政治安全共同体、东盟经济共同体、东盟社会文化共同体为支柱的东盟共同体建设，实现了地区的稳定和发展。同时，东盟利用区位和地缘优势逐步构建了多个“以东盟为中心”的沟通平台，例如，已发展为亚太地区重要多边安全机制的东盟地区论坛、东亚峰会等，东盟为地区和平与稳定做出了积极贡献，并得到国际社会的认可。

东盟在过去50年中取得的成就，得益于区域内各国的共同努力。作为东盟“最大”的国家——印度尼西亚（以下简称印尼）拥有东南亚地区最大的国土面积（占东盟的42.7%）、最多的人口（占东盟的40.5%），同时也是该地区最大的经济体（GDP占东盟的1/3多），印尼被认为是东盟的“天然领导者”。然而，面对成员国极大的差异性与多样性，印尼并未试图扮演显性的主导角色，这使东盟面临缺乏包容性和集体意识的功能性障碍。通过独特政治智慧，印尼以一种特殊角色维护东盟的包容与团结，使东盟在50年来不断克服冲突与消除分歧，取得今天的成就。本报告将结合东盟发展各个时期的主要目标和所面临的重大考验，详述印尼在东盟发展历程中所扮演的重要角色。

二　印尼的重要角色

印尼在东盟中的角色并不是一以贯之的，随着国际格局、东南亚地区及印尼国内形势的变化，其重要作用的发挥大致经历了“建立期—强化期—弱化期—回归期”几个阶段。下文将结合各个阶段的典型事件，对印尼在东盟中的角色进行分析。

（一）建立期（1967～1976年）

从东盟成立到1976年第一次东盟首脑会议举行的十年，是东盟的建立期，也是印尼在东盟中扮演重要角色的建立期。东盟在这一阶段的主要目标是在两极对立的国际格局之下保持地区团结，防止组织走向破产。因而，妥善处理内部争议和分歧对东盟来说至关重要。印尼在为此做出努力的过程中逐渐扮演维护东盟团结、调解成员矛盾的重要角色。

这一时期，印尼为化解区域矛盾、实现共同合作采取实际行动。缓解与马来西亚之间的矛盾是一个典型事例。苏加诺执政时期，由于担心英国在东南亚实行新殖民主义，印尼在马来西亚联邦成立的问题上采取强硬的外交政策，并伴有一定规模的军事活动，这使两国之间的关系高度紧张，成为实现区域合作的一大障碍。苏哈托上台后，适时调整了外交政策，结束了与马来西亚长达 3 年的对抗，实现了两国关系的正常化。这被认为是促成东盟成立的一个关键之举。

此外，印尼为它在东盟中扮演的角色划出了行动基准线，即在其影响下形成东盟基本原则和“东盟方式”。具体而言，作为万隆会议和第一次不结盟运动首脑会议的发起者，印尼所秉承的外交理念为东盟所接受和借鉴，《曼谷宣言》《中立化宣言》明确提出互相尊重主权和领土完整、不干涉内政、和平解决争端、享有平等权利、保持中立等基本原则。另外，东盟的“协商一致”决策方式，亦可溯源至印尼传统的乡村习惯法。这些基本原则和“东盟方式”在很大程度上决定了东盟在成立之后对重大事件的立场和应对措施，亦影响印尼在东盟中发挥的作用。正如学者评价的，“东盟方式的内核是亚洲文明中的宽容与包容性精神，即尊重多样性、照顾差别性和进程渐进性”,[①] 其存在本身就是对东盟团结与稳定的一种守护。

东盟成立之后，印尼遵循上述原则，继续致力于协调成员国之间的关系，缓和矛盾，促进东盟内部团结，使新生的东盟平稳度过了几次内部分裂危机。一方面，印尼对于其他成员国之间的矛盾积极进行斡旋调停。1967 年 9 月，成立不到 1 个月的东盟便面临菲律宾和马来西亚关于沙巴主权争端带来的考验。这一争端曾导致东南亚国家之间第一次区域

① 张蕴岭：《东盟 50 年：在行进中探索和进步》，《世界经济与政治》2017 年第 7 期。

合作尝试——1961 年成立的东南亚联盟名存实亡。为避免重蹈覆辙，印尼作为被委任的调解员，和泰国一同劝说事件双方采取克制态度，防止事件进一步升级，使菲、马两国重新参与到东盟活动中。另一方面，在涉及本国的冲突事件上，印尼也身体力行地维护团结，避免分裂。1968 年，新加坡处死遭逮捕的两名印尼海员，引起印尼民众愤慨，印尼国内出现反新加坡游行，新加坡驻印尼大使馆被捣毁，双方关系高度紧张，东盟又一次面临分裂威胁。印尼领导人苏哈托顶住国内的强大压力，对此事件采取克制的态度。在泰国的调解和新加坡方面的配合下，该事件得以和平解决，两国关系转向正常，东盟再次度过危机。

在维护新生的东盟的过程中，印尼逐渐扮演弥合矛盾、维护团结的重要角色，积累了调解东盟内部矛盾的可行经验，对东盟之后类似事件的处理提供了有效的借鉴。同时，也为其在东盟进入发展期和扩容期后强化自身在东盟中的角色打下了基础。

（二）强化期（1976～1997年）

自 1976 年第一次东盟首脑会议在印尼巴厘岛举行到 1997 年亚洲金融危机爆发这段时间，是东盟的成长期，也是印尼在东盟中的角色的强化期。鉴于国际格局的重大变化，这一时期可以分为冷战结束之前的东盟发展期和冷战结束之后的东盟扩容期。

根据巴厘岛首脑会议通过的两个重要文件《东南亚友好合作条约》和《东南亚国家协调一致宣言》，东盟在发展期的主要目标除了继续妥善应对可能破坏地区和平局势的争端外，还包括加强成员国之间在政治、经济、社会、文化、安全等领域的合作。特别是政治领域的合作，被明确纳入东盟议程。合作的实现是以成员国之间的团结和地区的稳定为基础的，印尼继续扮演维护这一基础的角色。越南对柬埔寨的入侵是这一时期对东盟的团结与稳定构成威胁的典型事件。事件不仅涉及内部分歧，而且有诸多国际力量牵涉其中，这对印尼来说是不小的挑战。

1978 年 12 月，越南大规模入侵柬埔寨，引起东南亚地区局势动荡。东盟各成员国由于所受威胁程度不同而持有不同立场。泰国在地理位置上受到威胁较严重，所以反应最为激烈；新加坡出于较强的忧患意识，也持强硬态度；而印尼与马来西亚担心域外国家的干预。除了内部的立场分歧外，美国、苏联等域外大国的介入加剧了形势的复杂性和严峻性，东盟的团结和地区的稳定面临极大的挑战。印尼在这一事件中作为调解员做出的努力主要体现在以下几个方面。首先，推动解决问题的各类会议、会晤举行，如在关于柬埔寨问题的国际会议中担任联合主席国，在印尼国内多次为柬埔寨问题的解决提供对话平台，为问题的解决提供新的思路。其次，印尼官员进行“穿梭外交”，在各方之间斡旋调解。印尼国防部及外交部高级官员对越南展开积极的外交活动，多次访问越南，以试图缓和局势；同时，与其他东盟成员国进行沟通，使东盟成员国对外“以一个声音说话”；此外，印尼还对当时的欧共体、苏联、印度等其他国际力量进行游说，以阻止它们向越南提供各类援助和支持，并争取国际上对民主柬埔寨合法地位的承认。最后，呼吁东盟发挥自身力量，争取国际支持。印尼官员多次在东盟各类会议上发表讲话，呼吁各成员国支持民主柬埔寨的合法地位，在联合国大会、不结盟国家首脑会议上为东盟对柬埔寨问题的立场争取国际支持，以使战争尽快结束。在印尼的呼吁和东盟的努力下，联合国多次通过承认民主柬埔寨合法地位的决议，也多次要求越南无条件从柬埔寨全部撤军。同时，国际货币基金组织、世界银行等也以停止对越南援助的方式抗议其侵略行径，推动战争结束。

越南对柬埔寨的入侵既是对东盟的重大考验，也成为东盟发展史上的一个节点。在数十年反对越南侵略柬埔寨的密切合作中，东盟各成员国不断克服分歧，增强了内部团结，促进了共同意识的产生，为东盟日后的发展积累了政治资本。同时，为争取国际力量的支持，东盟在联合国、不结盟国家首脑会议等多边论坛上积极发声，提升和增强了自身的国际地位和影响力。在这一过程中，无论是在对内协调还是对外争取方面，印尼都为维护东盟团结和地区稳定做出了有目共睹的努力，其在东盟中的地位也随之巩固和提升。

在越南从柬埔寨撤军之后，随着冷战结束，东盟进入扩容期，印尼为实现东南亚地区更大范围的团结与稳定积极推动东盟扩容。早在20世纪80年代，印尼政府就对文莱加入东盟表示赞成。越南从柬埔寨撤军之后，印尼总统苏哈托于1990年底以私人身份访问越南，打破了东盟与越南关系的僵局，成为缓和与越南关系的先导，并在同年成为东盟中第一个与越南实现关系正常化的国家。在印尼的推动下，越南与东盟其他成员国实现了关系正常化，这为越南加入东盟做好了铺垫，越南于1995年成为东盟成员国之一。其后，老挝、缅甸、柬埔寨纷纷提交加入申请，“大东盟”的构想得以实现。东盟对越南等国的接纳被认为是印尼地缘政治智慧的体现，印尼以对多元和差异的包容使“亚洲巴尔干”发展成一个“有弹性的和平生态系统”。[①]

（三）弱化期（1998~2001年）

1997年爆发的亚洲金融危机成为印尼在东盟中角色弱化的转折点。作为东盟中受金融危机打击最严重的国家之一，印尼的经济、政治、社会等各方面遭受重创。首先，最直接的打击体现在经济方面：货币贬值、经济负增长、通货膨胀、外债负担沉重、失业率上升和贫困加剧，经济恢复面临重重困难。其次，苏哈托的下台给印尼在东盟中的影响力造成了实质性的冲击。苏哈托的外交才能和个人魅力在印尼对东盟事务的处理中发挥了不容忽视的作用，他受到其他成员国的尊重和认可。他的下台无疑使印尼在东盟中的影响力削弱。此外，地方分裂活动引起国内局势动荡，民族与宗教矛盾、极端主义、自然灾害、传染性疾病、烟霾问题等非传统安全问题的凸显进一步加重了印尼的负担。印尼深陷国内事务的泥沼，在地区事务中的影响力下降。当东盟在这一期间面临危机时，印尼无力应对。

最直接的体现是对金融危机的应对上，印尼并未像以往一样承担起维护东盟的重任，通过自身影响将东盟凝聚起来以共同应对危机。由于印尼缺

---

① 〔新加坡〕马凯硕、〔新加坡〕孙合记：《东盟奇迹》，翟崑等译，北京大学出版社，2017，第22页。

席，东盟内部对危机的处理多有分歧，缺乏协调，成员国纷纷采取单边行动，出现“大难当头各自飞”的局面，例如，泰国、印尼、菲律宾等国选择向国际货币基金组织及西方国家求援；马来西亚认为西方金融投机行为导致金融危机，拒绝接受西方援助。此外，当1997年召开的东盟财长会议提出建立“地区金融监督机制”以对危机进行预警时，部分成员国不愿提供相关信息导致会议推迟。并且，由于金融危机在泰国爆发之后，其他成员国没有及时伸出援手，而东盟作为地区组织也反应迟钝，东盟的“不干预原则”和“协商一致原则”遭到质疑，成员国的向心力下降。在东盟对于金融危机的应对过程中，印尼始终未能发出有力的声音，其在这一阶段的角色弱化。相对而言，泰国在这一时期积极发动各方，共同努力构筑亚洲金融合作框架，以应对危机，推进清迈倡议。

（四）回归期（2002年至今）

经过金融危机的震荡之后，迈入21世纪的东盟和印尼都在寻求新的发展方向。2003年10月，第九次东盟首脑会议通过了《东盟国家协调一致宣言Ⅱ》，决定建立包括经济共同体、政治安全共同体、社会文化共同体三大支柱在内的东盟共同体，旨在协调和整合成员国、应对地区安全威胁、维护东盟在地区事务中的地位等。这使东盟更加需要协调成员关系，加强区域合作，推动东盟成为一个内部联系更加紧密的共同体。印尼进行了民主化的转向，国内局势渐趋平稳，试图“重拾”其在地区和国际事务中的影响力，广泛参与如G20、APEC等事务，“外交的钟摆开始真正地摆动了起来”。印尼通过以往积累的经验，继续采用双轨外交、穿梭外交等方式，在威胁到东盟团结和稳定的各类问题中扮演了积极的角色，例如，印尼积极应对泰柬冲突、罗兴亚人道主义危机。

20世纪90年代，随着冷战的结束，南海问题开始凸显。东盟各成员国由于对南海的利益诉求不同而持不同立场，在是否将南海问题东盟化、国际化等方面也存在分歧。美国、日本、印度等域外大国的介入进一步提高了问题的复杂性和敏感性。这使各方推动问题解决变得举步维艰。

作为非主权声索国的印尼从 20 世纪 90 年代伊始便在南海问题中扮演积极的调停者角色。首先，印尼从其擅长的“第二轨道”入手，试图以“非正式”的方式调解争端。1990 年，印尼在巴厘岛发起了首届“处理南海潜在冲突研讨会”（以下简称“南海研讨会”），力图促进各方进行对话与交流，缓和矛盾与冲突。其后，“南海研讨会”固定为一个年度论坛，每年在印尼各地举行，逐渐由一个信任建立措施发展为一个“具有准官方性质的预防性外交机制”，在阻止声索国之间争端升级方面起到了十分积极的作用。进入 21 世纪，南海问题为逐渐走出金融危机阴霾的印尼“重拾”在东盟中的重要角色提供了契机。这一时期，印尼在继续发展“第二轨道”的基础上，试图开辟解决南海问题的“第一轨道”。2002 年，印尼促成东盟各成员国与中国就和平解决南海争端的指导性文件——《南海各方行为宣言》达成一致意见，确定由直接有关主权国家通过友好磋商和谈判，以和平方式解决争端，不诉诸武力，保持克制，不使争议复杂化、扩大化等。2011 年，印尼担任东盟轮值主席国期间，进一步将制定“南海行为准则”列为其任内的一项重要任务。2012 年，发生了由南海问题引发东盟分裂危机的标志性事件——第 45 届东盟外长会议因在南海问题上的分歧未能发表联合公报，这是自该会议建立以来史无前例的状况，令东盟内外都产生极大的担忧。为使东盟顺利度过此次危机，印尼外长马蒂·纳塔莱加瓦在会后 36 个小时内连续赴其他成员国进行穿梭外交，弥合矛盾，平衡各方利益与诉求，促使东盟关于南海问题六项原则声明出台，使东盟在达成最低限度共识的基础上发出一致的声音，又一次避免了分裂。

泰柬冲突是印尼在回归期面临的又一次考验。2008 年，柬埔寨和泰国围绕由柏威夏寺归属权引起的领土纠纷问题进行军事对峙。柬埔寨在向联合国安理会的求助中声称两国之间处于“战争一触即发”的状态。针对这样的局面，《经济学人》发文对东盟协调成员国关系的能力提出质疑，并指出这一争端凸显“东盟涣散”。2011 年，印尼担任东盟轮值主席国期间，在东盟框架之下对泰柬进行斡旋，如针对该问题召开东盟外长非正式会议；提出在争议地区部署观察员的方案；在第 18 届东盟峰会期间召开三方峰会进行调停；促成冲突双方签署协议并接受印尼作为第三方与两国一起对争议地区进行联合调查，推动争端和平解决。东盟自 1967 年成立以来，最为人称道的成就之一便是没有任何两个成员国之间爆发战争。泰柬冲突的和平解决，使东盟这一宝贵的成就得以延续，并给外界对于东盟的团结和能力的质疑予以有力的回应。

爆发于缅甸的罗兴亚人道主义危机对东盟构成了新的挑战。在缅甸若开邦北部，由于若开佛教徒和罗兴亚穆斯林的历史积怨、宗教信仰差异、现实利益争夺，流血冲突时有发生。2017 年 8 月 25 日，罗兴亚救世军与军警在缅甸若开邦北部爆发激烈冲突，引发严重的人道主义危机。大量人员伤亡，房屋被毁，70 万名难民流离失所。许多难民在乘船前往其他国家的途中死于饥饿、疾病和船只倾覆，并面临成为人口贩卖对象的危险。这一情况引发国际社会的广泛关注。联合国、西方国家、伊斯兰世界纷纷向缅甸施压。联合国安理会就罗兴亚人问题展开密度空前的磋商，并针对当地人权状况对缅甸当局多次发出谴责；美国、英国、欧盟都做出了强烈反应，并发起了相应制裁。2017 年 9 月 5 日，《纽约时报》甚至刊发评论文章探讨“剥夺昂山素季诺贝尔和平奖的可能性”。伊斯兰合作组织也呼吁联合国针对罗兴亚人问题采取行动。难民问题一方面对地区安全构成潜在威胁，可能加剧地区极端主义扩散；另一方面也引发东盟对内部分裂的担忧。

由于此次人道主义危机，缅甸在伊斯兰世界的形象受到很大的负面影响。在以穆斯林为主体的东盟国家中，马来西亚持有较为强硬的态度，马来西亚时任总理纳吉布亲自参加支持罗兴亚人的游行。此次事件发生后，马来西亚外交官员甚至发出将缅甸开除出东盟的声音。印尼采取了较为温和的态度，并发挥建设性作用。首先，印尼再一次充当协调者，外长蕾特诺赴缅甸和孟加拉国展开危机公关，力图保证难民被妥善安置和人道主义救援物资顺利抵达。其次，印尼在物资方面也予以实际支援，如在若开邦援建医院、组织运送救援物资到罗兴亚难民营等。最后，印尼采取措施安抚国内穆斯林的情绪，防止对缅甸的抵触情绪进一步蔓延。这些举措对于推动事件妥善解决、防止东盟内部分裂都起到了积极作用。东盟对缅甸的继续接纳，对于缅甸借助东盟这一平台缓解外交困境至关重要，这也是合理解决此次人道主义危机的可行之道。

走出金融危机的印尼，通过在上述地区事务中发挥积极作用，在一定程度上开始“回归”，扮演修复裂痕、协调关系、维护团结的重要角色。在新的国际和地区形势下，印尼想继续维持其在东盟中的角色，需应对诸多挑战。

三　未来的挑战

印尼继续在东盟中扮演重要角色，在未来所面临的挑战是多方面的，既有来自国际环境的压力，也有产生于东盟内部及印尼国内的种种影响因素。

首先，就外部环境压力而言，东南亚地区的权力转移正在加速，随之而来的不稳定性和不确定性对东盟和印尼都构成挑战。虽然美国在东南亚地区仍然占有优势，但事实上，美国、中国、日本、澳大利亚、印度和东盟共同在这一地区发挥作用，正在形成一种相互影响、相互竞争同时也相互合作的局面。随着特朗普总统上台后美国对外政策的重大调整，东南亚地区的权力变动加速，各国在东南亚地区的博弈给维持东盟的稳定和团结带来考验。在这样的情况下，印尼协调东盟各成员国一致发声将面临更多困难。

其次，就东盟内部而言，一方面，东盟的运行机制和基本原则在危机应对过程中暴露出一定的缺陷，例如，不干预内政和协商一致原则虽然保证了东盟的包容性，但也使其具有效率低下的弊病。在面临类似亚洲金融危机等时，东盟无法快速进行行之有效的应对，容易造成“大难当头各自飞”的局面。另一方面，成员国之间的差异性和多样性使它们相互之间不可避免地存在矛盾和冲突的隐患，如历史遗留问题、领土纠纷、宗教和文化冲突、资源环境问题等，它们一旦激化，便容易使东盟分裂。这两方面使东盟团结面临挑战。

再次，印尼在东盟中角色的建立与强化与东盟其他成员国（特别是创始国）的支持和配合密不可分。成员国领导层之间的相互信任和紧密合作成为东盟的一大优势。苏哈托、李光耀、马哈蒂尔曾是推动东盟发展的“三驾马车”。新加坡的许通美教授、印尼的阿里·阿拉塔斯、马来西亚的扎因·阿兹莱、泰国的尼·披汶颂甘等一批优秀外交官在20世纪80年代促使东盟形成强烈的团结意识。随着东盟扩容和各成员国领导层的更迭，各国领导和精英阶层的传统友谊能否一直延续，继续支持印尼在东盟中的角色，仍是一个未知数。

最后，印尼国内各种力量的共识将成为非常关键的因素，即印尼是否有意愿继续在东盟中扮演重要角色，以及是否有意愿在更广泛的层面对东盟的发展发挥积极作用。印尼国内的民族主义者会是一股强劲的阻力。在经济上，民族主义者抵制开放的经济政策和来自外部的市场竞争，不愿与东盟其他国家分享印尼国内的庞大市场，这严重制约了印尼在东盟经济一体化进程中的参与度，也是印尼不能被称为东盟“领导者”的重要原因；在政治上，民族主义者认为东盟可能会限制印尼凭借世界第四大人口国家的能力成为一个强大的独立力量。民族主义者的声音一旦成为主流，将对印尼在东盟中的角色产生严重影响。这是印尼和东盟都必须应对的挑战。

综观东盟发展的50年，印尼凭借政治智慧和长期积累的经验在维护东盟团结和稳定方面发挥重要的作用，使这一内部极具差异性和多样性的地区合作组织能够度过发展过程中的各种危机并存续至今，在成立50周年之际庆祝取得的佳绩。面临当今更加复杂而不确定的全球及地区环境，印尼若想作为一股更积极的力量，推动东盟下一个50年的发展，还需应对重重挑战。

参考文献

［1］刘艳峰、邢瑞利：《印尼外交战略演进及其南海利益诉求》，《南洋问题研究》2016年第2期，第56～65页。

［2］骆永昆：《东盟共同体建设的进程、动因及前景》，《国际研究参考》2016年第2期，第1～7页。

［3］李峰、郑先武：《历史承续、战略互构与南海政策——印尼佐科政府海洋强国

战略探析》，《太平洋学报》2016 年第 1 期，第 63 ~ 73 页。

[4] 闫坤：《印尼世界观及其引导下的外交政策目标》，《东南亚纵横》2012 年第 6 期，第 26 ~ 31 页。

[5] 闫坤：《新时期印度尼西亚全方位外交战略解析》，《东南亚纵横》2012 年第 1 期，第 13 ~ 19 页。

[6] 常书：《印度尼西亚南海政策的演变》，《国际资料信息》2011 年第 10 期，第 25 ~ 28、10 页。

[7] 郑一省：《印尼和东盟关系的回顾与展望》，《东南亚研究》2008 年第 3 期，第 32 ~ 38 页。

[8] 张锡镇：《东盟的历史转折：走向共同体》，《国际政治研究》2007 年第 2 期，第 123 ~ 134 页。

[9] 张锡镇：《东盟共同体发展趋势及其主要推动者》，《世界经济与政治论坛》2007 年第 1 期，第 1 ~ 5 页。

[10] 朱刚琴：《潘查希拉的文化根源及其在印尼对外交往中的体现》，暨南大学硕士学位论文，2006。

[11] 张振江：《“东盟方式”：现实与神话》，《东南亚研究》2005 年第 3 期，第 22 ~ 27 页。

[12] 陈寒溪：《“东盟方式”与东盟地区一体化》，《当代亚太》2002 年第 12 期，第 47 ~ 51 页。

[13] 张祖兴：《试析亚洲金融危机对印尼社会经济的影响》，《东南亚研究》2001 年第 6 期，第 32 ~ 35 页。

[14] 曹云华：《印尼在东盟的地位和作用的变化》，《当代亚太》2001 年第 3 期，第 21 ~ 27 页。

[15] 李同心：《试论印尼在东盟中的地位和作用》，暨南大学硕士学位论文，2000。

[16] 温北炎：《东帝汶问题的来龙去脉》，《东南亚研究》1999 年第 6 期，第 18 ~ 21 页。

[17] 梁英明：《东南亚史》，人民出版社，2010。

[18] Pattharapong Rattanasevee, “Leadership in ASEAN: The Role of Indonesia Reconsidered,” *Asian Journal of Political Science*, No. 22, 2014, pp. 2, 113 – 127.

[19] Dewi Fortuna Anwar, “ASEAN and Indonesia: Some Reflections,” *Asian Journal of Political Science*, No. 5, 1997, pp. 1, 20 – 34.

[20] Ralf Emmers, “Regional Hegemonies and the Exercise of Power in Southeast Asia: A Study of Indonesia and Vietnam,” *Asian Survey*, Vol. 45, No. 4, 2005, pp. 645 – 665.

[21] Anthony Smith, “Indonesia's Role in ASEAN: The End of Leadership?” *Contemporary Southeast Asia*, Vol. 21, No. 2, 1999, pp. 238 – 260.

印度尼西亚高等教育发展与中印尼教育交流

王丹丹*

摘　要： 印尼高等教育正在经历一次重大改革，改革的关键在于“适应”新的国际环境和创新人才培养模式。近年来，印尼社会对于高等教育领域的改革基本满意，但高等教育领域仍然存在职能部门权责不够清晰、资源分配和使用情况不明确、师资质量提高缓慢等问题。在印尼高等教育改革和中印尼人文交流不断升级的背景下，两国高等教育交流合作成果丰硕，已经进行了政府间交流合作、高校及科研院所交流合作以及校企交流合作。

关键词： 印度尼西亚　高等教育　人文交流　中印尼关系

一　印度尼西亚高等教育发展情况

（一）印度尼西亚高等教育的历史发展情况

印尼现代意义上的高等教育始于荷兰殖民时期。最早的高等教育机构是1851年建立的爪哇医学院。印尼独立之后成立了教育与文化部，但是直到

* 王丹丹，北京外国语大学亚非学院讲师，中国—印度尼西亚人文交流研究中心研究员。

1961年才颁布了第一部《印度尼西亚高等教育法》。经过半个多世纪的发展，印尼的高等教育已经形成了一套完整的体系。现行《印度尼西亚高等教育法》是2012年颁布的，这部法律规定印尼的高等教育按教学目的，可以分为学术教育、职业教育、专业教育三种类型；按办学类型，可以分为综合大学、学院、高等学校、应用技术学院、大专院校、地方性专科院校六大类。[①] 综合大学，一般由人文科学学院、社会科学学院、自然科学学院、工学院等不同学科的院系组成。它的学科齐全，教学系统完善，师资及教学设备较好。学院，一般是专门为某种学科设置的独立高等学校，如工学院、商学院、农学院、体育学院、艺术学院等，下设科系。高等学校，一般指进行某种高等专业教育的学校，如社会福利高等学校、警察高等学校等，多由相关部委、组织、社会团体主办。应用技术学院，一般是指培养计算机、网络、电子科技人才的专科院校，目前也有部分应用技术学院设立经济学方向学科，但重点仍然为培养技术类人才。大专院校，一般指培养某种专业技术和应用人才的专科学校，如统计学院、外语学院等，多由相关部委、组织、社会团体主办。地方性专科院校，一般指在某个省或地区，根据自身发展优势和特点，按需培养专业技能型人才的专科院校。这种院校的地方性特色强，多由地方政府出资或支持创办。

佐科总统上任之初，印尼高等教育面临诸多问题。第一，用于提高教育质量的经费有限。根据印尼《1945年宪法》的规定，国家用于教育的经费不得少于国家财政预算的20%。多年来，尤其是1998年进行教育改革以来，印尼政府一直都在恪守这个标准。1997~1998年，教育经费为4.6万亿印尼盾，约合当时164吨金价。2012年，教育经费为289万亿印尼盾，约合当时578吨金价。可以肯定的是，印尼政府用于教育的经费的绝对数额连年增长，2012年是1998年的63倍，但排除通胀因素之后，实际仅增长

① Menhum, “Undang-Undang Republik Indonesia No. 12 Tahun 2012 tentang Pendidikan Tinggi,” *Jakarta*, 10 August 2012, pasal 59.

3.5 倍。并且，2012 年教育经费的 289 万亿印尼盾中，只有 64 万亿印尼盾由教育与文化部支配，其余大部分分配给了地方政府，另外还有一部分分配给了宗教部等相关部委。经费的使用情况不透明，监管不力，贪污和挪用现象严重。另外，相当一部分经费用于提高教师的工资和补贴水平，而教师待遇的提高并没有直接促进教师整体资质的提高，这对提高教育质量的贡献微乎其微。

第二，地区与学科发展不平衡。由于地理原因和经济发展不平衡，印尼高等教育资源分配极为不平衡，大部分资质较好的公立大学，如排名前 10 的大学，全部位于爪哇岛。全国 70% 的高等院校集中在爪哇岛，这种情况造成外岛学生纷纷到爪哇岛求学。另外，专业设置也存在不平衡的情况，正如佐科总统在 2017 年 9 月 6 日召开的民心党党代表大会上说的那样：印尼大部分高等教育机构的课程设置与实际用人市场需求脱节，思路还停留在 20 世纪八九十年代，各个院校都争相开设经济学、计算机、工商管理等专业，而国家当前发展所需的物流、环保建筑、动画视频等专业却未得到重视。国家发展建设需求与高等教育机构专业设置存在一定的“脱节”，这就导致高校毕业生就业率持续下降，2012 年，印尼的失业率为 6.14%，失业率从高到低分别是：中专（9.87%）、高中（9.60%）、大专（6.21%）、大学（5.91%）、小学（3.64%）。接受高等教育的毕业生由于受教育成本较高、对职位要求较高，与市场急需的新兴技术行业专门人才要求不符，很难找到满意的工作。相比之下，小学毕业生由于对职位要求较低，而且底端劳动力市场职位空缺较多，就业情况反而较好。这就造成接受高等教育的毕业生的失业率高于小学毕业生失业率，在一定程度上造成教育资源浪费。

第三，师资总体水平有待提高。印尼建国初期，高等教育事业底子薄弱，师资严重不足。1960 年，教师只有 3940 人，1971 年为 12152 人，1980 年为 28300 人，教师与学生之比据 1982 年统计平均为 1∶16。在 1998 年教育改革之后，政府通过增加教育经费和提高教师待遇，使教师数量有所增加，到 2012 年 4 月，印尼共有专职教师 179865 人，非专职教师 90614 人，教师与学生之比为1∶25。这就造成教师绝对数量增加和师生比相对降低的矛盾。一方面，教师数量逐年增加，而教师质量却参差不齐，在所有教师中，58.30%的教师的最高学历为本科，39.77%为研究生，1.93%为专科。大部分具有职称资历的教师集中在公立高校。在公立高校，69%的教师的最高学历为研究生，而私立高校的这个比例只有29%，全国27000名教授绝大部分任教于公立高校。另一方面，高校毛入学率逐年提高，政府为了让更多的适龄人口接受高等教育，近年来不断鼓励地方政府和民间机构办学，大量新的私立高校出现，但它们在教师数量和质量上无法保证。这成为提高印尼高等教育质量面临的主要问题。

（二）佐科时期印度尼西亚高等教育改革

佐科总统自2014年上任以来，针对印尼高等教育体制、资金和师资等方面存在的问题，结合印尼社会经济发展对人才培养的要求，进行了大刀阔斧的改革。改革的两个关键词是“适应”和“创新”。佐科总统希望通过改革让高等教育尽快跟上时代和全球化发展的步伐，适应4.0版工业革命，以期能够更好地发挥高等教育培养创新人才、开发创新技术、服务创新型社会的功能。主要改革措施如下。

第一，进行机构调整：将高等教育机构从教育与文化部转到研究技术部。这种机构调整的初衷是考虑到高校除了具有培养高素质人才的任务之外，还具有进行科研创新的任务，将高等教育机构置于研究技术部，使其与其他相关机构在一个职能部门的管理之下，这有利于相互间协同发展。

第二，优化高校专业和课程设置。佐科总统认为，高校还在沿用20世纪八九十年代的办学思路，专业设置和课程设置过于扁平化、同质化，既没有很好地回应4.0版工业革命以来对创新型人才培养的要求，也没有回应具有不同经济发展特色的地区对于专门人才的需求。为此，研究技术部出台新措施，要求各高校将现有院系进行优化，按学科将同类型院系进行合并；增开物流、电子信息、动画设计、环保建筑等专业；减少对高校办学模式的管制，鼓励高校以学生和市场需求为导向，采取更加灵活的办学模式。2014年，高教司开通网上高校项目，由学科领域和新兴行业中的一批优秀教师进行慕课教学。印尼在校大学生可以选修相关专业课程，通过考核后，折合成相应学分。这样可以引导高校在开设学科时充分考虑所在地区的经济发展需求，如鼓励东部地区高校开设物流专业、油气和矿产品加工专业等。

第三，复兴高等职业教育。印尼共有高等职业技术学校毕业生129160人，无法满足印尼当前社会经济发展对高素质职业技术人才的需求。为了尽快改变现状，佐科总统提出要将高等职业教育放在高等教育发展的首要位置，为此，研究技术部出台措施停止审批新建国立大学，加快对高等职业技术学校建立的审批手续，特别是在14个外岛优先发展工业区增开高等职业技术学校；鼓励校企合作办学，鼓励高等职业技术学校进行国际合作；培养方向主要为健康服务、文创旅游、物流、网上服务、航空服务、农产品、电子产品、渔业、橡胶产品、纺织服装、自动化、木制品等；由高教司统一颁发职业技术能力认证书，四年制大专毕业获得的大专学历与本科学历具有同等效力，以鼓励考生和家长选择高等职业技术学校；建立高等职业技术学校教师协会和培训协会，定期为相关领域的教师提供培训和进修机会。

第四，持续提高师资质量。高等教育师资水平不高、科研能力不强一直影响印尼高等教育发展，虽然经过1995年首次高等教育改革以来，教师通过教学培训、项目支持等，质量有所提高，但是仍然无法满足人才培养的需求，为此，高教司出台多项措施提升教师整体综合素质，具体包括：专门针对高校青年教师设立硕博连读奖学金项目；设立印尼优秀高校教师奖学金项目；设立印尼新建国立高校教师奖学金项目；鼓励各高校与国际知名高校合作，联合培养师资；鼓励高校教师进行科研创新，提高对在校教师科研成果量的要求；以优厚待遇吸引外籍侨民学者来印尼任教或进行科研合作；给予高端外籍学者国民教师待遇等。这些措施在一定程度上缓解了印尼高等教育师资数量缺乏和现有教师学历不高、科研能力不高等问题。

（三）2017年印度尼西亚高等教育改革成果

2017 年是佐科执政的第三年，印尼主流媒体《罗盘报》在 2017 年 10 月进行的佐科执政三周年民调显示，印尼民众对于佐科在教育领域的改革满意度较高。在高等教育方面，2017 年取得了一系列成果。

第一，2017 年，印尼接受高等教育的人口占全国人口的比例为 31.75%，较 2016 年（31.61%）和 2015 年（19.15%）有所上升，研究技术部长穆罕默德·纳西尔表示努力在 2019 年将接受高等教育的人口比例提升至 32.55%。第二，印尼高校在 2017 年 QS 世界大学排名中的名次大幅提升，其中印尼大学排第 277 位（2016 年排第 358 位），万隆工学院排第 331 位（2016 年排第 431 位），加查马达大学排第 401 位（2016 年排第 551 位），研究技术部希望通过高等教育改革，在 2019 年使印尼能够至少有三所大学的 QS 排名进入前 300。第三，国际学术期刊文章发表量在 2017 年达到 12077 篇，较 2016 年（11936 篇）发表量有小幅度增长，这一发表量已经超过了东盟的泰国和越南。研究技术部预计 2018 年的国际期刊文章发表量将超过 15000 篇，超过新加坡。第四，高等职业教育复兴计划在三马林达、马辰、安汶、万隆、玛琅、泗水等地试点。第五，引进高端外籍学者 70 人，较 2016 年（41 人）上涨 71%，2018 年，印尼将至少再引进 70 名高端外籍学者。第六，2014～2017 年共发放各类高等教育奖学金 405587 人次，其中 74% 的奖学金名额拨给了巴布亚地区和偏远落后地区的师生。印尼优秀高校教师奖学金发放 1000 份；高校教师硕博连读奖学金发放 250 份；新建国立高校教师奖学金发放 150 份。这些奖学金连同高等教育改革的相关措施一起，为高校教师提高学历水平创造了机会，截至 2017 年底，印尼全国拥有博士学位的高校教师总计 24013 人，政府预计，在 2019 年，获得博士学位的高校教师将达到 41500 人。

（四）印度尼西亚高等教育依然存在的问题

自 2014 年至今，高等教育改革总体成效令民众满意，但依然存在一些质疑的声音和亟待解决的问题。

第一，初级、中级教育如何与高等教育衔接是很多教育专家提出的问题，小学、初中和高中的教育管理权依然属于教育与文化部，每年印尼的全国高等学校入学考试依然由教育与文化部主持，如何在教学理念、课程设置和考评招生上进行协调？同样地，目前，高校教师师资培养依然归教育与文化部管理，而高等教育机构却已经划归研究技术部管理，二者关系如何理顺？培养人才的机构如何符合用人机构的需求？由于调换了主管部门，因此诸如此类的很多“小”关系如何能在短时间内找到合理又可行的解决办法，这考验佐科政府和相关部长的智慧。

第二，此次改革的一个关键词是“创新”，即政府鼓励高校教师开展科研创新，并积极进行科研成果转化。基础性学科的科研成果创新率低、成果转化率低，加之其需要的科研时间较长，企业一般不愿意大力投入资金，支持基础性学科研究活动。比较而言，应用型学科具有科研成果创新率高、成果转化率高、科研周期相对较短的优势。这就使大量科研经费和企业支持流向应用型学科，而基础性学科既难以出现国家重大科研项目，又很难获得企业资助，从而导致很多以教学和基础研究为主的学校竞相搞科研，争项目。这一方面使科研经费的分配和管理存在很多问题，另一方面使科研成果参差不齐。如何更好地平衡教学、基础性研究和创新性研究的关系，更加科学地分配资源，引导高校根据自身优势精准定位是佐科政府和相关部门面临的新挑战。

二　中印尼高等教育交流

目前，中印尼两国关系处在历史最好时期，中国已成为印尼最大贸易伙伴和第三大投资来源地，也是印尼第一大外国游客来源地。在经贸合作高速发展的同时，作为世界上两大发展中国家，教育的发展都被作为两国中长期发展战略的重要环节。中国提出建设中国特色社会主义要坚持文化自信，教育改革要坚持文化自信。印尼领导人提出印尼要想成为海洋强国，在发展经济的同时应注重进行精神和思想革命，培养有理想、重道德、敢创新的青年一代。可以说，发展教育、改革教育体制、提高教育质量是两国继续提升综合国力的“刚需”，在两国领导人会面中，教育交流议题都是重要议题。2015 年，在习近平主席和佐科总统的倡议下，两国建立了副总理级人文交流机制，两国在文化、教育等领域的合作明显加强。

（一）2017年中印尼高等教育交流主要成果

中印尼高等教育交流合作的模式主要有三种：政府间交流合作、高校及科研院所交流合作和校企交流合作。

1. 政府间交流合作

2015 年，两国建立副总理级人文交流机制，双方高层将教育交流放在人文交流的首要位置。在该机制的框架下，两国已签署《中印尼高等教育合作协议》和《中印尼高等教育学历互认协议》。两大协议的签署为两国互派留学生创造了更好的条件，2003 ~ 2017 年，中国教育部留学服务中心已经在印尼成功举办十三届“留学中国”教育展，累计吸引参观者超过 5 万人次，目前有 14000 多名印尼学生正在中国学习，中国成为印尼第二大留学目的地。2017 年 11 月，第十四届“留学中国”教育展在印尼首都雅加达举行，来自清华大学、浙江大学、复旦大学、上海交通大学、北京师范大学、武汉大学、北京理工大学、吉林大学、澳门大学、澳门科技大学等 27 所内地和澳门的知名高校参展，许多中国院校还为印尼学生提供奖学金名额。随着“一带一路”建设迅速推进，中国的金融机构也为教育交流提供金融支持。中国银行于 2017 年推出一系列关于“留学中国”的特别服务，包括兑换人民币现钞、办理人民币预结汇汇款、发行凯里印尼盾—人民币银联双币借记卡、持学生卡在中国内地的中国银行 ATM 机上免费取现、提供人民币存款特优利率等。除了教育部留学服务中心主办的“留学中国”教育展之外，中国的很多省区市也有面向印尼留学生的教育展，如贵州、广西、湖北、海南等每年都会组织高校前往印尼主要城市办教育展。孔子学院 2017 年 10 月 29 日也在印尼首次举办“HSK 考试暨中国留学 · 就职教育展”，来自中国人民大学、厦门大学、北京师范大学、中山大学、北京航空航天大学、山东大学、天津大学、四川大学等19所高校参展。中国银行、厦门航空等10多家种子企业进行现场招聘。正是由于中印尼两国关系处在历史最好阶段，中印尼在经贸、社会、文化领域的交流日益加深等，学习中文和中国文化成为越来越多印尼青年人的选择。

除了各类教育展之外，中国正在建立国家、地方、高校三级奖学金网络。近年来，中国政府增加印尼留学生来华深造的奖学金名额。2017年，印尼全国有600多名学生申请中国政府奖学金，其中215名学生获得本科、硕士、博士以及进修生奖学金，录取人数较2015年增长了11倍。生源质量较往年有很大提高，一半以上的硕士、博士奖学金名额由来自印尼大学、万隆工学院、加查马达大学等印尼名校的学生获得。他们将分别进入北京大学、清华大学、厦门大学等中国知名大学学习，专业也不再只是汉语教育或经济学，还有生物技术、医学、法学、管理学、文学、艺术学等多个门类。除了中国政府奖学金外，孔子学院奖学金、国侨办奖学金、各个地方政府奖学金和高校奖学金都为印尼学生来华留学提供越来越多的机会。

中国赴印尼留学的学生数量在2017年超过500名，虽然相比印尼来华留学生数量，这个数字并不大，但是中国赴印尼留学的学生数量近年来呈现上升趋势。这主要得益于中国提出"一带一路"倡议以来越来越多的中资企业与印尼企业合作甚至在印尼设立分公司、代表处，它们对于印尼语人才的需求量大幅增长。为了顺应这种趋势，近年来，中国多所高校新开设了印尼语本科专业，据不完全统计，截至2017年底，全国已有北京大学、北京外国语大学、广东外语外贸大学、上海外国语大学、广西民族大学、广西师范大学、云南民族大学、天津大学等15所高校开设印尼语专业。这些印尼语专业的学生在校期间会申请双方政府奖学金赴印尼留学，这部分留学生是中国赴印尼留学的主要群体。印尼政府并没有设立专门针对中国留学生的奖学金，只是设立了针对外国留学生的DARMASISWA奖学金和KNB奖学金。DARMASISWA奖学金于1974年设立，主要针对与印尼建立正式外交关系的国家和有文化交流协议地区的留学生，旨在鼓励和资助他们学习印尼语言、文化和艺术。留学期限通常为一年或半年。KNB 奖学金于 2002 年设立，面向所有发展中国家留学生，专门针对在印尼攻读硕士学位的学生，学制通常为三年。

2. 高校及科研院所交流合作

印尼高等教育改革的一个重点就是提升印尼高校的科研能力，在政策导向下，印尼高校和科研院所加大了对外交流合作的力度。中国教育部于 2016 年印发的《推进共建“一带一路”教育行动》中也明确支持高等学校建立国际合作联合实验室（研究中心）、国际技术转移中心，打造“一带一路”学术交流平台，逐步深化教育合作交流。在两国政策的引导、推动下，中印尼高校及科研院所的合作呈现多机构、多学科、多形式的特点。

传统的中印尼高校合作局限于双方开设有对方语言文化专业的高校，所涉及的学科以语言文学和艺术等为主，合作形式主要是师生校际交流。近年来，中印尼有更多的高校建立合作关系，北京大学、清华大学、华中师范大学、厦门大学、福建师范大学、浙江大学、中国海洋大学、北京理工大学、同济大学、哈尔滨工业大学、河北师范大学、济南大学、浙江财经大学、南昌大学等高校都与印尼相关高校建立了校际合作关系。2017 年更是中印尼高校合作蓬勃发展之年：3 月 22 日，中国—印度尼西亚人文交流研究中心在北京外国语大学成立，这是继 2016 年 6 月中国—印度尼西亚高校智库联盟在北京外国语大学成立以来又一项中印尼人文交流重要成果；4 月 30 日，印尼蒂博尼哥罗大学与集美大学签署合作备忘录，计划共建孔子学院或孔子课堂，并在水产学科的教育、科研等方面进行合作；11 月 12 日，福建师范大学成立印尼研究中心并举行揭牌仪式；11 月 13 日，昆明华文学校与印尼智民学院合作商谈与华侨大学联合培养华文人才；11 月 19 日，江苏经贸职业技术学院与印尼泗水科技学院签署《合作办学协议》，这是江苏高校首次在国外开展专科学历教育；12 月 22 日，华侨大学举行印尼研究中心揭牌仪式暨印尼发展与智库建设研讨会。

3. 校企交流合作

印尼高等教育改革明确指出，一个重点在于复兴高等职业技术教育，鼓励高职院校与企业合作，探索新型办学模式。中国教育部印发的《推进共建“一带一路”教育行动》也明确将促进高校、职业院校与行业企业深化产教融合。加强校企合作，特别是高等职业技术院校与企业的产学一体化是两国发展的迫切需求，也是两国高等教育合作的新趋势。近年来，中印尼双方在校企合作方面成果渐丰。2016 年，格力（印尼）公司与印尼西加里曼丹省坤甸市合作启动了“共同希望语言学院”人才培养合作重点项目。该学院由坤甸“共同希望教育基金会”创办，是目前印尼唯一同时拥有汉语言本科和专科的高等院校。通过双方合作的项目，重点培养符合条件的印尼青年，他们毕业后可以直接进入格力（印尼）公司工作，其他的本科毕业生也将把在印尼的中资企业作为重点就业部门。这个项目既提升了高校人才的培养质量，又解决了毕业生就业问题，得到当地政府的大力支持。2017 年 3 月 27 日，华为（印尼）与印尼大学、万隆工学院、加查马达大学、印尼电信大学、印尼蒂博尼哥罗大学、帕德加兰大学和泗水理工学院等 7 所大学签署备忘录。华为（印尼）将通过“科技日”等活动前往这 7 所大学分享 ICT 领域的先进技术、数字解决方案与生活方式以及未来发展趋势；通过“华为体验日”邀请学生参观华为客户解决方案创新与集成体验中心，体验 ICT 技术；通过“智慧校园咨询”协助这 7 所大学与 ICT 专业人士共同发展智慧校园；通过“未来种子项目”为学生提供在华为深圳总部学习和实践的机会；通过“学生实习”项目帮助学生获得 ICT 行业所需要的工作经历。2017 年 5 月 24 日，由柳州城市职业学院、上汽通用五菱印尼汽车有限公司、印尼西卡朗西部国立第一职业学校合作共建的印尼中上汽通用五菱汽车教育培训基地在印尼揭牌成立。2015 年 8 月，上汽通用五菱印尼汽车有限公司在西爪哇省勿加西县开建，投资达 7 亿美元，具备年产 15 万辆整车的能力。为使项目顺利运营，上汽通用五菱汽车股份有限公司和柳州城市职业学院合作，联手印尼西爪哇省教育厅和当地职业学校一起，于 2015 年初成立“中印尼 SGMW 汽车学院”。目前已有 100 多名印尼学生在该学院学习。

（二）中印尼高等教育交流存在的问题与建议

随着中印尼两国关系进入最好时期，双方在政治安全、高层经济和人文交流三大领域都建立了副总理级交流机制，在此框架下，中印尼高等教育交流成果丰硕，但同时也出现了新情况、新问题。

1. 加强两国高等教育政策法规沟通

目前，两国高等教育合作形式多样化，不仅仅局限于高校师生互换交流等传统模式，校企合作、海外办学模式等近年来也成为两国高等教育交流合作的新亮点，但是同时也伴生教育政策法规不同、缺乏信息沟通造成合作效率低下的问题。不少中国本土教育机构和科技公司积极寻求与印尼的学校进行办学合作，但是不了解印尼高等教育的独特性和专属的文化背景，印尼的学校都是受当地政府监管的，如果想要进行合作办学就必须满足政府的某些要求，同时也必须把学校每个学期相关数据向政府汇报；对于合作办学的中国高校或者中国企业来说，其需要进行相应的政策适应和法规研究。目前，中国高校设立了与印尼相关的研究中心，如北京外国语大学中国—印度尼西亚人文交流研究中心、北京外国语大学中印尼研究中心、华中师范大学中印尼人文交流研究中心、广东外语外贸大学印度尼西亚研究中心、河北师范大学印度尼西亚研究中心等，其中北京外国语大学印尼研究中心、华中师范大学中印尼人文交流研究中心、广东外语外贸大学印度尼西亚研究中心、河北师范大学印度尼西亚研究中心都是教育部挂牌成立的研究中心，反观印尼，目前并没有一家官方挂牌的中国研究中心，这种不平衡的发展状态实际上为两国高等教育合作提供了一个新思路，即以问题为导向，开展“一带一路”教育政策、法律、法规系统研究，特别是双方的高校智库，应该针对交流合作中出现的亟待解决的问题，开展专项研究课题合作，梳理与两国教育相关的政策、法律、法规，构建两国高等教育政策信息交流通报网络，为两国政府消除教育交流合作政策性瓶颈提供智力支持。

2. 扩展和增加高校合作地域和学科

目前，两国高校的合作绝大多数集中在爪哇岛和苏门答腊岛等经济较为发达的地区，合作对象主要包括雅加达、泗水、万隆、日惹、棉兰等大城市的知名高校和科研院所。合作的专业主要包括汉语教育、艺术学、经济学、国际关系、新闻学、法学、生物学、管理学等。从印尼总统佐科在印尼大学建校68周年庆祝仪式的讲话内容来看，印尼目前更需要在物流、动画设计、信息通信、环保建筑、海洋水产等领域培养专业人才，并且，他希望外岛的高校能够结合地区经济发展特点和高校自身特点进行对外交流合作。中国的相关高校在寻求与印尼高校进行合作时应该结合自身发展特点和地域特色，精准定位，力求使合作能够深度务实。避免过分关注对方国际排名或知名度，不研究学校发展特点和学科匹配度，导致重形式而轻内容的影子合作出现。

3. 重视本地留学生关切

目前印尼来华留学生大多数是华族学生，本地学生占比不高。一方面是因为本地学生了解来华留学信息的渠道不多，除了通过中国政府主办的来华留学宣传网站或留学展之外，平时在印尼语网站上能看到的留学中国的信息有限；另一方面是因为本地学生的宗教信仰是伊斯兰教，教义对他们日常生活有所规范，一些穆斯林学生来华留学感到生活不便利。中国的绝大多数高校虽然开设伊斯兰食堂，但大都面积较小，菜式较为固定。更为重要的是，对于穆斯林来说，每天五次的祷告是他们需要遵守的，但是国内大部分高校没有专门的祷告室，学生宿舍也非单人间，他们要想进行祷告非常困难，这就成为阻碍很多本地学生选择来华留学的关键因素。中国的高校应该重视印尼本地留学生的关切，进行必要的改善，使人文交流和人文关怀体现在细微处。

中印尼两国教育交流合作平稳进行，两国政府继续以机制搭台为交流合作提供政策保障，高校与智库间多学科、多领域、多形式的交流将朝着更加纵深的方向发展，民间教育机构将越来越多地参与到交流合作中。合作的重点领域包括海洋学、医学、现代农业、航空航天等，同时，印尼政府大力倡导发展职业技术教育，在职业教育合作方面，双方也有相当大的发展空间。

中印尼文化产业合作现状、问题和对策*

潘玥　肖琴**

摘　要： 印尼作为共建“一带一路”倡议的重要国家，积极回应“一带一路”倡议，在经贸、文化、外交等领域都与我国进行了密切合作。其中，作为21世纪的新兴产业，文化产业的可持续性强，消费潜力大，中印尼在文化产业的合作日益增加。中印尼文化产业合作历史悠久，合作基础深厚，合作区域性特征明显，以政府组织主导为主、以民间参与为辅。同时，由于历史、政治、经济和文化等方面的差异，两国文化产业合作也面临一系列问题，如合作规模较小与合作领域范围较小，体系不健全，企业投融资困难，缺少储备人才。对此，两国政府、企业等主体应承担各自责任，从合作规划、合作平台与政策、文化资源与文化品牌、人才储备等多方面入手，促进中印尼文化产业合作。

关键词： 中印尼关系　文化产业合作　教育培训　人文交流机制

---

* 本报告为国家社会科学基金重大项目“丝绸之路经济带沿线国家文化产业合作共赢模式及路径研究”（项目编号：17ZDA044）的阶段性成果。

** 潘玥，暨南大学国际关系学院副研究员，印尼战略与国际问题研究中心（CSIS）访问学者，研究领域为印尼的政治与社情，在《当代亚太》、《现代国际关系》、《东南亚研究》和《东南亚南亚研究》等刊物发表多篇论文。肖琴，印尼日惹国立大学研究生院硕士研究生，研究领域为印尼语言与文化。

“文化产业”并没有统一的说法，各国对其有不同的称呼，且内涵不同。美国一般只说版权产业，主要从是否具有知识产权的角度界定文化产业。日本政府则认为：凡是与文化相关的产业，都属于文化产业。[①] 遗憾的是，印尼暂时没有文化产业的说法。中国文化部（现文化和旅游部）对文化产业的界定是：“从事文化产品生产和提供文化服务的经营性行业。”[②] 本报告将探讨中印尼两国之间的文化产业合作，鉴于差异性和跨文化认同性，本报告采用更具权威性、更被普遍认可的联合国教科文组织的定义，即文化产业一般包括印刷、出版、多媒体、音像视听和手工艺设计等产业。在有些国家，文化产业还包括建筑、视觉表演艺术、体育、乐器制作、广告和文化旅游等。[③]

2009年，中国国务院颁发的《文化产业振兴规划》提出要“大力发展文化产业”,[④] 在2018年的“中国文化产业新年论坛”中，李向民指出“文化产业应定位为国家战略性支柱产业”。[⑤] 在“一带一路”倡议的背景下，中国文化产业逐渐“走出去”，并与共建“一带一路”国家陆续展开合作。近年来，学界关于中国与东盟文化产业合作的研究成果较为丰富，尤其是中国广西与东盟的文化产业合作，但主要集中在文化产业合作现状。[⑥] 其中，唐奇展、杨凤英立足广西文化产业自身发展，剖析广西文化产业现阶段的发

① 韩骏伟、胡晓明：《文化产业概论（第二版）》，中山大学出版社，2014，第3页。

② 韩骏伟、胡晓明：《文化产业概论（第二版）》，中山大学出版社，2014，第3页。

③ 《2009年联合国教科文组织文化统计框架》，联合国教科文组织统计研究所，2011。

④ 《〈文化产业振兴规划〉全文》，中国经济网，http：//www.ce.cn/culture/whcyk/gundong/201101/24/t20110124_22166773.shtml，上网时间：2019年1月15日。

⑤ 《李向民：文化产业应定位为国家战略性支柱产业》，中国经济网，http：//www.ce.cn/culture/gd/201801/09/t20180109_27639941.shtml，上网时间：2019年1月15日。

⑥ 参见黄佐琛《广西文化产业面向东盟“走出去”的路径选择研究》，《大众文艺》2018年第4期，第242~244页。唐奇展、杨凤英《“一带一路”背景下广西对接东盟文化产业合作路径探析》，《广西大学学报》（哲学社会科学版）2018年第1期，第113~118页。谢卓华《“一带一路”背景下广西对接东盟文化产业发展研究》，《广西社会科学》2016年第3期，第34~38页；伍庆《21世纪海上丝绸之路背景下建设面向东南亚的离岸文化中心研究》，《学术论坛》2015年第7期，第127~132页；黄耀东《中国—东盟文化交流与合作可行性研究》，《学术论坛》2014年第11期，第137~142页；杨华《中国—东盟文化交流“钻石十年”的构建研究》，《广西社会科学》2014年第5期，第43~47页。

展状况及其存在的问题，并厘清其存在的对接性障碍，以促进广西—东盟文化产业合作发展。① 谢卓华分析广西对接东盟文化产业的发展现状、特点及问题，简要分析了广西对接东盟文化产业的推进途径和优化策略。② 韩伽伽立足文化产业合作，分析中国与东盟文化产业合作兴起的成因、合作的现状和特点，文化产业合作对中国在东盟的软实力建设中的作用，中国与东盟文化产业合作中存在的问题以及提出相应建议和对策。③ 上述学者主要研究广西与东盟之间的文化产业合作，并未涉及具体对象。不过，也有部分具体分析中国与东盟某对象国文化产业合作状况的研究成果。④ 雷剑强以文化产业和教育合作为纽带，以研究广西外国语学院与印尼若干高校交流互访成果和办学合作模式为出发点，探讨广西与印尼高校文化产业和教育合作的基本状况，但该文仅以广西外国语学院与印尼高校的教育合作为例，对中印尼文化产业合作的描述不够全面。⑤ 综上所述，学界对中国广西与东盟的文化产业合作的关注度较高，且研究成果丰富，但存在两个问题：一是研究对象单一，现有成果集中研究广西与东盟之间的文化产业合作，缺乏对中国与具体对象国之

① 唐奇展、杨凤英：《"一带一路"背景下广西对接东盟文化产业合作路径探析》，《广西大学学报》（哲学社会科学版）2018 年第 1 期，第 113 ~ 118 页；"Cina Gandeng ASEAN Jalin Kerja Sama Budaya Siber," *ParsToday*, http://parstoday.com/id/news/indonesia - i61918 - cina_ gandeng_ asean_ jalin_ kerja_ sama_ budaya_ siber，上网时间：2019 年 1 月 5 日。

② 谢卓华：《"一带一路"背景下广西对接东盟文化产业发展研究》，《广西社会科学》2016 年第 3 期，第 34 ~ 38 页。

③ 韩伽伽：《试析中国与东盟文化产业的合作问题》，暨南大学硕士学位论文，2011，第 9 ~ 37 页。

④ 参见雷剑强《基于文化产业和教育合作视角下广西与印尼高校合作模式研究——以广西外国语学院为例》，《沿海企业与科技》2016 年第 3 期，第 10 ~ 13 页。周方冶《"一带一路"视野下中国 - 东盟合作的机遇、瓶颈与路径——兼论中泰战略合作探路者作用》，《南洋问题研究》2015 年第 3 期，第 39 ~ 47 页。Weida Li, "China and Indonesia to Enhance Cooperation in Four Key Areas, Says Chinese Premier," *Gbtimes*, https://gbtimes.com/china - and - indonesia - to - enhance - cooperation - in - four - key - areas - says - chinese - premier，上网时间：2019 年 1 月 5 日。Mega Putra Ratya, "Indonesia dan Tiongkok Pererat Kerja Sama Bidang Pendidikan Tinggi," *Detik*, https://news.detik.com/berita/d - 3744695/indonesia - dan - tiongkok - pererat - kerja - sama - bidang - pendidikan - tinggi，上网时间：2019 年 1 月 5 日。

⑤ 雷剑强：《基于文化产业和教育合作视角下广西与印尼高校合作模式研究》，《沿海企业与科技》2016 年第 3 期，第 10 ~ 13 页。

间的文化产业合作的研究，如中国和印尼的文化产业合作；二是由于文化产业覆盖面较广，对文化产业的分析缺乏综合性视角，仅限部分领域（如教育业），缺乏对中印尼两国文化产业合作的整体梳理。

本报告将以中印尼文化产业合作为研究对象，以“一带一路”倡议提出后两国文化产业合作典型案例为研究基础，具体分析中国和印尼的文化产业合作现状，进而探究中印尼文化产业合作中存在的问题，并针对这些问题，提出消除两国文化产业合作障碍的途径，以期在“一带一路”倡议推广的背景下促进中印尼的文化产业合作和中印尼人民的“民心相通”。

一 中国与印尼文化产业合作现状

在“一带一路”倡议推广的背景下，中印尼两国开展了包括文化产业在内的全方位合作，并且合作的领域日益多样，合作层次日益提升。两国通过一系列文化推广和交流活动，助推文化产业合作。中印尼两国拥有政府支持、民心相通和巨大消费市场等合作基础，在此基础上，中国广西壮族自治区、福建省和印尼雅加达首都特区、三宝垄市形成了政府和民间组织分工合作的参与模式。

（一）两国拥有深厚的文化产业合作基础

中印尼文化交流可追溯到2000多年前的秦汉。[①] 自此，两国一直友好往来，虽曾断交，但复交后两国政策更加开放，并建立了副总理级人文交流机制，大力支持两国文化产业合作。在“一带一路”倡议推广背景下，由于具有相似性的文化理念，中印尼文化产业合作加强。作为发展中国家和人口大国，中印尼都蕴藏着巨大的文化产品消费潜力。

① 《中印尼文化交流　为古老历史续写新篇章》，今日头条，https：//www. toutiao. com/i6421799533667156481/，上网时间：2018年8月9日。

自中印尼两国复交以来，中印尼的政治、经济、文化等交流渐入佳境，两国就各方面合作达成谅解备忘录，两国政府逐渐加大对文化产业的支持力度。之后，印尼出台相应举措，修复中印尼破裂的关系：前总统哈比比呼吁外逃华人重返印尼，并废除学习汉语的禁令；2000 年，前总统瓦希德废除了禁止公开展示中华文化和中华传统的许可法令；2002 年，前总统梅加瓦蒂宣布，从 2003 年起，将中国新年定为全国性节日。自此，中印尼关系“破冰”，两国文化产业市场也逐渐开放。2015 年，中印尼建立副总理级人文交流机制，完善了多个文化产业合作平台，如两国政府共同建立文化交流论坛、人文交流国际论坛、文化产业项目说明会等，并通过官方互派文化使团、民间艺术交流团等开展了多种形式的文化产业合作，涉及新闻出版、影视传媒、艺术交流等领域，以向对方推介本国文化。如今，在政府支持下，中国部分高校设立印度尼西亚研究中心，为两国文化产业合作提供储备人才和更畅通的资讯。

在全球化和“一带一路”倡议推广背景下，中印尼两国人民越走越近，文化需求层次不断提高，尤其体现在新生代华人中。苏哈托时期，印尼禁止学习中文、关闭华文学校和停办一切中文报刊，这导致印尼青年华人不会说中文，写汉字。民主改革时期，部分印尼华人殷切希望能够重拾中文，学习中华文化，这就催生了以传播中华文化为目的的教育培训业和新闻出版业等。同时，随着中国国力日益强盛，越来越多的其他族裔的印尼人主动学习中文，了解中华文化。而受益于“一带一路”建设，越来越多的中国人逐渐改变对印尼的印象，尝试了解印尼文化，两国群众之间不断增加的文化需求，促使两国进行文化产业合作。此外，中印尼拥有一定相似性的文化背景，如华人的宗教文化和传统文化。儒学和佛教文化与中华文化是中国与东盟多国共有的文化，蕴藏了巨大的文化产业资源。[①] 孔教是印尼六大合法宗教[②]之

① 李建平：《文化认同理念与中国—东盟文化产业合作发展》，《沿海企业与科技》2007 年第 2 期，第 1 页。

② 印尼六大合法宗教分别为伊斯兰教、巴厘印度教、佛教、基督教、天主教和孔教。——笔者注

一，包容性强，涵盖中国的儒家思想、道教和民间信仰，如妈祖、关公等，两国具有跨文化认同性的宗教文化，这也成为中印尼文化产业合作的内容之一。

中国是世界上人口最多的国家，也是最大的发展中国家，中国“互联网新业态的快速发展改变了文化产业发展格局，文化消费需求的提高促进了内容产业的提质升级，文化与旅游部门机构的调整加速了文化与旅游等多个行业的深度融合，中国文化产业已经进入新的发展阶段”，[①] 中国消费市场巨大，发展前景明朗。印尼是世界第四人口大国，是世界上华人数量最多的国家，也是东南亚最大的经济体，文化产业起步较晚，受重视程度有待提升，其发展潜力亟待挖掘。两国都具有广阔的文化产业市场，且消费群体庞大，这为两国文化产业的发展奠定了良好的基础。同时，两国都是多民族/部族国家，文化多姿多彩，合作内容多样，合作模式丰富。在人民物质生活水平不断提高的前提下，人民的精神文化需求水平不断提升，文化产业合作将逐步满足人民日益增长的精神文化需求，而庞大的消费市场又为两国文化产业合作夯实了群众基础。

（二）两国文化产业合作具有明显的区域性特点

中印尼两国间的文化产业合作呈现明显的区域性。中国主要集中在广西壮族自治区、福建省、海南省、广东省、云南省、北京市、河南省、河北省和山东省等，其中尤以广西、福建为主；印尼则主要集中在雅加达首都特区、三宝垄市、泗水市、日惹特区、万隆市和巴厘省等，上述区域的中印尼文化产业合作成效较好。以广西为例，广西已初步形成了颇具规模的文化产业，产业链不断完善，具备了与东盟对接的品牌能力，[②] 也与印尼开展了诸

① 《以融合创新助推高质量发展——盘点2018年文化产业发展新趋势》，中央人民广播电台网站，http：//ent. cnr. cn/zx/20190107/t20190107_ 524472953. shtml，上网时间：2019年1月21日。

② 黄佐琛：《广西文化产业面向东盟“走出去”的路径选择研究》，《大众文艺》2018年第4期，第243页。

多文化产业合作。

以教育培训业为主的文化产业合作[①]集中于中国广西、福建、广东、云南、北京、河北等和印尼雅加达、日惹、万隆等。随着“一带一路”倡议的推广，中印尼双语人才需求量日益增加，中印尼高校间的教育合作蓬勃发展，两国互派留学生的数量与日俱增。据笔者的调查统计，广东外语外贸大学、广西民族大学和云南民族大学每年均派遣印尼语专业留学生至印尼各高校留学。以云南民族大学为例，2011 年开设印尼语专业，每年招生人数为 17 ~ 32 人，学生于第三学年自愿选择赴印尼留学，留学人数占比高达 88.16%。[②] 云南民族大学与印尼日惹国立大学开展长期合作，共同培养印尼语人才。此外，印尼学生赴中国留学的数量也持续上涨。2017 年，印尼全国有 600 多名学生申请中国政府奖学金，中国已成为印尼的第二大留学目的地，[③] 而印尼也成为中国第七大留学生来源国。[④]

以文艺演出业为主的文化产业合作集中于中国广西、福建、海南、云南、河南、山东等和印尼雅加达、三宝垄、泗水、日惹、巴厘岛等。它们之间常常举办中小型文艺演出活动，借此契机，逐步实现“民心相通”，加快文化产业合作，推动区域经济和贸易发展。山东省是孔孟之乡，拥有古老的齐鲁文化和深厚的文化底蕴，孔教是印尼的六大合法宗教之一，二者的交流为两国的文化产业合作带来了机遇。山东省向印尼推介中国戏曲服饰意象艺术大型展演《大羽华裳》、大型乐舞诗剧《蒙山

---

① 孔子学院是以教授汉语和传播中华文化为宗旨的非营利性教育机构，而文化产业是经营性行业，与文化事业不同，故本报告未将孔子学院和中印尼研究中心列入文化产业范畴。——笔者注

② 数据来源：2019 年 1 月 20 日笔者对云南民族大学张会叶教师的微信访谈。

③ “Kedutaan Besar Republik Rakyat Tiongkok Menyelenggarakan Upacara Penyerahan Admission Letter bagi Penerima Beasiswa Pemerintah Tiongkok Tahun 2017,” *Kedutaan Besar Republik Rakyat Tiongkok di Republik Indonesia*, http://id.china-embassy.org/indo/sgdt/t1486439.htm，上网时间：2019 年 2 月 15 日。

④ “Jumlah Mahasiswa Indonesia Terbanyak ke-7 di China,” *Kompas*, https://edukasi.kompas.com/read/2017/04/21/12524011/jumlah.mahasiswa.indonesia.terbanyak.ke-7.di.china，上网时间：2019 年 1 月 4 日。

沂水》、大型杂技舞台剧《泉城写意》等文化产业项目，并在此之后与印尼旅游与创意经济部签订了文化交流合作意向书。[①] 福建省莆田有妈祖文化，漳州有福建土楼，泉州为中国古丝绸之路起点，伊斯兰文化遗迹丰富。[②] 在“中印尼多元文化交流”活动中，福建省南少林禅武文化促进会代表团向印尼人民全方位展现了博大精深的南少林文化。[③] 此外，福建省更是推出一系列“福建制造”文创产品，涉及文学作品、戏剧、电影、图书等，并在包括印尼在内的多个国家举办了“中国福建周”活动，成为中印尼文化产业合作的典范。

（三）合作形式以政府组织主导为主，以民间参与为辅

目前，两国文化产业合作已形成“以政府组织主导为主，以民间参与为辅”的形式，政府组织包括中国驻印度尼西亚大使馆及各领事馆、中国文化和旅游部、印尼教育与文化部、印尼旅游与创意经济部等，民间组织或企业则辅助参与，如东爪哇华裔联谊会、郑和基金会、福建省南少林禅武文化促进会、北京南洋桥文化发展有限公司和泉州、晋江、漳州三大木偶剧团等。其中，中方民间组织者和参与者主要是演艺组织和高校，印尼民间组织者和参与者主要是华人群体。

以教育交流为主的文化产业合作始终是两国政府的关注点，除高等院校间的交换项目外，印尼教育与文化部、中国教育部和大使馆均大力支持对象国学生留学，并出台一系列鼓励和优惠政策。2015 年 5 月，两国建立副总理级人文交流机制，并签署《中印尼高等教育学历互认协议》，为两国留学生创造了更好的条件；2017 年，215 名印尼留学生获得

---

① 《印尼客人参加我省文化产业项目说明会》，新浪网，http：//news. sina. com. cn/o/2007 - 03 - 15/031011413774s. shtml，上网时间：2018 年 8 月 5 日。

② 《福建（印尼）海外旅游合作推广中心揭牌》，印尼华人网，https：//www. ydnxy. com/thread - 7641 - 1 - 1. html，上网时间：2018 年 8 月 5 日。

③ 《综述：中国南少林禅武文化走进印尼促“一带一路”民心相通》，新浪网，http：//news. sina. com. cn/o/2018 - 03 - 07/doc - ifyrztfz9782878. shtml，上网时间：2018 年 8 月 5 日。

中国政府奖学金，来华留学。[①] 同时，印尼政府每年也向中国留学生提供政府奖学金。但总体而言，两国互派留学生数量较少，仍需政府加以支持。中国贸促会和印度尼西亚工商会也是中印尼文化产业合作的政府支持来源之一。2015 年 3 月，上述组织主办“中国—印度尼西亚经济合作论坛”，旨在加强两国人文交流，给中国文化创意产业带来空前广阔的前景。[②] 此外，2017 年，印尼创意经济产业局成员首访中国，拉开了中印尼两国影视文化合作的大幕，并与 8 家中国影视剧制作公司进行具体项目的对接。[③]

其他如文艺演出、电影、电视、动漫、游戏等文化创意产业的合作则主要在政府的支持下，由民间组织或企业参与并推动。以文艺演出为例，中国各省区市常组织如杂技团、少林武术表演团和禅武文化交流团赴印尼各地演出或参与“欢乐春节”表演，其受众以华人为主。2018 年 3 月，中国莆田南少林寺禅武文化交流团为 1500 位印尼华人进行专场表演。民间组织虽然力量有限，但在一定程度上仍为中印尼文化传播和文化产业合作做出贡献。同时，政府也鼓励并支持中印尼电视台、电台和传媒企业拍摄和录制关于中印尼人文交流的电影、电视节目等。2017 年 9 月，由南宁民族影城主办、南洋桥文化发展有限公司协办的南宁首届印尼电影展在广西南宁开幕，[④] 助推中印尼文化交流；同年 11 月，由中国闪亮影业和印尼高胜传媒联合摄制的中印尼首部合拍影片《大海啸》在雅加达正式开机，[⑤] 开启了中印尼电影合作的新时代；2019 年 1 月，大型人文

---

① 《留学生成为中国与印尼友好合作使者》，中国经济网，http：//views. ce. cn/view/ent/201708/28/t20170828_ 25403446. shtml，上网时间：2018 年 8 月 5 日。

② 《中国文化机遇与文化创意产业前景空前广阔》，凤凰网，http：//biz. ifeng. com/news/detail_ 2015_ 03/31/3730128_ 0. shtml，上网时间：2018 年 8 月 9 日。

③ 《印度尼西亚创意经济产业局首访中国，拉开两国影视合作大幕》，搜狐网，http：//www. sohu. com/a/144840219_ 344165，上网时间：2018 年 8 月 9 日。

④ 《“2017 · 印尼电影展映”于中国广西南宁完美落幕》，《国际日报》，http：//www. guojiribao. com/shtml/gjrb/20170918/337135. shtml，上网时间：2019 年 1 月 24 日。

⑤ 《中印尼首部合拍影片〈大海啸〉在雅加达启动》，新华网，http：//www. xinhuanet. com/overseas/2017 - 11/27/c_ 1122019399. htm，上网时间：2019 年 1 月 24 日。

中国—东盟纪录片《丹行线》（印尼篇）在印尼雅加达举办发布仪式，促进中印尼两国“民心相通”，展现两国人文交流的魅力。[①] 此外，中国生产的各类游戏极受印尼群众喜爱，正处于高速发展阶段。根据“CAMIA 出海”公众号的数据，仅 2018 年上半年，印尼免费下载榜单 TOP100 应用总数占 73%，游戏占 27%，其中属于中国发行商旗下的产品共有 27 款，游戏有 4 款。[②]

由此可知，中印尼文化产业合作现状较好，且正处于潜力激发期，拥有良好的合作基础，拥有代表性的先锋省市，拥有成效显著的领军行业，也拥有政府和民间的双重支持，具有独特优势性的文化产业将在一定程度上推动中印尼文化产业合作。

二　中国与印尼文化产业合作中存在的问题

目前，中印尼文化产业合作具有一定发展优势，并已取得一些成果，但两国在进行合作时也面临一些难题。中印尼文化和发展水平差异导致两国文化产业合作规模较小，合作领域较少，尚未完善的文化产业政策、体系和平台造成中印尼文化产业合作较少，有意向进行文化产业合作的企业面临投融资困难，也缺乏具备文化产业专业知识和语言能力的高素质人才。

（一）合作规模较小，合作领域范围较小

中印尼文化产业虽拥有良好的合作基础，并发展了以教育培训业和文艺

① 《中国—东盟纪录片〈丹行线〉（印尼篇）发布仪式在雅加达举办》，国际在线，http：//news. cri. cn/2019 - 01 - 15/3be89531 - ae4f - 9b6c - 7ec2 - 354ccacf511f. html，上网时间：2019 年 1 月 16 日。

② 数据来源：《2018 上半年应用 & 游戏下载榜之印尼》，“CAMIA 出海”公众号，http：//www. camia. cn/content/845. html，上网时间：2019 年 1 月 22 日。注：“CAMIA 出海”公众号是由中国科技部及 CATTC（中国—东盟技术转移中心）指导、支持成立的产业联盟，致力于推动中国与东盟各国的移动互联网产业合作与发展（来源于公众号介绍）。

演出业为代表的领域，但整体上说，两国文化产业合作规模较小，涉及领域较少，中印尼文化产业合作取得的成果不多。

笔者统计了华中师范大学中印尼人文交流研究中心自2015年6月至2018年12月的《印度尼西亚动态月报》（不完全统计），其中涉及中印尼文化产业合作的动态仅为124条，动态具体类型、数量及示例如表1所示。

表1　关于中印尼文化产业合作的动态

单位：个

类型	数量	示例
教育培训	66	湖北印度尼西亚教育文化交流新平台；雅华教联和慈育大学联办“华文教学讲座”；万隆理工大学与中国重庆大学合作开办医学生物科技课程；清华大学与印尼UID在雅京举办筹备介绍会，将在巴厘龟乐岛合作成立清华大学东南亚中心；厦门大学考察团访问雅协，就中印尼教育培训展开交流
文化交流（展览类）	26	中国道教文化展览走进巴厘岛；冯少协“海上丝路”油画巡展将赴印尼；印尼宝鹰中国书画展在雅加达举行；印尼玛大孔院举办“中国电影周”，加强文化交流；2017年，中国文化海外行——“一带一路”经纬印尼营开营；兰州大学海外实践团访问印尼中经社文合作协会
文艺演出	14	“天涯中华情”绽放印尼；“文化中国·四海同春”在印尼泗水隆重开演；中国爱乐乐团在印尼开启“海上丝绸之路”巡演；中国深圳市海外交流协会率艺术团在印尼雅加达演出；中国芭蕾舞剧《大红灯笼高高挂》在印尼首演；中国驻印尼泗水总领馆与巴厘省政府联办春节庆祝活动
文化旅游	9	印度尼西亚旅游与创意经济部举行史利维查雅联欢节，以吸引中国游客；印尼以春节为契机吸引中国游客；印尼启动“郑和下西洋之路线”吸引中国游客
政策交流	4	刘延东主持中印尼副总理级人文交流机制第二次会议；中国—印尼人文交流研究中心成立；中国国务院副总理孙春兰会见印尼人类发展与文化统筹部长普安·马哈拉尼，强调中国与印尼将深化人文交流合作
电影、电视等传媒	3	中印尼媒体论坛圆满举行；中央广播电视总台与印尼国家电视台签署“中国剧场”播出协议；中印尼媒体代表在登巴萨聚首交流，促两国“民心相通”
医药文化	2	“中华文化东南亚行——中医中药行”活动在印尼雅加达举办

资料来源：《〈中国留学发展报告（2017）〉：中国留学生数量保持全球第一》，央视网，http://news.cctv.com/2017/12/18/ARTIYupeRnTcOhIMUVEHfTvD171218.shtml，上网时间：2019年1月29日。

由表 1 可知，教育培训是中印尼文化产业合作的重点，两国教育培训的合作较多，但规模有待扩大。根据《中国留学发展报告（2017）》，印尼学生到中国留学数量增长较快，其增幅平均值超过 20%，其中，2016 年印尼来华留学生的数量为 14714 人，占中国国际留学生总数量（44.3 万人）的 3.32%。[①] 2017 年中国出国留学人员总数为 60.84 万人。[②] 据 2013 年的数据，中国仅有 300 人赴印尼留学。[③] 相较于中国、印尼总人口分别近 14 亿人和 2.65 亿人，两国互派留学生的规模较小。

同时，中印尼在上述时段内的文化产业合作集中在教育培训、文化交流（展览类）、文艺演出和文化旅游四大方面，其中教育培训占比为 53.23%，文化交流（展览类）占比为 20.97%，文艺演出占比为 11.29%，文化旅游占比为 7.26%，合作领域较少。作为非核心部分，医药文化的吸引力不足。中医药文化博大精深，并在印尼快速传播，具有深厚的民众基础和较高的信任度，市场发展前景十分广阔。受益于“一带一路”倡议，专业代理中医药的天一药业的年销售额从 8 年前创办时的 2 万美元增加至 2017 年的超过 2000 万美元。[④] 具有如此强大生命力的文化产业，虽也面临“后继乏人和西医竞争激烈的现状”，[⑤] 但若加以管理，其将成为未来中印尼文化产业合作的重要组成部分。

此外，电影、电视等传媒的合作较少。除印尼美都电视台和中国国际广播电台持续推送双语内容外，两国间的电影、电视合作项目较少，且宣传力

① 《CCG：2017 中国留学发展报告》，199IT 网站，http：//www.199it.com/archives/666086.html，上网时间：2019 年 1 月 29 日。

② 《中国去年出国留学人数首破 60 万》，中华人民共和国中央人民政府网站，http：//www.gov.cn/shuju/2018－04/01/content_5278951.htm，上网时间：2019 年 2 月 15 日。

③ 从中国、印尼相关网站等只找到了 2013 年的数据，参见《中国赴印尼留学生：对未来充满信心》，人民网，http：//world.people.com.cn/n/2013/1005/c1002－23107755.html，上网时间：2019 年 2 月 15 日。

④ 《印尼药商：中医药文化之博大精深令人震撼（图）》，新浪网，http：//news.sina.com.cn/o/2018－06－22/doc－iheirxye0865333.shtml，上网时间：2018 年 8 月 4 日。

⑤ 《通讯：中医药在印尼的发展拥有强大生命力》，新华网，http：//www.xinhuanet.com/2017－01/22/c_1120362192.htm，上网时间：2019 年 1 月 25 日。

度不大，导致关注度低。美都电视台的观众以印尼华人为主，主要播送国内外新闻；中国国际广播电台面向印尼听众，但主要推送中国政治新闻和旅游信息。实际上两者推送的内容限制了观众和听众，节目受欢迎程度不高。

（二）体系不健全，平台不完善

健全的体系、完善的平台是促进中印尼文化产业合作的重要因素，两国的文化产业体系和平台不完善，两国没有建立规范、全面的合作制度，以支持文化产业合作。

中国发布了一系列关于文化产业的政策文件，以指导中国文化产业发展，促使中国文化产业成为国民经济支柱产业，如2009年颁布的《文化产业振兴规划》，2010年颁布的《关于金融支持文化产业振兴和发展繁荣的指导意见》，2012年党的十八大报告指出，推动文化事业全面繁荣、文化产业快速发展，以及2017年党的十九大报告提出，坚定文化自信，推动社会主义文化繁荣兴盛。同样，印尼也制定了促进文化产业发展的相关文件，如《2005年第16号关于文化和旅游开发政策的印度尼西亚共和国总统指示》《2017年第5号关于促进文化（发展）的法律》等。此外，为推动中国文化产业发展，中国筹备“中国文化产业网”专题网站，建立“中国文化产业新年论坛”“中国企业家博鳌论坛文化产业分论坛”“哈深文化产业战略合作论坛”“中国（深圳）国际文化产业博览交易会”等。印尼也筹备了一些相关论坛和组织，如Indonesiana①、印尼动漫产业协会（AINAKI）② 等。

然而，针对中印尼文化产业合作需求的政策、平台和机制较少，这将影响两国文化产业合作的开展和加强。中印尼现有的涉及两国文化产业合作的机制有限，如中印尼副总理级人文交流机制和中印尼科技创新合作论坛，两国文化产业合作主要依赖中国文化和旅游部、中国教育部、

① Indonesiana由印度尼西亚共和国教育与文化部发起，是一个支持印尼文化艺术活动的平台。——笔者注

② AINAKI是印尼旨在推动动画领域发展的经济部门。——笔者注

中国文化产业协会和印尼教育与文化部、印尼创意经济产业局，两国缺乏文化产业合作的专项机制。这可能导致中印尼企业在进行合作时面临文化和价值冲突，出现矛盾等，从而引发“制度性障碍”。[①] 缺乏相应的政策、体系和平台使两国合作没有指导文件，两国文化产业合作难以抓住重点，看似“百花齐放，百家争鸣”，实则可能乱象丛生，两国文化产业合作出现范围不明确、重点不清晰、规划不详细的情况。“自由发展”并不是两国文化产业合作的最终路径。

（三）企业投融资困难，缺少储备人才

中国和印尼都是发展中国家，文化产业经营空间广阔，虽然各自拥有不同的发展优势和资源，但两国文化产业发展的共同点是尚处于资源开发和战略规划阶段，投融资方面困难重重，也缺少既懂文化产业，又通晓两国语言的复合型人才。

文化产业投资是一场“持久战”，很多企业跃跃欲试，但迟迟不敢“下手”，心有余而力不足。虽然文化产业为朝阳产业，但无法在短期内获利，初期效益低，甚至可能入不敷出。以图书出版业为例，若某出版社有意将某印尼语书译为中文，则必须首先调研印尼人的阅读喜好，预估销量水平，计算盈亏；其次邀请合格翻译进行翻译；最后进行审校等工作。事实上，很多译作的销量很少，其大多依靠政府或高校课题基金支撑。文化产业从生产到流通再到消费的整个过程耗费较长的时间和较多的资金。文化产业成为许多企业观望的产业，海天文化传播有限公司使彩灯文化走向全世界，建立彩灯文化产业园，这样的企业少之又少。若想获得长期收益，则前提是企业必须花大价钱和精力去塑造良好的品牌。中小企业往往没有足够的流动资金去投资文化产业，会依然选择相对来说较为稳定，且短期内可见回报的产业，文化产业融资成了一个大问题。大企业倾向于投资更稳定、更保守的行业，如很多中国国企在印

---

① 黄耀东：《中国—东盟文化交流与合作可行性研究》，《学术论坛》2014 年第 11 期，第 139 页。

尼投资矿产业、电力行业等。

此外，中印尼两国文化产业方面的人才青黄不接，这成为制约两国文化产业发展的瓶颈之一。文化产业对人才的技能和素质要求很高，相关人才需要了解文化产业理论，熟悉两国文化产业政策，并通晓汉语和印尼语，只有这样，才能较好地在两国之间做“中间人”，帮助两国合作企业减少差异，求同存异，稳步发展。由于两国在这一方面培养的人才缺乏，许多文化产业在初期管理阶段“夭折”，或是限制两国文化产业合作定位的对象，如中印尼两国合作的文艺演出的观众主要为印尼华人。

中印尼虽拥有深厚的文化产业合作基础、两国政府的支持并有潜在的消费市场，但由于历史遗留问题、政治互信、文化差异等，两国在进行合作与落实合作举措时都面临一些难题。对此，两国只有从多方面对症下药，才能解决文化产业合作中的各种问题，实现互利共赢。

三　解决中印尼文化产业合作问题的对策

两国文化产业合作中的一系列问题影响了合作规模、合作领域、合作进程和合作成果。中国政府、企业等主体应充分发挥各自的主观能动性，从宣传文化产业与制定发展合作规划、健全体系平台与完善政策法规、开发文化资源与打造文化品牌、进行人才储备等多方面促进中印尼文化产业合作。

（一）加大对文化产业的宣传力度，制定合作规划

文化产业具有得天独厚的优势，其可持续性强，是能够同时带来经济效益和社会效益的产业，但文化产业被中印尼两国关注的程度不高。“文化产业”这一术语产生于20世纪初，但各国并没有统一、确切的定位，对公益性文化事业和经营性文化产业的认知不足。中印尼虽已开展了一些文化交流活动，如书画展、电影周、宗教文化展览等，也进行了一些文化产业合作，如两国高校合作办学、中国乐团赴印尼演出等，但两国文化产业合作缺乏合理规划。

中国应有针对性地加大对中华文化、中印尼文化产业合作成果的宣传力度。一方面，中印尼文化差异可能导致中印尼人民的互信不足，印尼人民可能对部分中华文化产生疑虑。中国媒体应注重在跨文化对外传播中推广优秀中华文化，帮助印尼人民了解中华文化，提高两国进行文化产业合作的可能性，使印尼了解中国的文化产业现状，为两国合作提供契机，提供及时、权威的信息与服务，通过媒体宣传使中华文化走向印尼。但需要注意的是，中国媒体在对外传播时应把握分寸，重视文化差异，避免意识形态、宗教、内政和历史敏感话题。另一方面，中国媒体也应有意识地整理并宣传中印尼文化产业合作成效，让印尼人民认识到两国文化产业合作带来的可观收益，以获得印尼政府、印尼人民的大力支持。目前，直接关于中印尼文化产业合作的新闻报道并不多，大部分报道以“文艺演出”“教育合作”“文化旅游”等具体关键词为宣传重点。这导致两国人民对文化产业的认知出现偏差，他们难以区分文化产业与上述细分领域的差别。对此，在对外传播过程中，媒体应整合中印尼文化产业合作现有成效，可针对两国文化产业合作情况进行专题报道，有针对性地宣传两国合作成果，助力中印尼文化产业的下一次合作。

同时，中国政府应积极主动与印尼政府洽谈两国文化产业合作具体事宜，为合作出谋划策，制定详尽的阶段性规划。中印尼拥有不同的特色文化，文化产业侧重点各不相同，但在进行合作时，两国政府应积极谋求相似点、共通点。目前，中印尼两国已建立了副总理级人文交流机制，在一定程度上促进了两国文化产业的合作，尤其是教育方面的合作，但两国政府合作意识不足。印尼是共建“一带一路”倡议的重要国家，印尼文化市场发展潜力大，文化消费市场需求量大。

（二）完善合作法规与政策，健全合作体系与平台

中印尼应针对文化产业合作制定相关法规，完善相关政策，完善与健全体系与平台，为两国文化产业相关企业提供优惠政策，提供更多的契机。

文化产业覆盖的范围广泛，中印尼文化产业合作虽集中在教育培训业和文艺演出业，但未来两国合作的领域将更多，两国急需强有力的制度保障和

完善的法律法规。中印尼进行文化产业合作可能出现文化资源乱象、低俗文化传播、同质化竞争等问题，两国政府需要合力制定并完善相关法律法规。2018 年，中国游戏海外报道量超过 20 万篇，同比增长 58%，海外游戏市场成为传播中国文化的新型舆论载体，[①] 印尼是中国游戏的消费大国，不过，游戏产业容易成为错误舆论导向的发源地。具有共通之处的中印尼医药文化产业也可能产生“假药”、虚假宣传等问题。两国政府需要针对这些问题，制定法律法规，完善文化产业制度，引领两国文化产业合作朝着健康、有序的方向发展。

同时，中国政府应从合作共赢角度出发，为相关企业提供更多便利、优惠政策，帮助中印尼企业解决投融资等问题，助推中国企业“走出去”，鼓励、支持印尼企业“走进来”。由于经济发展水平不一致，中印尼文化需求差异较大，文化消费观念不同，提高了文化产业互相投资的难度。中国政府可在政策上加大对中印尼文化产业合作的扶持力度，扩大文化产业信贷规模，为不同种类、规模不一的文化产业合作提供灵活、弹性的信贷政策。国际电影业早已走上版权证券化的融资道路，[②] 这为电影业的跨国合作提供了充足的资金，为中印尼文化产业合作提供了思路。中国一些银行的资金支持将成为中印尼进行文化产业合作的奠基石。

此外，两国应健全合作机制与平台，加速信息互通，促进资源共享，增加合作机会。目前，中印尼已建成部分涉及文化产业的合作机制或平台，[③]

---

① 《游戏产业助推中国文化出海　仍需政策引领规范》，东方网，http：//news. eastday. com/eastday/13news/auto/news/society/20190201/u7ai8361086. html，上网时间：2019 年 2 月 1 日。

② 国世平、颜道成：《中国—东盟文化产业面临的融资问题》，《创新》2008 年第 6 期，第 26 页。

③ 现有机制或平台包括但不限于：中印尼副总理级人文交流机制；北京外国语大学的“中国—印度尼西亚人文交流研究中心”和华中师范大学的中印尼人文交流研究中心；华中师范大学、河北师范大学、广东外语外贸大学和三亚学院的“印度尼西亚研究中心”；印尼泗水苏南·安佩尔（Sunan Ampel）伊斯兰国立大学的“印尼—中国研究中心”；中国文化产业信息网；中国经济网；中国文化产业网；中国文化产业协会、中国（深圳）国际文化产业博览交易会、中国国际音像博览会、中国国际网络文化博览会、中国国际文化艺术博览会、中国国际数码互动娱乐展览会等。——笔者注

但缺乏关于中印尼文化产业合作的专门平台。中印尼应统筹文化产业合作大局，设立专门服务两国文化产业合作的平台，包括宏观层面的中国—印尼文化产业研究中心，以及微观层面的影视合作中心、教育合作中心等，使之成为深化中印尼文化产业合作的重点平台。

（三）整合并开发文化资源，打造文化品牌

中印尼发展水平和文化需求固然不同，两国发展文化产业的侧重点也不同，但两国拥有一些值得共同开发的文化资源，如郑和文化、医药文化、木雕文化等。中印尼采用不同的方法纪念郑和，宣传郑和文化：中国成立了纪念郑和下西洋筹备委员会、郑和与海洋文化研究会、郑和下西洋研究会等组织；印尼则修建了三宝庙、郑和清真寺，并开启“郑和下西洋之旅”。但两国之间就郑和文化的产业合作较少，中国应与印尼整合有关“郑和下西洋”的文化资源。中印尼医药文化也是可供两国共同开发的文化资源。中医药文化博大精深，印尼拥有类似的“中草药”（如 jamu）。[①] 中医药企业可以“走出去”，尝试与印尼同类企业开展合作，共同开发中印尼医药产品。郑和文化与医药文化只是中印尼文化资源中的冰山一角，中国应大胆推陈出新，凸显特色，充分利用两国共同的文化资源，积极寻求与印尼进行文化产业合作。

目前，促进中印尼文化产业合作的企业、品牌较少，这也是两国文化产业合作不够系统化、专业化的原因之一。2017 年，中国闪亮影业和印尼高胜传媒联合摄制的中印尼首部合拍影片《大海啸》，是中国闪亮影业“一带一路”国际合拍计划的重要作品；[②] 2018 年，中国十一号传媒、盛世新影集团、主持人朱丹、西瓜视频 App 完成了中国—东盟人文交流纪录片《丹行线》（印尼篇）的拍摄。事实上，参与类似中印尼文化产业合作的企业和品牌还有很多，但知名品牌寥寥无几。相关中国文化企业应致力于打造知名文

① jamu 是印尼本土的一种草药饮品，受广大印尼人民喜爱。——笔者注

② 《中印尼首部合拍影片〈大海啸〉在雅加达启动》，新华网，http：//www. xinhuanet. com/overseas/2017 -11/27/c_ 1122019399. htm，上网时间：2019 年 2 月 12 日。

化品牌，重视品牌效应，努力提升文化产品的质量，并不断进行文化产业创新，利用区位优势、独特多元文化等开发文化创意产业，以形成具有国际竞争力的品牌，发挥企业的优势，共同分享“大蛋糕”。与此同时，中印尼企业在合作中还应注意优势互补，尊重文化多样性和差异性，将“引进来”与“走出去”充分结合，在引进对方优秀文化产品的同时，注重传播正能量与积极向上的精神，以实现最优的合作效果。

（四）培养文化产业领域的复合型人才

人才是实现文化产业繁荣发展的核心，[①] 文化产业对工作人员素质和能力要求高，中国高校应有意识地联合印尼高校，共同培养既懂文化产业政策、管理，又精通两国语言的复合型人才，以促进中印尼文化产业合作。

中国高校文化产业相关专业的人才培养模式往往注重培养文化产业管理、营销、国际贸易、发展规划等方面的人才，所培养的人才的专业知识扎实，但对语言的掌握不够；中国高校印尼语专业的人才培养模式则偏向于培养单纯的语言翻译人才，较少开设与具体行业相结合的语言课程，导致很多毕业生对相关行业缺乏具体的了解。2018 年，中国电视剧新版《流星花园》在印尼掀起观看热潮，这得益于语言服务行业的及时翻译。中印尼影视传媒业、图书出版业的许多合作因为语言问题，进展缓慢，比如，印尼图书市场上可见的《三国演义》完整译本是 1910 年的钱仁贵译本和李云英译本。[②] 中国文学作品在印尼的译介面临严峻挑战。[③] 在全球化和“一带一路”倡议推广的大背景下，文化产业合作不单单是国与国的合作，涉及全球新兴产业。

扎实的文化产业相关知识是两国进行文化产业合作的基础，对语言的掌

① 谢卓华：《“一带一路”背景下广西对接东盟文化产业发展研究》，《广西社会科学》2016 年第 3 期，第 37 页。

② 李莉妹：《〈三国演义〉在印尼的翻译与改编》，南京大学硕士学位论文，2014，摘要。

③ 黄瑾一：《中国文学作品在印尼的译介与传播》，广西民族大学硕士学位论文，2015。

握是两国文化产业合作的保障。中国高校在培养文化产业人才时，一方面，应利用两国文化产业合作平台共享文化产业合作动态，促进两国相关人才深入了解合作状况、面临的障碍与未来发展趋势；另一方面，中国高校应积极与印尼高校联合培养文化产业专门人才，提升人才专业技能水平和素质，对其进行专业教育和培训，从而培养实战人才。同时，中国高校也应注重提升文化产业相关人才的语言技能，培养掌握“专业知识 + 外语”的复合型人才，以促进中国与印尼乃至与全球其他国家的文化产业合作，例如，开设印尼语专业的高校可开设文化产业印尼语课程，在掌握语言的基础上，帮助学生了解文化产业，并与文化产业的企业或组织合作，为学生提供实习机会。

四 结语

在“一带一路”倡议推广背景下，中印尼文化产业合作虽然出现一些问题，但整体趋势向好，发展空间较大，发展前景较好。本报告总结了中印尼文化产业合作现状，并分析了两国文化产业合作中的障碍，进而提出消除中印尼文化产业合作障碍的途径，以加强两国文化产业合作。

文化产业具有得天独厚的优势，可持续性强，不会像其他行业那样对环境造成负担，是 21 世纪推动经济发展的朝阳产业，能够为国家带来可观的收益，影响国家综合实力和国际竞争力。针对中印尼文化产业合作现状，未来，中印尼文化产业合作领域应逐渐扩大。同时，两国在进行文化产业合作时应充分利用地区特色文化资源，加大对文化创意产业的投入与开发力度，如广西的大型山水实景演出《印象刘三姐》等，[①] 使其符合地方顶层设计，为地方经济发展做出贡献。此外，两国进行文化产业合作时应根据不同受众、不同产业类型、不同发展阶段等，兼顾合作与良性竞争。

① 李建平：《面向东盟国家的广西文化产业国际合作优势与途径》，《沿海企业与科技》2009 年第 3 期，第 113 ~ 114 页。

印尼旅游发展与中印尼旅游交流

高诗源　〔印尼〕汉迪*

摘　要： 旅游产业作为当今印尼经济的重要支柱产业之一，日益受到印尼政府的高度重视。为进一步提高旅游产业对国民经济、投资及就业等方面的贡献率，佐科总统开创性地提出了打造“十个新巴厘岛”旅游发展规划。除积极开发国内旅游资源外，印尼还着力与世界其他国家进行旅游交流，其中，印尼与最大客源国——中国在旅游领域积极加强务实合作，以“中国—东盟旅游年”为契机，以中印尼副总理级人文交流机制为抓手，进一步完善印尼旅游产业发展布局，推动中印尼人文交流发展。

关键词： 旅游政策　旅游合作　人文交流

佐科就任总统以来在各领域积极进行各项改革，将旅游、海洋、能源、工业列为优先发展的四大产业。作为对印尼经济增长贡献最大的产业，旅游产业受到佐科政府的高度重视，旅游领域的一系列改革措施也为新时期印尼旅游产业发展与对外交流打开新思路，带来新的增长点。2017 年，印尼旅游产业保持了 24% 的增长率。促进印尼旅游产业快速发展的积极因素包括

---

* 高诗源，北京外国语大学印尼语专业讲师，中国—印度尼西亚人文交流研究中心研究员，主要研究领域为印尼语言文学、东南亚文化。汉迪，印度尼西亚人，北京外国语大学印尼语专业外籍教师，中国—印度尼西亚人文交流研究中心研究员，主要研究领域为印尼语言文学、爪哇语言文学。

服务业较快发展、国外直接投资配套政策改善、通货膨胀率处于低位等。制约印尼旅游产业发展的负面因素包括：国际经济领域的贸易摩擦带来的不确定因素；印尼国内因自然灾害、基础设施薄弱等出现的安全事故与隐患，恐怖袭击等。2018 年，印尼举办了第 18 届亚运会，创收明显。印尼政府和旅游管理机构认为，2019 年印尼旅游产业将有较大增长空间。印尼计划于 2019 年吸引 2000 万名游客。

佐科政府着力打造新时期印尼旅游产业的发展蓝图，它是印尼海洋文化意识复兴、“全球海洋支点”构想的有机组成部分，是关系印尼经济发展与国计民生的重要产业。

一　印尼旅游产业发展状况

2015 年，印尼总统佐科在闭门会议中将旅游产业确立为主导产业，肯定了旅游产业为印尼经济发展做出的巨大贡献。截至 2017 年，印尼旅游产业对国内生产总值的贡献率达到 10%，印尼旅游产业的外汇收入在全国外汇收入中排名第四。按照经济行业分，印尼外汇收入排名前十的行业分别为石油与天然气、煤炭、天然棕榈油、橡胶加工、服装、电器、化学原料、造纸、纺织及木材加工。旅游产业从 2013～2015 年的第 4 名上升至 2016 年的第 2 名。①

与石油与天然气、煤炭和天然棕榈油行业相比，旅游产业的外汇收入增长最快，所需营销成本仅为外汇收益的 2%。印尼旅游产业的就业人数为 980 万人。

（一）历史沿革

印尼现代旅游产业的发展始于 20 世纪 70 年代中期，旅游产业发展带动

① http：//www. presidenri. go. id/wp－content/uploads/2017/10/KEMENPAR－Laporan－3－Th－Jkw－JK. pdf.

外汇收入和酒店业务逐年增加。进入20世纪90年代，印尼的旅游产业得到进一步发展，1994年接待外国游客逾400万人次，1995年达450万人次。赴印尼旅游的外国游客主要来自新加坡、马来西亚、日本和澳大利亚。1997年以后，在亚洲金融危机和印尼国内政治动荡的影响下，印尼的旅游产业发展一度停滞。进入民主改革时期，印尼国内政治渐趋稳定，相关法律法规逐步健全，社会秩序有所改善，旅游产业重现生机。[①] 2006年，印尼全境接待外国游客仅为500万人次；2008年，外国游客数量达到643万人次。其间发生的一系列事件，如自然灾害、恐怖主义事件等，并未对印尼旅游产业的发展产生重大影响。2009年及2010年，到访印尼的外国游客分别为630万人次和700万人次。2011～2016年旅游产业增长情况如表1所示。[②]

表1　2011～2016年旅游产业增长情况

年份	外国游客		平均逗留时间(天)	每天人均支出(美元)	外汇收入	
	人数(人)	增长率(%)			数额（百万美元）	增长率（%）
2011	7649.731	9.24	7.84	142.69	8.55439	12.51
2012	8044.462	5.16	7.70	147.22	9.12085	6.62
2013	8802.129	9.42	7.65	149.31	10.05415	10.23
2014	9435.411	7.19	7.66	154.42	11.16613	11.06
2015	10406.759	10.29	8.53	141.65	12.22589	9.49
2016	12023.971	15.54	8.39	131.64	12.44042	1.75

资料来源：Kementerian Pariwisata RI & Badan Pusat Statistik（BPS）。

（二）印尼旅游产业发展目标与成果

印尼中央统计局数据显示，2017年，到访印尼的外国游客达1440万

① 吴崇伯：《印度尼西亚旅游业发展及其与中国在旅游业的合作》，《广西财经学院学报》2012年第4期，第7～8页。

② http：//www. kemenpar. go. id/userfiles/rekap%20wisman. pdf.

人次。这一数字并未超出政府此前设定的目标，即 2017 年实现赴印尼旅游人数为 1500 万人次。目标未能达成主要是受到巴厘岛阿贡火山喷发的影响。鉴于巴厘岛是赴印尼游客的主要旅游目的地，这场自然灾害对印尼旅游产业产生重大影响。从外国游客数量来看，中国排名第一，赴印尼旅游人数多达 190 万人。除中国以外，新加坡（140 万人）、马来西亚（110 万人）、澳大利亚（110 万人）和日本（493 万人）也是印尼的主要游客来源地。

2017 年印尼旅游与创意经济部的预算为 3823 万亿印尼盾，2017 年主要业绩指标的目标与业绩见表 2。

表 2　2017 年主要业绩指标的目标与业绩

序号	主要业绩指标	目标	业绩
1	旅游产业投资额(百万美元)	1750	1788.05
2	到印度尼西亚的外国游客数量(百万人)	15	14.4
3	优先旅游目的地数量(个)	10	10
4	外汇总收入(万亿印尼盾)	182	205.04
5	国内游客支出金额(万亿印尼盾)	2279	2279

资料来源：Indonesia Investment Coordinating Board（BKPM），http：//www. kemenpar. go. id/userfiles/LAKIP%202017%20250518. pdf，2017。

从旅游竞争力指数来看，印尼旅游产业竞争力的世界排名实现了十分显著的提升。世界经济论坛报告显示，印尼旅游竞争力指数的世界排名从 2013 年的第 70 名上升到 2015 年的第 50 名，2017 年，排名一下跃至第 42 名。2019 年，印尼设定的目标是世界排名为第 30 名。在东盟内部，印尼位列新加坡、马来西亚和泰国之后，排名第四。评估旅游竞争力的要素包括商业环境、安全、清洁和卫生、人力资源、信息和通信技术、价格竞争力、机场基础设施、服务业基础设施、自然资源和文化资源。①

① http：//www3. weforum. org/docs/WEF_ TTCR_ 2017_ web_ 0401. pdf.

印尼在全世界推广的市场旅游品牌之一是“精彩印度尼西亚”。截至2017年10月，“精彩印度尼西亚”这一旅游品牌已在10个国家荣获21个奖项。2017年，世界经济论坛的数据显示，印尼旅游竞争力指数的世界排名跃升至第42名。排名基于以下几个因素：数字需求、旅游推广以及外国游客的在线搜索总数。

“精彩印度尼西亚”品牌的推广手段之一是在公共广告媒体平台进行播放，比如在澳大利亚墨尔本的电车上、新加坡的地铁里、荷兰阿姆斯特丹车站、日本东京的公共场所、法国巴黎和英国伦敦的公共汽车上、美国纽约时代广场的大屏幕上，以及中国北京、上海等大城市的广场的大屏幕上等。此类营销手段在一定程度上促使各国赴印尼的游客数量大幅增长。

在投资领域，印尼亦采取相应措施吸引国内外投资者，如不断简化投资手续。旅游产业投资主要包括两大方面，即外商投资和国内投资。印尼投资协调委员会对2017年旅游产业实现投资情况进行统计，具体数据见表3。

表3　2017年旅游产业实现投资情况

单位：百万美元

旅游产业实现投资	数额
外商投资	1325.56
国内投资	461.49
旅游总投资	1787.05

资料来源：Indonesia Investment Coordinating Board（BKPM）。

从商业类型来看，2017年外商投资的实现基于三大方面，包括星级酒店、其他住宿、餐厅和其他食品供应；从投资目的地来看，三大投资目标为巴厘岛、大雅加达特区和廖内群岛；从所属国家来看，前三大赴印尼外商投资者中新加坡排名第一，接着是中国和韩国。详细情况如表4所示。

表4　外商投资情况

单位：亿美元

所属国家	金额	商业类型	金额	投资目的地	金额
新加坡	4. 6668	星级酒店	5. 21518	巴厘岛	4. 834
中国	3. 334	其他住宿	3. 2542	大雅加达特区	2. 3476
韩国	0. 6934	餐厅和其他食品供应	1. 2016	廖内群岛	2. 2148

资料来源：Indonesia Investment Coordinating Board（BKPM），2017。

上述数据表明，近年来，印尼旅游产业产值持续增长。印尼政府为旅游产业设定了2014～2019年增长目标——旅游产业产值对国内生产总值的贡献率为15%，达到275万亿印尼盾；旅游部门的就业人数为1300万人，外国游客访问量达2000万人次。

二　印尼旅游产业发展战略：目标、规划、落实情况

旅游产业因拥有诸多竞争优势和比较优势，被确立为印度尼西亚的核心产业。预计2020年，旅游产业将超过石油与天然气、煤炭和天然棕榈油等行业，成为印尼最大的外汇收入来源。外汇收入带来的实惠可使社会各阶层获得直接经济收益。印尼旅游与创意经济部长阿里夫·叶海亚表示，旅游产业为实现增加国内生产总值、外汇收入和提高就业率做出了最便捷、投入产出比最高的贡献。①

印尼拥有丰富的自然资源和人力资源，可对其进行充分的开发以支持旅游产业发展。除此以外，庞大的国内外游客市场具有巨大发展潜力，能够促进旅游产业发展。然而，这一巨大潜力并未得到充分挖掘和利用，原因在

① Gloria，“Tahun 2020 Sektor Pariwisata Menyumbang Devisa Terbesar di Indonesia，” http：//Dikutip dari laman ugm. ac. id，2017.

于，印尼旅游产业长期存在一个基本问题，即竞争力弱。新加坡、马来西亚、泰国在政策类别、商业环境和基础设施建设方面均拥有更大竞争力。新加坡拥有世界上优良的基础设施和交通运输系统。目前，印尼旅游产业的最大竞争劣势在于旅游基础设施、信息与通信技术、卫生和健康等受到限制（见表5）。①

在大力发展旅游产业的过程中，将出现历史性机遇，也将受到特定限制。印尼政府在制定旅游产业发展政策时，对此应予以充分重视。

表5　旅游产业发展过程中的机遇与限制

序号	机遇	限制
1	自然资源	旅游基础设施
2	旅游优先权	信息与通信技术
3	价格竞争力	卫生和健康
4	人力资源	公用事业（互联和直航）
5	安全保障	规章（签证和入境许可证）

资料来源：Rencana Strategis Pengembangan Destinasi Dan Industri Pariwisata，Rencana Strategis Pengembangan Destinasi dan Industri Pariwisata Tahun 2015 - 2019，http：//Dikutip dari laman kemenpar. go. id，2015。

印尼相关政府部门（包括旅游与创意经济部）已因地制宜地制定了一系列相关规划和政策，以期大力发展旅游产业，增加旅游产业的收益。2015～2019年发展旅游产业的方向是制定相应的法律法规，已颁布实施的相关法律法规包括：

（1）2009年关于旅游产业的第10号法律；

（2）2009年关于2010～2025年国家旅游发展总体规划的第50号政府条例；

① “The Travel & Tourism Competitiveness Report 2017”，http：//Dikutip dari laman. weforum. org，2017.

（3）2015～2019 年关于印尼政府中期发展规划的第 2 号总统条例；

（4）2015～2019 年关于旅游部门战略计划的旅游与创意经济部长条例。

根据 2015～2019 年旅游产业发展任务，在旅游与创意经济部的战略计划中设定的目标如下：

（1）提高和增加旅游目的地的质量和数量以便在国际市场上具有竞争力；

（2）完成旅游产业推动国民经济发展的目标，使印尼能够独立自主发展并与其他亚洲国家一起实现振兴；

（3）采取有效果、重效率和负责任的综合营销策略，以及以集中、创新和互动的方式进行印尼旅游项目的推广；

（4）完善旅游部门和进行旅游治理，使其能够以专业、有效的方式促进旅游产业发展，以实现最大化利益。①

在 2017 年旅游与创意经济部的绩效问责报告中，旅游与创意经济部的旅游发展战略为：开发 10 个优先旅游目的地（见表 6）；提高 3A 景区的服务水平（如完善无障碍设施）；明确实施活动日程表；在国内和国外举办旅游推广活动；提高旅游人力资源的能力和专业水平；利用数字应用提高后台管理水平。另外，在优先旅游目的地开发方面，印尼政府计划打造“十个新巴厘岛”。

表 6　10 个优先旅游目的地相关情况

单位：公顷，万美元

序号	优先旅游目的地	所在地区	面积	投资额
1	多巴湖	北苏门答腊岛	500	100
2	丹绒克拉洋	邦加勿里洞	1200	160
3	婆罗浮屠	中爪哇	1000	150

① “Rencana Strategis Pengembangan Destinasi dan Industri Pariwisata Kementerian Pariwisata 2015－2019,” http：//Dikutip dari laman kemenpar. go. id，2015.

续表

序号	优先旅游目的地	所在地区	面积	投资额
4	瓦卡托比	东南苏拉威西岛	500	140
5	莫罗泰岛	北马鲁古	300	300
6	丹绒勒松	万丹	1500	500
7	千岛	大雅加达特区	1000	100
8	布罗莫火山	东爪哇	1000	100
9	曼达里卡	西努沙登加拉	1035	330
10	拉布安巴佐	东努沙登加拉	1000	120

资料来源：Laporan Capaian Sektor Pariwisata 3 tahun Jokowi-JK，Laporan Capaian Sektor Pariwisata 3 tahun Jokowi-JK，http：//Dikutip dalam laman presidenri. go. id，2017。

除制订发展计划外，印尼旅游与创意经济部还致力于推进印尼旅游资源开发：在国内外数字媒体上推广“精彩印度尼西亚”这一品牌，创造就业机会；积极参加旅游展并与航空公司合作进行联合推广；促进对旅游目的地的开发；通过建设和完善相关旅游设施，对自然旅游、文化旅游和人工旅游资源进行扶持，促进10个优先旅游目的地开发；着力建设无障碍设施，如开发航空运输通道（4个机场）、陆地运输通道（387公里铁路）和海上运输通道（4个港口）；完善便利设施，在10个优先旅游目的地建设民宿（2018年的目标为1000间）；增加清洁厕所；利用Facebook、Twitter、Instagram和YouTube等社交媒体进一步提高信息服务水平。

此外，“Indonesia Incorporated”这一概念也在印尼旅游产业发展过程中逐步凸显。“Indonesia Incorporated”这一概念的提出和相关政策的落实，旨在向相关部门发出邀请，使各方团结起来，助力旅游产业发展。制定这一政策的主要目的在于增加赴印尼观光的游客数量。2017年，印尼驻上海领事馆与印尼旅游与创意经济部、贸易部、投资协调委员会、教育与文化部、电影发展中心、曼迪利银行、印尼鹰航和中国印尼工商会合作，共同打造“Indonesia Incorporated”。在各方共同努力下，“印尼周”在上海东方明珠塔成功举办，吸引了来自中国的游客。中国仍是印尼旅游的潜在市场。2017年赴印尼旅游的中国游客数量已经超过新加坡、马来西亚、澳大利亚、日本和韩国，排名第一。2019年，旅游与创意经济部预测，在所有外来游客中，有一半将来自中国，约达1000万人次。①

当前，增加外国游客数量仍是印尼旅游产业努力的方向，为此，印尼政府颁布了有关免签的新规定。根据2015年第104号总统令，有90个国家获得免签待遇。在2016年第21号总统令中，获得免签的国家数量增加到169个。② 飞往印尼的国际直接航班越来越多。目前开通直接航班的国家主要为新加坡、马来西亚和中国。这三个国家的航班可直达棉兰、巨港、雅加达、万隆、日惹、泗水、巴厘岛、龙目岛、巴厘巴板、望加锡及万鸦老等。

旅游产业的发展离不开国内外投资者的投资。为了发展旅游目的地，印尼政府也在努力吸引投资者。2017年，政府着手简化相关法规程序，其中包括进行投资程序的简化，以吸引更多投资者。投资协调委员会主席托马斯·伦邦表示，旅游作为一种生活方式已成为国内外众多投资者的关注点。旅游产业深受世界数百万中产阶级人士的影响，这一阶层的消费模式已从单纯购物发展到娱乐购物，如旅游。旅游与创意经济部长表示，到2019年，印尼有12万间酒店客房、1.5万个餐厅、100个休闲公园和100家潜水运营商的投资需求，为满足这些需求，应吸引投资约500万亿印尼盾。③

在特色旅游目的地推广方面，基于数字技术，印尼旅游与创意经济部拟逐步向全球推广“特推地旅游套餐”。2018年，印尼在18个主要热推旅游目的地设立了特色景观，即苏门答腊（棉兰、多巴湖、巴淡岛、勿里洞、巴东

① Gilar Ramdhani, “Indonesia Incorporated Menyebar Hingga Shanghai,” http://Dikutip dari laman liputan6. com, 2017.

② Wahyu Adityo Prodjo, “Inilah Daftar Negara yang Bebas Visa Berkunjung ke Indonesia,” http://Dikutip dalam laman travel. kompas. com, 2016.

③ Hingga, “Pariwisata RI Butuh Investasi Rp 500 Triliun,” http://Dikutip dalam laman cnnindonesia. com, 2018.

和巨港）、爪哇岛（雅加达、万隆、日惹、梭罗、布罗莫·滕格尔·塞梅鲁国家公园和香水河）、加里曼丹（巴里巴板）、巴厘岛、西努沙登加拉（龙目岛）、苏拉威西（望加锡和万鸦老）、西巴布亚（拉贾安帕）。上述18个主要热推旅游目的地的主打景观可以是民俗节日、高尔夫球场、商场购物和水疗等。据印尼旅游与创意经济部长表示，VIWI 2018计划的市场焦点是东盟、中国、日本、韩国、澳大利亚、欧洲、中东和南亚。[①]

在发展旅游产业方面，印尼政府秉持的“可持续目的地”理念受到世界旅游组织的赞赏，认为其具有推广意义。[②] 凭借地理及人文环境优势，印尼通过立法加强制度保障，积极进行创新，在全球推广旅游资源，逐步获得良好成效。近年来，印尼旅游与创意经济部、地区旅游管理部门、个人等在国际上多次斩获重要奖项。同时，印尼旅游与创意经济部从2017年起设立“印尼可持续旅游目的地奖”，2017年有96家旅游从业机构参与评奖。2018年11月30日公布的“印尼可持续旅游目的地奖”获奖名单中，17家旅游从业机构上榜，所获奖项涵盖“可持续旅游管理奖”、“可持续旅游经济奖”和“可持续旅游环保奖”等。上述奖项用于表彰为印尼旅游可持续发展做出贡献的旅游从业机构，肯定其在管理模式创新、推动经济发展、促进社会文化繁荣、节能环保方面的贡献。印尼旅游与创意经济部长阿里夫表示，印尼旅游与创意经济部设立这一奖项并为获奖者颁奖，有助于推动印尼社会对可持续旅游产业的重视，有助于印尼旅游产业增强和提升竞争力和服务水平。

三　中印尼旅游合作与人文交流：互惠共赢、合作发展

（一）互惠共赢，成果丰硕

进入21世纪，中印尼经贸领域的合作日渐频繁，旅游领域的交流与合作

① http：//kemenpar. go. id/.

② https：//www. e－unwto. org/doi/pdf/10. 18111/9789284419807.

日益成为两国人文交流的重要环节。2000 年 7 月，中印尼两国签署了《旅游合作谅解备忘录》，旨在促进两国旅游产业交流与合作，共同推进两国旅游产业发展，从而提升旅游产业的国际竞争力。2002 年 3 月 1 日，中国旅游团队赴印尼旅游业务正式启动。根据中国出入境管理部门的统计，2017 年，印尼公民访华 68.08 万人次，同比增长 7.6%；根据印尼相关机构的统计，2017 年 7～10 月，中国公民赴印尼 177 万人次。①

为落实两国领导人于 2010 年 1 月签署的《中华人民共和国政府与印度尼西亚共和国政府关于落实战略伙伴关系联合宣言的行动计划》和 2012 年 3 月签署的《中华人民共和国和印度尼西亚共和国联合声明》，2013 年 10 月，中国国家旅游局和印尼旅游与创意经济部签署《旅游合作谅解备忘录》，双方约定在旅游推广、信息互换、媒体互访、职业培训等领域开展合作，共同促进两国游客互访。②

2017 年是“中国—东盟旅游年”，印尼作为重要的东盟国家参与了“中国—东盟旅游年”框架下的一系列活动，开幕式于 2017 年 3 月 16 日在菲律宾首都马尼拉举行，闭幕式于 11 月 17 日在中国国际旅游交易会召开期间举行。2017 年 9 月 11～16 日，世界旅游组织第 22 届全体大会在四川成都举办，印尼旅游与创意经济部长阿里夫率团来华出席大会。2017 年 11 月 25 日，中国国家旅游局副局长魏洪涛陪同刘延东副总理赴印尼出席中印尼副总理级人文交流机制会议。③

在对印尼市场推广方面，中国发起的主要活动包括：2017 年 5 月邀请印尼主流媒体记者赴四川参加“中外记者丝路之旅”采访报道活动；6 月邀

① 《关于中国—印尼旅游合作有关材料的函复》〔旅国际函（2018）第 121 号〕，此函为专门就本研究报告之需给予北京外国语大学中国—印度尼西亚人文交流研究中心的函复。——笔者注

② 《关于中国—印尼旅游合作有关材料的函复》〔旅国际函（2018）第 121 号〕，此函为专门就本研究报告之需给予北京外国语大学中国—印度尼西亚人文交流研究中心的函复。——笔者注

③ 《关于中国—印尼旅游合作有关材料的函复》〔旅国际函（2018）第 121 号〕，此函为专门就本研究报告之需给予北京外国语大学中国—印度尼西亚人文交流研究中心的函复。——笔者注

请印尼旅行商和媒体参加在甘肃举办的第七届“敦煌行·丝绸之路国际旅游节”活动；8 月邀请印尼旅行商赴陕西参加“西安丝绸之路国际旅游博览会”；9 月邀请印尼旅行商赴宁夏参加“2017 中阿旅行商大会”。全年在印度尼西亚人流密集区域投放大型户外广告，推广“美丽中国”品牌。①

（二）人文交流，合作发展

印尼政府拓展思路，采取多种手段持续吸引中国游客，双方已就此开展多层次合作。两国在旅游领域的合作与互动十分融洽，无论是赴印尼观光的中国游客还是赴中国游览的印尼游客，双方人员往来都得到了稳步而持续的增长。2015 年，中国赴印尼观光游客数量增长 18.98%，2016 年中国游客数量增长幅度较大，达到 23.67%，2017 年中国游客数量增长 36.11%。急剧增长的游客数量与直接航班的开通密不可分。2017 年 10 月，厦门航空开通了从雅加达到青岛市和大连市的航线。随着新航线的不断开通，印尼各大旅行社争相派出团队到中国山东、辽宁等地寻求与中方加强旅游合作的机遇。②

中国方面，2017 年 9 月，国务院副总理张高丽在广西南宁第十四届中国—东盟博览会开幕式上发表致辞。此次峰会以“共建 21 世纪海上丝绸之路，旅游助推区域经济一体化”为主题，中国政府希望借“中国—东盟旅游年”加强与东盟国家在旅游领域的合作。中国和东盟旅游资源日益丰富，跨境游客日益增多，对双方相互加强交流、增进理解发挥了重要的作用。中国稳居东盟第一大境外游客来源地。仅在 2016 年，双方人员往来突破 3800 万人次，每周往来中国与东盟各地的航班超过 2700 架次。③

---

① 《关于中国—印尼旅游合作有关材料的函复》〔旅国际函（2018）第 121 号〕，此函为专门就本研究报告之需给予北京外国语大学中国—印度尼西亚人文交流研究中心的函复。——笔者注

② “Kerja Sama Tiongkok-Indonesia di Bidang Pariwisata Semakin Erat,” http：//Dikutip dalam laman indonesian. china. com，2017.

③ Puspita，Ratna，“Cina Ingin Peningkatan Kerja Sama Pariwisata dengan Asean，” http：//Dikutip dalam laman republika. co. id，2017.

近5年来，印尼和中国旅游产业之间的合作取得丰硕成果。2013年，印尼旅游与创意经济部长对北京进行工作访问，重新启动了与中国的旅游合作，以促进两国交流。时任中国国家旅游局局长邵琪伟及副局长杜江负责接待，双方讨论并续签了两国旅游合作领域的谅解备忘录。双方约定将采取共同推进、信息共享、交通便利化、提升产能以及旅游投资等具体措施，持续更新谅解备忘录及旅游合作规范。

这种合作没有局限于中央政府层面，地方政府以及两国旅游产业部门之间也加强合作。邵琪伟同意印尼方面关于更新谅解备忘录的提议，并强调双方旅游部门加强合作的重要性。旅游产业将增进两国人文交往，成为改善两国关系的先锋，最终使两国在贸易和投资等领域的关系得到不断加强。①

两国间愈加紧密的合作关系与印尼加大力度发掘中国市场潜力的举措密不可分。从印尼总统、旅游与创意经济部长、印尼驻中国大使馆官员到公司及旅游产业从业人员，都在努力与中国进行旅游产业方面的合作。2015年3月，印尼政府与中国政府一致同意在八个领域开展合作，并签署相关谅解备忘录，谅解备忘录由印尼和中国双方官员签署，签署仪式在人民大会堂进行，佐科总统和习近平主席见证。②

佐科总统与习近平主席的双边会谈的重点是加强两国在贸易、金融、基础设施、工业、旅游和人文关系等领域的合作。佐科总统还特别邀请中国进一步加大对印尼各领域的直接投资力度。他们还谈到了共同关心的地区问题，同意通过基础设施建设将“全球海洋支点”构想和“21世纪海上丝绸之路”倡议对接，以实现该地区海上的互联互通。③

会谈中，中国政府对印尼政府宣布对中国游客实施免签表示欢迎。双方一致同意进一步加强旅游合作，实现每年200多万人次互访的目标。双方还

① Bambang Supriyanto，“Kerja Sama Pariwisata RI-China Diperbarui，Ini Poin Pentingnya，” http：//Dikutip dari laman industri. bisnis. com，2013.

② Bayu Galih，“Indonesia-Tiongkok Sepakati Kerja Sama di Delapan Bidang，” http：//Dikutip dari laman kompas. com，2015.

③ “Disaksikan Presiden Jokowi dan Presiden Xi Jinping，RI-RRT Tandatangani 8 Kerja sama，” http：//Dikutip dalam laman setkab. go. id，2015.

同意促进文化遗产旅游合作。印尼邀请中国游客评估其新的旅游套餐，即沿着郑和航海的足迹游览印尼。双方承诺通过印尼—中国旅游合作联合工作组这一平台探索互利项目。①

印尼旅游与创意经济部积极加强与中国的合作。旅游与创意经济部与百度进行合作，提出到2019年增加中国游客1000万人次的目标。目前，百度在中国每月有超过3亿名活跃用户。百度地图被超过25%的中国游客在海外观光时使用。此外，作为中国旅游平台的百度旅游提供的信息在中国人在国外旅游时也被作为主要参考。通过此次合作，百度将为一系列涉及印尼旅游产业信息提供者的研讨会做出贡献，例如旅行社、旅游目的地管理者和酒店服务提供商等。②

旅游与创意经济部长阿里夫于2018年1月在泰国清迈举行的东盟旅游论坛中专门会见了中国国家旅游局副局长杜江。在会见中，阿里夫邀请中国游客于2018年2月到访巴厘岛。此外，双方一致同意增加来自西安和深圳等城市的游客，这些城市已经做好直飞巴厘岛的准备。随着越来越多的外国游客涌入印度尼西亚，中国国家旅游局局长表示希望更多的印尼游客到中国旅游。中国计划在雅加达设立中国国家旅游局代表处，以便加强两国旅游部门的合作。③

印尼方面还进行后续合作，特别是与中国国有企业的合作。通过相关合作，印尼将在六个方面进行重点建设。第一，瑜伽体育活动。第二，工业之间的交流活动。第三，音乐和文化交流活动。第四，婚礼庆典之间的交流活动。第五，佛教教众之间的交流活动。第六，学生之间的文化交流活动。④

① “Joint Statement on Strengthening Comprehensive Strategic Partnership between the People's Republic of China and The Republic of Indonesia,” http：//Dikutip dari laman kemlu. go. id，2015.

② “Ini Alasan Kementerian Pariwisata Kolaborasi dengan Baidu，” http：//Dikutip dalam laman marketeers. com，2016.

③ Kethy Makin Lengket，“CNTA-Kemenpar Bangun Kerja Sama Pariwisata，” http：//Dikutip dalam laman merdeka. com，2018.

④ Zulfi Suhendra，Tarik Turis ke Bali，“BUMN Pariwisata MoU dengan Perusahaan China，” http：//Dikutip dalam laman liputan6. com，2016.

2018 年 10 月，印尼驻中国大使周浩黎陪同中国投资商代表团赴印尼首都雅加达和马鲁古进行旅游、贸易和投资推广活动。在雅加达访问期间，中国投资商代表团与外交部、能源与矿产资源部、印尼工商会、印尼—中国文化研究所和印尼私营企业的官员和代表等会见，以获取关于印尼市场潜力的第一手消息，并就两国间合作的各种机会进行研讨。代表团还会见了莫罗泰县县长、安汶市市长和副市长，讨论中国投资者与印尼东部地区合作以及地方政府之间投资合作的机会，涉及渔业、旅游产业、海空互通以及能源环保领域等。[①] 此次考察访问增进了双方的相互了解，激发了双方实现合作共赢的意愿，是近年来中印尼旅游交流与合作的重要组成部分。

中印尼两国政府致力于提高旅游产业发展水平，这必然伴随投资需求和旅游人数的增加。因此，双方应不断努力在政府、企业家或投资者间进行各类互利合作。通过加大旅游宣传力度、继续增加直航线路、不断丰富旅游产品、提高同其他东南亚国家的互联互通水平、进行中印尼人文配套设施建设与人才培养等，促进中印尼旅游交流与合作目标实现，惠及两国人民。

① “Roadshow Investor Tiongkok ke Indonesia Tingkatkan Kesempatan Investasi, Perdagangan, dan Wisata, di Jakarta dan Maluku,” http://Dikutip dalam laman kemlu. go. id/beijing, 2018.

附　　录

Appendix

2017年印尼大事记

潘　玥*

1月

3日　印尼财政部长丝莉・穆莉亚妮表示，2016年，国家预算为1859.5万亿印尼盾，相当于预算修正案预定总额的89.3%；国家收入约为1551.8万亿印尼盾，预算赤字占GDP的2.46%。

5日　国会议长塞提亚・诺凡托支持成立国家网络机构。他认为，该机构是维护印尼国家网络安全的关键。国防部培训的50多名信息技术专家帮助建立该机构，这是印尼政府高级安全优先事项之一。

9日　印尼民主斗争党主席梅加瓦蒂在民主斗争党建党44周年庆典上强调印尼国家意识形态“潘查希拉”的重要性，赞扬政府正式将每年6月

* 潘玥，暨南大学国际关系学院副研究员，印尼战略与国际问题研究中心（CSIS）访问学者，研究领域为印尼的政治与社情，在《当代亚太》、《现代国际关系》、《东南亚研究》和《东南亚南亚研究》等刊物发表多篇论文。

1 日定为“潘查希拉”纪念日的决定，呼吁各宗教信徒之间应该相互包容、相互尊重，切勿丧失印尼人的身份与品格。同时，其还向威胁佐科政府的团体发出警告，民主斗争党的党员干部已做好保护总统佐科与副总统卡拉的准备。虽然梅加瓦蒂没有指名道姓，但民主斗争党秘书长哈斯托表示，该警告适用于那些利用宗教扰乱并挑战佐科政府的组织以及企图叛国的人士。

12 日　雅加达普选委员会主席苏玛尔诺表示，虽然雅加达特区首长候选人钟万学因涉嫌亵渎宗教案而接受审查，但不会影响其候选人资格。钟万学可以正常参选。

15 日　佐科总统在印尼团结公正党成立 18 周年庆典上提醒民众在使用社交媒体时应提高警惕，在社交媒体中传播谣言和虚假消息会威胁民族团结。印尼政府在 2016 年 12 月关闭了 80 万家网站，这些网站大部分含有色情或者赌博等内容。印尼需要做好充分的准备应对各种挑战。

19 日　西爪哇省警方已对里兹克·谢哈布侮辱“潘查希拉”立案侦查。“伊斯兰捍卫者阵线”头目里兹克·谢哈布在西爪哇省的演讲涉嫌侮辱“潘查希拉”。

22 日　波普利中心关于雅加达特区首长的选举调查结果显示，现任雅加达特区首长钟万学与副首长查罗特的支持率领先，支持率为 36.7%。接着是阿尼斯及其搭档山迪阿卡·乌诺，支持率为 28.5%。而阿古斯与西尔维亚娜组合以 25% 的支持率排在最后，远低于 2016 年 12 月获得的 32.2% 的支持率。

25 日　佐科总统敦促印尼国家警察局总长狄托和总检察长普拉塞蒂奥重罚走私犯罪。佐科表示，进入印尼市场的非法产品不仅会损害印尼国家财政，而且威胁印尼工业的发展前景。他要求打击走私犯的执法措施必须具体，并在易于走私及走私事件多发的地区建立预防系统。

25～26 日　印尼肃贪委员会逮捕了宪法法院法官巴特利亚李斯·阿克巴尔。肃贪委员会副主席巴萨利亚·班佳怡丹表示，他们怀疑阿克巴尔收受 21.5 亿印尼盾贿款。宪法法院为此向民众道歉，并要求佐科总统将涉贪法官暂时撤职。

26日 根据投资协调委员会公布的数据，2016年，印尼投资落实总值约为612.8万亿印尼盾，比2015年的545.4万亿印尼盾增长了12.4%，而且也超出了2016年全年原定的594.8万亿印尼盾的投资落实目标。在2016年全年投资落实总值中，国内投资落实价值为216.2万亿印尼盾，同比增长20.5%；国外投资落实价值为396.6万亿印尼盾，同比增长8.4%。其中，爪哇岛以外地区在2016年的投资落实价值为284.1万亿印尼盾，约占全国投资落实总值的46.4%，比2015年的投资落实价值增长了14.2%。

2月

3日 财政部长丝莉·穆莉亚妮在印尼企业家协会的聚会上呼吁，印尼的企业家应该与政府一道，为创造一个更加值得信赖的税收体制而努力，尤其是加快推进税收特赦计划实施，为印尼政府尽可能多地吸引存放在海外的资本，增加税收收入，填补基础设施建设的资金缺口。

7日 超过15个组织、数千名民众参加巴厘岛登巴萨的和平集会，要求解散“伊斯兰捍卫者阵线”，因为该组织多次被指控煽动针对其他种族和宗教团体的暴力行动，他们认为“伊斯兰捍卫者阵线”缺乏包容性，甚至可能实际上代表“外国利益”。

8日 经济统筹部长达尔敏在2017年万自立投资论坛上表示，虽然2017年印尼国家收支预算案设定的全年经济平均增长率为5.1%，但由于政府准备在本年度采取多个经济措施，因此经济增长率会在5.2%~5.4%，甚至达到5.6%。政府实施的经济措施包括在多个地区继续建设基础设施，进行各项工业下游产品的生产作业，以及加强人力资源教育和开展各项培训活动等。

10日 肃贪委员会和财务交易报告与分析中心正在进行几项反腐败法案的立法工作，其中包括资产追缴法案。肃贪委员会成员劳德·夏立夫表示，资产追缴法案对打击贪腐犯罪至关重要，涉嫌贪腐和洗钱犯罪的资产有望被扣押或接管。印尼没有关于资产追缴的成文法。国会既没有开始审议该法案，也没有将其列入年度立法工作安排中。

佐科总统签发《2017 年第 3 号总统决议》，将 2 月 15 日地方首长选举日定为全国公共假日，使广大选民有充足的时间行使自己的选举权。

14 日　印尼政府不断推动基础设施建设，并在 2017 年的国家战略工程名单中新增 44 项，价值达 1098 万亿印尼盾。根据旧条例，共有 225 项国家战略工程，涉及高速公路、铁路、机场、港口、炼油厂、水坝、过境站、科技公园、工业区、经济特区、加工厂等。

15 日　根据“印尼政治风向标”调查机构的速算结果，雅加达首都特区首长—副首长 2 号候选人钟万学—查罗特获得 42. 8% 的选票，赢得选举，3 号候选人阿尼斯—山迪阿卡 · 乌诺获得 39. 84% 的选票，1 号候选人阿古斯—西尔维亚娜仅获得 17. 36% 的选票。然而，由于所有候选人均没有获得超过 50% 的选票，这意味着还要举行第二轮选举。2 号候选人钟万学—查罗特和 3 号候选人阿尼斯—山迪阿卡 · 乌诺晋级第二轮选举，由于两组候选人在第一轮选举中的得票率相差不大，在第二轮选举中，两组候选人的竞争非常激烈。

20 日　内政部长扎赫约 · 库莫罗表示，任何要求暂停现任雅加达特区首长钟万学职务的决定都将取决于亵渎宗教案的审判结果。根据规定，如果在职地方首长被判刑超过五年，那么可暂停其职务。由于钟万学的案件正在处理中，最高法院并没有就是否暂停钟万学的职务做出裁决。

25 日　印尼总统佐科称，最近发生的一系列大规模示威事件等显示，印尼的民主“矫枉过正”，开始朝极端民粹主义的方向发展。他认为，阻止极端民粹主义发展的关键在于强化法治，并敦促执法部门严厉打击滥用民主的不良现象，取缔反“潘查希拉”的组织。

27 日　万隆一栋政府建筑物发生恐怖炸弹袭击。袭击者被印尼全国警察反恐特遣部队击毙。警方猜测，这名袭击者可能与支持“伊斯兰国”的武装组织神权游击队有联系。

28 日　印尼总统佐科到访澳大利亚，不但在贸易方面取得一些成果，还成功获得39万亿印尼盾的投资。澳大利亚同意将印尼农药（如除草剂）的进口税率降为0，由此增加了印尼农药在澳大利亚的销量。作为回应，印尼将降低澳大利亚原糖的进口税率，以与印尼对其他东盟国家该商品的税率一样。在投资方面，投资协调委员会主席托马斯·伦邦称，39万亿印尼盾投资是未来3~5年各领域的投资，包括矿业、旅游业、基础设施以及数字经济。印尼—澳大利亚全面经济伙伴关系协定有望于2017年底达成。

3月

1日　印尼中央统计局主任苏哈里彦托公布的统计报告显示，2017年2月，印尼全国平均通胀率为0.23%，比原先所预测的0.3%低。

2日　印尼警方证实，万隆恐怖袭击的嫌犯亚雅特曾因参与恐怖主义活动被判入狱，这再次说明印尼改造恐怖主义分子、去激进化的策略失败。他曾在2010年于西爪哇省芝坎佩抢劫加油站，以资助亚齐省的一个准军事训练营。他于2012年落网，被判入狱三年，但因获得几次减刑，入狱后两年就出狱了，随后，他加入和“伊斯兰国”有联系的神权游击队，该组织被怀疑制造了印尼近年来发生的一连串恐怖袭击。

7日　透明国际透露，印尼公众对政府反腐败工作的满意度已提高到65%。根据2017年的全球腐败晴雨表，在1000名印尼受访者中，33%的受访者表示，他们对印尼政府的反腐计划不满意，另外2%的人没有回答。反腐败工作满意度的提高主要得益于印尼中央及地方政府领导人的努力，且公共服务改革是公众满意度提高的关键。

8日　随着印尼与沙特阿拉伯警方达成反恐协议，国会呼吁颁布更强硬的反恐法令，增加执法单位的权限，打击恐怖主义活动。印尼目前的反恐法令是在2002年巴厘岛炸弹爆炸案发生后颁布的，此后尽管历届政府频频提出修改反恐法令的建议，但直至雅加达于2016年1月遭受连环恐袭，反恐法令的修改工作才被提上议程。

10日 国家发展规划部长庞邦表示，政府正在策划政府与私企合作融资方案，以为21项共计119.58万亿印尼盾的基础设施建设项目提供资金。加速发展长期的基础设施有两种融资方案：一种是政府与私企合作融资方案，另一种是非政府预算投资方案。

11日 印尼中央银行称，虽然美国联邦储备局准备于近期调升存款利率，然而，直至2017年3月第二个星期，流入印尼金融市场的游资约为31万亿印尼盾。在这种情况下仍有庞大的游资进入印尼金融市场，表明印尼经济的发展受到外国投资家的关注。

13日 佐科总统对电子身份证腐败案感到愤怒，目前该案已开庭，公诉检察官在起诉书中披露，国会于2010年年中开始讨论2011年国家预算案，其中一项是有关电子身份证的采购预算。当时的项目负责人安迪多次与几位国会议员协商讨论，最后达成将项目采购预算提高到5.9万亿印尼盾。作为补偿，安迪必须给数十名国会议员和内政部官员“分红”，51%的预算用于电子身份证项目，49%的预算分给国会议员、内政部官员以及项目执行方。

25日 总统佐科呼吁民众不要混淆政治与宗教信仰，以免引发类似近期地方首长选举期间的冲突。许多宗教团体积极参与选举活动以进一步达成政治目的。

27日 印尼军方指出，东巴布亚省已有154名“自由巴布亚运动”分离主义武装分子向政府投降。

印尼总统佐科已正式决定邀请日本参与连接首都雅加达与东部城市泗水的爪哇岛现有铁路（长约750公里）高速化计划。现在，雅加达至泗水的车程约为12小时，印尼希望通过现有铁路高速化将其缩短至约5小时。佐科总统希望项目能在2019年第四季度竣工。投资额为2500亿~9000亿日元。日本首相安倍晋三曾在2017年1月访问印尼时表示，“希望利用日本的技术与知识支援印尼”。

30日 国会表示，由于准备工作尚未完成，因此，2019年的总统选举不采用电子投票制。最初，国会特别委员会计划在2019年的国会和总统选举中实施电子投票制，并将其纳入法律，这是因为电子投票系统可以确保选举过程的透明度。然而，国会特别委员会最近发现德国的电子投票系统极易被黑客入侵，这样就可能出现危及数据安全的跨国网络犯罪行为。

31日 财政部长丝莉·穆莉亚妮表示，根据纳税者填写的税务豁免资产申报单，预计约有146万亿印尼盾资金从外国回流，但实际上流入印尼的资金仅有121万亿印尼盾，尚缺约24.7万亿印尼盾。其认为，出现缺口的原因有很多，其中之一便是纳税者在申报税务豁免之前已将部分资金带回印尼，但又将其填入税务豁免资产申报单。此外，有的资金来源国设定了一些严格规定，使纳税者很难把资金带回国内。

4月

3日 印尼财政部长丝莉·穆莉亚妮称，关税司已冻结在一年内没有进口活动的9568家进口公司的准证。此外，撤销获得保税仓库便利的50家公司和获得保税区便利的88家公司的准证，已冻结不交报税单的676家进口公司以及获得保税仓库便利的30家公司的准证。希望通过整治增加税收收入，促进进口创汇，减少货物停留时间。

4日 佐科总统在主持全体内阁会议讨论2018年国家收支预算草案时，谈到“2018年必须至少进行十项重点建设”。第一，完善基础设施，基本上达到全国互联互通。第二，持续增加教育方面的预算开支，这项预算开支至少占国家预算开支的20%，2030年，教育方面的预算开支达到400万亿印尼盾。第三，减少各部门的物品开支，这项预算开支的最高额与2016年落实的价值相同。第四，燃油、煤气、肥料和稻苗等的津贴必须准确、有效落实，至少40%的津贴发放给贫民。第五，持续推广“希望家庭纲领”，受惠家庭从原先的600万户增加到1000万户。在这个问题上，佐科总统责成农业部长苏莱曼将更多的农业预算投入农业园中，继续建设水利灌溉设施等。第六，各部门领导人必须提高监督能力，杜绝一切贪污和浪费行为。第七，中央对地方的普通拨款数额将根据中央和地方的财政和经济发展情况决定。

第八，基于扶贫目标，提高某些地区的预算上限，采取有效措施缩小贫富差距。第九，基于乡村建设基金规模越来越大的现实情况，有关部长应提高监督能力。第十，各部门领导人应根据“九项优先纲领”推进所管理的建设项目，尽可能实现预定目标。

11 日　国会议长塞提亚·诺凡托因涉嫌电子身份证腐败案，目前正在接受国家反腐机构的调查。移民局根据国家反腐机构的要求对塞提亚·诺凡托实施出国禁行令，他在未来 6 个月中不得离开印尼。

15 日　由日本政府通过日本国际协力机构（JICA）融资 4.1 万亿印尼盾、自 2003 年正式开工、通往丹绒布禄港口的高速公路正式启用，佐科总统主持启用仪式。该高速公路全长 11.4 公里，它的启用便于来往港口的物流活动。佐科总统在致辞时表示，在他任雅加达特区首长时，该工程因征地问题停工两年。经几次实地考察，问题终于解决。近期，运载重达 10020 吨标准货柜的大型船只将停靠丹绒布禄港口，此后，所有货物无须中转新加坡而直接运往丹绒布禄，再由丹绒布禄运往全国各地，这样可以减少运费，增强印尼经济的竞争力。

18 日　总统佐科在纪念万隆会议召开 62 周年仪式讲话中呼吁，印尼民众要打击种族歧视和宗教不容忍现象，以增进民族团结。所有印尼人都不要轻易地因为种族、宗教问题而发生冲突，应大胆地与一切破坏国家统一的行为做斗争，维护“多样性团结统一”的国家原则。

19 日　7 个调查机构（Litbang Kompas，Charta Politica，Voxpol Center，SMRC，Indo Barometer，Media Survei Nasional 和 Polmark）发布的快速计票结果都显示，阿尼斯—山迪阿卡·乌诺组合赢得雅加达特区首长第二轮选举。

20 日　钟万学涉嫌亵渎宗教案第 20 次庭审如期进行。检方在起诉书中下调罪状，不再以《刑事法》中的亵渎罪，而改用《刑事法》中关于宗教、种族的条文指控钟万学，称他在演讲中公开表达对他人的仇恨情绪，而引起不必要的公众骚动，认为钟万学触犯《刑事法》第 156 条，要求法庭判处钟万学一年有期徒刑，缓期两年执行。雅加达北区地方法院将择日对检方的求刑做出判决。如果法官依照检方的求刑判决，那么钟万学将免于牢狱之灾，除非他在两年缓刑期内再犯。

26日 “一带一路”国际合作高峰论坛召开，印尼研究机构认为印尼政府应尽快发表支持该倡议的政策声明。

27日 国家发展规划部长庞邦称，鉴于与经济相关的因素和资金有限，至2019年，印尼的基础设施建设资金由5000万亿印尼盾被削减至4700万亿印尼盾。虽然基础设施建设资金削减了，但印尼经济增长的预期不会受到影响，优先进行基础设施建设，符合土地清理工作的要求，可以改善投资环境。

28日 国会批准对肃贪委员会行使调查权。国会第三委员会于4月18~19日与肃贪委员会举行听证会时，提出运用调查权的提案。国会第三委员会要求肃贪委员会公开披露对第二委员会前议员哈里亚妮的审讯记录，这是因为哈里亚妮涉嫌在电子身份证腐败案中做假证。一些派系反对该提案，认为有必要对肃贪委员会的执法方式做出评估，但没有必要运用调查权，运用调查权会削弱肃贪委员会打击贪腐行为的权力。但国会最终仍然通过了这项由来自8个派系的25名议员联名建议的提案。

印尼中央银行称，2017年4月底，印尼外汇储备已经达到1232亿美元，比3月底的外汇储备1218亿美元增加了14亿美元。印尼外汇储备越来越多。

5月

1日 警方在雅加达南区逮捕了民心党前国会议员哈里亚妮，其被指控在电子身份证腐败案中做假证。自被认定为嫌疑人后，哈里亚妮几次逃避肃贪委员会的传唤，肃贪委员会要求警方将哈里亚妮列入通缉名单。哈里亚妮已被送到雅加达警察总部拘留，之后将被移交给肃贪委员会。

5日 雅加达普选委员会主席苏玛尔诺正式宣布，阿尼斯—山迪阿卡·乌诺组合当选2017~2022年雅加达特区首长—副首长。根据第二轮选举的正式计票结果，2号候选人钟万学—查罗特获得42.05%的选票，3号候选人阿尼斯—山迪阿卡·乌诺获得57.95%的选票。法律规定，得票最多的候选人当选新一届雅加达特区首长—副首长。候任雅加达特区首长阿尼斯表示，他和山迪阿卡·乌诺被委以重任，希望雅加达居民祝愿他和山迪阿卡·乌诺当选。

8日 印尼政治法律安全统筹部长维兰托与内政部长扎赫约·库莫罗、法律人权部长亚索纳·劳利以及国家警察局总长狄托会谈后表示，政府决定解散伊斯兰解放阵线。综观各种因素以及人民的愿望，政府有必要采取明确的法律措施解散伊斯兰解放阵线。这一决定不代表政府反对伊斯兰社会组织，而只是为了维护“潘查希拉”和《1945年宪法》。与此同时，内政部长扎赫约·库莫罗在政治法律安全统筹部出席会议后表示，解散伊斯兰解放阵线的法律措施从今天开始生效，伊斯兰解放阵线被认为对印尼造成危害。讨论解散伊斯兰解放阵线的会议超过6次，这是一个成熟的决定。

9日 钟万学涉嫌亵渎宗教案庭审如期举行，法院判决钟万学亵渎宗教罪名成立，判处其两年有期徒刑。法官团称，钟万学在千岛向当地居民发表演讲时引用《古兰经》经文，被认为亵渎宗教。钟万学触犯《刑事法》第156条，即在公众面前有意发表亵渎某宗教的言论。钟万学表示将提出上诉。内政部指定雅加达副首长查罗特为代首长。

19日 为推动印尼可再生能源发展，国营电能公司签署37项谅解备忘录和2项购电协议，以促进苏门答腊地区可再生能源发电厂发展，发电厂总发电量增加28.3万千瓦时，其中小型水电厂的发电量增加15万千瓦时、生物质发电厂的发电量增加5.5万千瓦时、沼气发电厂的发电量增加7.1万千瓦时，太阳能发电厂的发电量增加0.7万千瓦时。预计上述所有发电厂将于18~24个月内建成，这些发电厂建成后将加快印尼电气化进程。苏门答腊地区可再生能源发电厂的发电量已达到150.6万千瓦时，占发电装机总容量的18%。所有发电厂建成后，发电量将占发电装机总容量的23%。

23日 钟万学夫人林雪莉在雅加达举行新闻发布会，表示钟万学决定撤回上诉从某种意义上说符合各方的利益。林雪莉表示，身为家属，其将尽力支持钟万学完成刑期。

24日 雅加达东区马来由村公交车站相继发生气压锅炸弹自杀式恐怖

爆炸事件，造成5人死亡（包括3名警察和2名恐怖袭击者），另有数十人受伤。佐科总统强烈谴责恐怖袭击事件，向罹难警员表示深切哀悼，并慰问其家属及正在接受治疗的伤者，责令国家警察局总长彻查。

印尼中央银行行长阿古斯表示，印尼经济增速只有保持在5%以上或达7%，印尼民众的生活才会富裕。

6月

1日 佐科总统主持“潘查希拉日”纪念仪式。数百名信仰不同宗教的群众为纪念“潘查希拉日”，在日惹特区斯勒曼县默拉比火山山腰举行“潘查希拉”巡游活动。

肃贪委员会检察官要求判处卫生部前部长西蒂·法迪拉6年监禁，并处罚款5亿印尼盾（合37540美元）。西蒂·法迪拉被控在医疗卫生问题中心的医疗设备采购中滥用职权，造成超过60亿印尼盾的损失，涉嫌犯贪污罪和受贿罪。受贿金额为19亿印尼盾。

2日 佐科总统签署《2016年第3号关于加速落实国家战略建设项目的总统条例修正案》，修正案增加了55项优先落实的国家战略建设项目，这些项目的总投资价值约为1198万亿印尼盾。其中，32项由国家预算案支持，7项由政府与企业合作承建，3项由非国家预算案支持，13项由私企承建。

7日 佐科总统主持“潘查希拉意识形态建设总统工作组”9名理事及1名组长的就职仪式。这9名理事包括印尼前总统梅加瓦蒂、前副总统特里·苏特里斯诺、第13任穆罕默迪亚总主席马里夫、现任伊联总主席萨伊德、现任伊斯兰教士联合会总主席马鲁夫·阿敏、宪法法院前院长马弗德、著名企业家苏达默、基督教领袖安德烈亚斯和印度教领袖威斯努。组长是伊斯兰教研究中心主席尤迪教授。

10日 加里曼丹岛的森林面积大幅减少，若情况持续恶化，预计到2020年，该岛将失去75%的森林。

14 日　世界经济论坛发布的《2016—2017 年全球竞争力报告》显示，印尼排名降为第 41 名，比 2016 年的排名第 37 名下降了 4 名。然而，绝大多数印尼经济指标要比 2016 年好，这表示排名下降不是因为有关单位和业界人士不努力，而是因为一些国家的经济表现更好。

印尼军方表示，极端思想已经在印尼扩散，如今印尼几乎所有省份都存在国际恐怖组织“伊斯兰国”的潜伏力量。

19 日　印尼国防部长利亚米萨特·利亚古杜强调，印尼、马来西亚、菲律宾要出台明确、协调的措施，以解决与“伊斯兰国”相关的问题。三国海上巡逻会议在北加里曼丹省打拉根举行。利亚米萨特·利亚古杜表示，“伊斯兰国”已经开始在三国建立类似该组织在伊拉克和叙利亚分支的组织。其目的非常明确，就是要将三国变成战乱国家。利亚米萨特·利亚古杜还提到对菲律宾马拉维局势的关注，并表示印尼支持菲律宾军方消灭马拉维恐怖主义势力的一切行动和措施。

22 日　立足于经济改革，2017 年，印尼经济开局良好，增长势头强劲，根据世界银行的预测，印尼经济今明两年有望分别实现 5.2% 和 5.3% 的增长。不久前，国际信用评级机构标准普尔将印尼中长期主权信用评级从 BB^{+}级提高至投资级别的 BBB^{-}级。

7月

1 日　财政部长丝莉·穆莉亚妮称，由于财政支出和税收的双重变化，国家财政赤字率可能会从年初的 2.41% 增至 2.60%。此番财政赤字率上涨，主要是由紧急支出上涨造成的。为控制赤字，政府将在寻求增加财政收入的同时，提高财政支出使用效率。

印尼狮航宣布，为开发国内市场，其旗下的低成本航空狮航和翼航将新增 10 条国内航线，包括廖内省巴淡到楠榜省班达楠榜的航线、西加里曼丹省坤甸到西爪哇省万隆的航线，以及两条从日惹到南苏门答腊省巨港的航线等。

3日 根据印尼中央统计局发布的报告，由于2017年6月包含斋月和解禁节，月度市场通胀率上升至0.69%，2017年6月出现最近三年来斋月和解禁节月度市场的最高通胀率。这样，2017年累积通胀率为2.38%，预计全年通胀率为4.37%。

4日 政府正在讨论迁都事宜，但尚未做出任何最终决定。土地与空间规划部长索菲安表示，佐科总统命令国家发展规划部为首都的重新安置工作进行技术研究。国家发展规划部长庞邦宣布，国家发展规划部和公共工程与住房部将努力在2017年完成这项研究。迁都的焦点问题是选址、城市空间规划和资金。

8日 政府定下目标，至2019年，印尼25个经济特区将吸引669万亿印尼盾的投资和625583名员工。至2017年6月底，印尼11个经济特区已吸引221万亿印尼盾的投资。印尼政府为经济特区投资者提供包括税收和非税收的各种优惠，如免除进口税、提供海关准证便利等。

9日 印尼不是联合国1951年通过的《关于难民地位的公约》以及1967年发布的《关于难民地位的议定书》的缔约国，因此没有义务为难民或寻求庇护者提供永久居所，但印尼是海上偷渡路线的一个重要中转站，目前滞留印尼的偷渡客有上万人，收容所人满为患，一些偷渡客露宿雅加达街头，他们来自阿富汗、叙利亚、伊拉克、缅甸、索马里、斯里兰卡等。

11日 佐科总统签署法令，取缔伊斯兰解放阵线。

19日 政府通过国家资产管理机构再增加用于基础设施项目的资金，这笔资金从原先的20万亿印尼盾增至32万亿印尼盾，以用于赔偿因建设高速公路、铁路、港口和水库等基础设施而被征用土地的相关机构和个人。

20日 财政部长丝莉·穆莉亚妮在雅加达宣布，2016年，印尼经济增长率为5.02%，比2015年的4.8%高。印尼人均年收入达4796万印尼盾，也高于2015年的4514万印尼盾。

21日 国会全体会议终于批准通过《选举法（草案）》，其对五个争议问题做出决定。这五个问题涉及选举制度、总统候选人提名门槛、进入议会门槛、选票转换成议席的方式以及每个选区的席位分配。国会大多数派系赞同总统候选人提名门槛保持20% ~25%的A套方案。《选举法（草案）》未通过时，国会各派系分别就A、B、C三套方案展开将近8个小时的游说和辩论，最终有六个政党选择了A套方案，这六个政党是民主斗争党、专业集团党、建设团结党、民族觉醒党、国民民主党和民心党；而大印尼运动党、繁荣公正党和民主党则选择总统候选人提名门槛为0的B套方案；只有国家使命党独树一帜，选择总统候选人提名门槛为10% ~15%的C套方案。

8月

1日 印尼商会和美国—东盟商业理事会签署了旨在改善印尼投资环境的谅解合作备忘录。印尼投资协调委员会公布的数据显示，美国在印尼的直接投资每年增长23.1%，2016年达到11亿美元，2017年预计将超过这个数值，美国已经向印尼投资了9.68亿美元。印尼和美国不断进行商业对话，鼓励各个部门探索获得美国投资及与美国合作的机会，目前对话内容主要涉及投资环境、贸易规模扩张以及清洁能源等。

5日 根据中央统计局公布的数据，2016年，建筑行业产值增长5.22%，占国内生产总值的10.38%；2017年第一季度，建筑行业产值增长6.26%，高于平均经济增速，对国内生产总值的贡献率达10.25%。

8日 中央统计局指出，2017年第二季度，印尼经济增速仅为5.01%。对此，副总统卡拉强调，政府正设法为投资商提供便利条件，正在完善相关政策以及修改阻碍投资的地方条例，从而达到5.2%的既定经济增速目标。因前两个季度经济增长速度均未达到预期，印尼政府将推出第16个经济改革配套措施，以促进投资和消费，拉动经济增长。

15日 雅加达地铁建设项目正在赶工中，以期能在2019年3月开始启用。自2013年由时任雅加达特区首长佐科宣布动工以来，雅加达地铁建设项目的推进较为顺利。如今，雅加达地铁建设项目已完成76.13%。据悉，第1期地铁建设项目由日本国际协力机构提供贷款。雅加达地铁南北线具体包括：第 1 期线路，全长 15.7 公里，设站 13 座，2013 年动工；第 2 期线路，全长 8.1 公里，设站 9 座，预计 2020 年通车。

印尼西爪哇省警方逮捕了 5 名涉嫌策划对总统府、警察局等多个地点实施化学炸弹袭击的武装分子。这些武装分子涉嫌参加神权游击队。

16 日 佐科总统在国会大厦发表国情咨文，总结了政府这三年来的工作重点，包括佐科—卡拉政府的经济建设情况、人力资源建设情况，呼吁民众摒弃互相诽谤的负面心态，打击破坏印尼民族根基的恶行，维护国家四大支柱，以及重申没有任何机构拥有绝对权力。

29 日 印尼警方披露，萨拉森团伙传播仇恨言论和假新闻，造成了极其恶劣的社会影响。警方刑侦局网络犯罪调查组成功破获在脸谱（Facebook）社交平台上传播仇恨言论和假新闻的萨拉森团伙，并逮捕了 3 名犯罪嫌疑人。佐科总统责令警方尽快将其违法罪行彻底查个水落石出。佐科总统还呼吁，社会大众应明智地、正确地使用社交媒体，遵守道德礼仪。

一名印尼妇女企图为恐怖组织“伊斯兰国”充当人肉炸弹，攻击总统府，被雅加达地方法院判处七年半监禁，这是印尼首次有女性因为企图充当人肉炸弹而被判刑。

31 日 经济统筹部长达尔敏正式公布了政府第 16 个经济改革配套措施，加大力度改善从中央至地方的投资环境和简化外资审批程序，以吸引更多投资。政府将建立一站式综合投资申请服务窗口，以简化投资申请程序。数据显示，印尼投资落实率尚未达到政府定下的目标，仅为 1.97%。目前，50% 以上的外商投资集中在爪哇岛，其他地方的比例较低。

9月

3 日 印尼外交部长蕾特诺与缅甸国务资政昂山素季举行会晤。针对当前若开邦的复杂局势，蕾特诺表示，印尼希望缅甸政府即刻恢复若开邦安全与稳定的局面。为了维护罗兴亚地区的稳定，蕾特诺于 2017 年 8 月 31 日启动了可持续人道主义援助计划。该计划旨在向缅甸提供教育、卫生、经济等方面的援助。

4日 佐科总统签署关于为海外印尼裔公民提供更多便利条件的总统条例。该条例允许海外印尼裔公民申请印尼侨民卡。四类海外印尼裔公民可以申请该卡，分别是：第一类，在海外居留、生活和工作两年以上的印尼公民，或已拥有海外永久居留权的印尼公民；第二类，成为外籍公民的前印尼公民；第三类，已移民并拥有其他国籍的印尼公民的孩子；第四类，亲生父母为印尼籍的海外公民。海外印尼裔公民拿到印尼侨民卡后将获得诸多方便，比如开设银行账户、在印尼拥有房地产及成立公司等。海外印尼裔公民只需通过外交部网站进行在线申请，上传需要的资料，向住址附近的印尼大使馆提交相关材料即可。

投资协调委员会主席托马斯·伦邦在雅加达出席由印尼工商会馆举办的有关外贸与投资的论坛时称，越南在与部分国家建立全面经济伙伴关系方面更具主动性，越南产品进入部分国家免税，而印尼产品却被征收10%～17%的进口税，印尼产品难以与之竞争。越南除了在这一方面占有优势外，劳工法规和便利的投资环境也有利于该国机构和个人。

5日 文莱、印尼、马来西亚与菲律宾亚细安东部成长区的民政军要员首次一同巡视靠近沙巴海域的菲律宾南部巴拉望省的孟西岛，以促进各国进行安全合作，特别是共享安全情报。

8日 印尼海军陆战队和美国海军陆战队在东爪哇省Situbondo地区举行联合军事演习，以提高实战能力。

12日 印尼战略与国际问题研究中心的调查结果显示，过去三年，公众对佐科政府的满意度有所提高。2015年，公众对佐科政府的满意度为50.6%，2016年提高到66.5%，2017年上升至68.3%。这是战略与国际问题研究中心在全国34个省通过多阶段随机抽样方式对1000名受访者进行调查得出的结果，误差幅度为±3.1%，可信度为95%。

13日 棉兰地区法院宣布，38岁的伊尔万托尼因参与从中国运送270千克的冰毒而被判处死刑。除了伊尔万托尼外，同案的四名被告也被判处死刑。

15日 中央统计局公布的数据显示，2017年8月，印尼的进口额为

134.9 亿美元，较 7 月的 138.9 亿美元下降 2.88%，但比 2016 年同期增长 8.89%。8 月的进口额下降是由于非油气进口额减少 4.8%（5.806 亿美元），而油气进口额增长 10.16%（1.808 亿美元）。2017 年 8 月，印尼的出口额约为 152.1 亿美元，比 7 月增加 11.73%，比 2016 年同期增加 19.24%。2017 年 8 月，印尼主要的非油气出口商品是煤炭、棕榈油、树胶、铜等。由于黄豆、大米等的价格下降，出口额减少。在油气出口商品中，原油出口额增长 39.56%（4.1 亿美元），天然气出口额增长 5.46%（7.8 亿美元）。

20 日　国会对肃贪委员会进行调查的特别委员会称，肃贪委员会主席阿古斯涉嫌参与 2015 年雅加达高速公路局重型设备采购舞弊案。

10月

5 日　近 3 个月来，印尼法院已判处 9 名毒枭死刑，但最高检察署还未对他们执行死刑。

7 日　基于当前的经济增长趋势及国营电能公司的财力状况，佐科总统调整 3.5 万兆瓦时发电量目标。此前，印尼政府以印尼经济每年增长 7% 制定发电量为 3.5 万兆瓦时的目标。但实际上，印尼的经济增长率仅为 5% 左右，电力需求量没有那么多，只有 3.2 万兆瓦时。此外，若目标勉强实现，则将加重国营电能公司的负担。有鉴于此，2019 年实现发电量为 3.5 万兆瓦时的目标必须调整。

10 日　能源与矿产资源部长佐南表示，政府延长印尼自由港公司的特殊采矿企业许可证三个月，使之得以继续出口原矿石，该公司的特殊采矿企业许可证原本在 2017 年 10 月 10 日到期。

13 日　国民军总司令加铎上将在网络安全与信息化小组就职典礼上表示，作为国家机构的一部分，国民军非常需要可靠和准确的网络安全与信息化小组，以支持其完成主要任务。信息技术的发展使国民军面临多方面的挑战，网络安全与信息化小组可以使国民军内部的信息资源得到保护，从而使其免受骚扰。

国家警察局总长狄托提出2.6万亿印尼盾的拨款预算，以支持警方成立肃贪特遣队。

14日 印尼和澳大利亚探讨各自的三种商品的免关税问题，以扩大出口市场，推动两国出口额增长。澳大利亚希望印尼免关税的三种商品是牛奶及牛奶制品（如脱脂牛奶和脱脂奶粉）、钢铁及钢铁制品（如热轧和冷轧钢卷）以及阴极铜；印尼希望澳大利亚免关税的三种商品是纺织品、鞋和服装。澳大利亚是印尼的重要投资来源国之一，投资协调委员会公布的资料显示，2010～2015年，澳大利亚对印尼的投资达21亿美元，涉及矿业、化学和基础设施部门。

18日 国家反恐局去激进化第一副主任卡迪尔少将表示，虚拟世界或互联网已经成为恐怖主义组织招募追随者和准备采取行动的主要载体。卡迪尔警告，恐怖主义组织过去只存在于某些地区，现在已蔓延到世界各地。

21日 佐科—卡拉政府执政三年来，持续消除社会不平等现象，印尼人类发展指数逐渐提高，2014年为68.9，2015年为69.55，2016年为70.19。与此同时，妇婴死亡率持续下降，产妇死亡数量从2015年的4999人降为2016年的4912人，并在2017年上半年锐减至1712人。此外，800万名学生获得印尼教育卡，590万个家庭获得家庭储蓄卡，9220万人获得印尼健保卡。2015年，佐科—卡拉政府为农村发展基金拨款20.76万亿印尼盾，2016年的拨款为46.98万亿印尼盾，2017年的拨款增加到60万亿印尼盾。截至2017年7月31日，政府已发放人民营业贷款52.2万亿印尼盾，比预定目标增长了47.4%。

应美国参谋长联席会议主席邓福德上将的邀请，国民军总司令加铎上将和随行人员准备赴美国出席于10月23～24日举行的“反对暴力极端主义组织国防部长会议”，但他们在苏加诺—哈达国际机场准备搭乘阿联酋航空公司的班机时，被告知美国拒绝他们进入。事实上，他们已获得赴美参加相关活动的签证。国民军总司令加铎上将已向佐科总统、外交部长蕾特诺和政治法律安全统筹部长维兰托报告此事，并已致函邓福德上将，对这一事件提出质疑。印尼政府要求美国当局对此事做出解释。

23日　“雅加达联合社群”举行示威活动，举报雅加达特区新任首长阿尼斯涉嫌进行种族歧视，敦促政府对阿尼斯展开调查。绝大多数示威群众穿着红色衣服，并举着写有“我们是印尼公民，拒绝原住民和非原住民用语”的牌子，呼吁不要以种族和出身划分印尼公民。

25日　国会议长塞提亚·诺凡托表示，国会在2017~2018会议年第一个会期（8月16日至10月25日）已批准八个法律草案。其一是批准关于取缔违反“潘查希拉”组织的2017年第2号政令法律草案；其二是批准印尼海外工人保护法律草案；其三是批准关于汞和汞的化合物的采购和贸易法律草案；其四是批准“东盟打击贩运人口行为公约”法律草案；其五是批准印尼和中国签署的引渡协议法律草案；其六是批准关于印尼政府与巴布亚新几内亚政府防务合作协定法律草案；其七是批准关于设立贸易组织的“马拉喀什协定”议定书法律草案；其八是批准“2018年国家财政预算案”法律草案。

31日　劳工部长哈尼夫发出有关2017年国家通货膨胀和国内生产总值增长的数据的公函。公函中提到，2018年，省最低工资上涨8.71%，达到3648035印尼盾，这是根据中央统计局公布的国家通货膨胀率（3.72%）和国内生产总值增速（4.99%）计算出来的。

印尼警方表示，一群分离运动武装分子侵占东巴布亚省的两个村庄，并挟持1300名村民为人质。这些武装分子都是“自由巴布亚运动”的成员，他们在过去两天阻止村民进出村庄，但到目前为止并未伤害任何村民。印尼当局已经派出700名全副武装的军警抵达村庄附近，并密切关注武装分子的动向。

11月

4日　印尼政府承诺调整相关税率（低于11%），以增加国家的税收收入。通过改善税制，推出涉及人力资源、信息技术等的政策，印尼政府希望在未来五年内使税收收入占GDP的13%。

5日 印尼人权组织同等机构于2017年7～10月在茂物市与西爪哇省德博市展开有关宗教容忍和激进化的调查研究，撰写了相关报告。报告指出，2002年以来印尼发生的恐怖袭击事件中，有20名涉案的恐怖分子来自茂物，如马来由村自杀式恐怖爆炸事件的嫌犯和2016年雅加达塔姆林恐怖袭击事件的嫌犯。其中令人震惊的是，大学校园已经成为恐怖分子的温床，如茂物农业大学是最近被查禁的极端组织——印尼伊斯兰解放组织的活动中心。

6日 根据中央统计局公布的数据，2017年第三季度，印尼经济增长率为5.06%，高出第二季度0.05个百分点，但仍低于之前预测的5.18%。

8日 宪法法院判决，印尼电子身份证和户籍卡宗教栏可以填写信仰，这是因为很多印尼民众拥有宗教信仰。

13日 佐科总统在出席第25届亚太经合组织领导人非正式会议时，诚邀其他亚太经合组织成员投资印尼的海洋产业，促使印尼加快基础设施建设，加强人力资源培养。佐科表示，在最近3年内，他特别关注印尼的基础设施建设项目，以提高重要港口的联通性。

14日 在讨论朝鲜半岛问题的东盟“10+3”峰会上，佐科总统呼吁朝鲜遵守联合国安理会无核化决议。

在电子身份证腐败案中做假证的哈里亚妮被雅加达中区贪污刑事法庭判处5年有期徒刑，同时罚款2.5亿印尼盾或易以3个月监禁。

20日 印尼与新加坡代号为“沙夫卡·印度坡拉”的常规联合演习闭幕。来自新加坡第三步兵旅、第六步兵营和第48装甲营的300名军人与来自印尼第15步兵旅、第312步兵营和第一装甲营的174名军人参加这次演习。这次演习首次安排两国军人携手操作豹2SG主战坦克，演习规模扩大，两国之间的专业交流加强。过去50年，两国频繁互动，具有高度的互信。

12月

5日 佐科总统提名空军参谋长哈迪出任印尼国民军总司令，接替即将在

2018 年 3 月退休的加铎上将。随后，国会批准了这一任命。

9 日　交通部长苏马迪称，印尼计划建设的雅加达—泗水中速铁路全长 750 千米，全程用时 5.5 个小时，采用智能科技，运行安全，经济效益高，建设资金最高为 60 万亿印尼盾。2017 年初，印尼交通部与日本国际协力机构进行了可行性研究。根据当时的测算，全部建设资金约为 90 万亿印尼盾。

11 日　国家警察局总长狄托及几名高级警官拜访了新上任的印尼国民军总司令哈迪，以示对其的支持。狄托与哈迪在雅加达东区国民军总部开会时强调，确保国家安全非常重要。哈迪希望他们的这次拜访能够使军方与警方更加团结。狄托表示，国家警察局支持哈迪在提高国民军专业能力方面发挥领导作用，双方均表示会与选举活动保持距离。

21 日　外交部长蕾特诺和国民军总司令哈迪签署维护国家安全的谅解备忘录。蕾特诺表示，国民军必须考虑印尼公民的安全，保护印尼公民在国外的资产。蕾特诺表示，签署谅解备忘录旨在确保印尼的国家利益。

22 日　印尼政府承诺进一步简化进口程序，放宽中小企业的进口条件，以改善印尼的投资环境，增强竞争力。

23 日　国有企业部长莉妮称，2017 年估计有 13～14 家国企亏损，政府已采取多种措施，但克拉卡岛钢铁、Leces 纸业、印尼鹰航等仍亏损。莉妮指出，2013 年，国企亏损总额达 13 万亿印尼盾，2016 年为 5 万亿印尼盾，2017 年估计为 413 万亿印尼盾。其中，印尼鹰航和克拉卡岛钢铁的亏损额较大，均在 1 万亿印尼盾以上。印尼鹰航因陷入价格战以及国际航线较少，难以扭亏为盈；克拉卡岛钢铁因面临其他国家钢铁倾销，亏损额越来越大。莉妮认为，亏损的国企应提高效率，与同类国企合并或与其他国企合作。

2017年中国与印尼关系大事记

潘 玥*

1月

3日 根据印尼中央统计局公布的数据，2016年1~11月，中国游客数量在到印尼的外国游客数量排名中居首位。

18日 印尼中国商会总会在雅加达举行媒体吹风会，介绍当前中国企业在印尼投资经营的总体情况。印尼中国商会总会秘书长刘城主持吹风会并发言。中国港湾（印尼）公司、华为技术有限公司（印尼）、中印尼经贸合作区青山工业园区和聚龙印尼产业园负责人分别介绍各自在印尼的投资发展情况及承担的社会责任。刘城表示，近年来，随着中印尼经贸合作关系进一步紧密，印尼中国商会总会下设矿冶、火电、新能源、金融、轨道交通、机电、农业、石油石化、水工、物流运输、建筑及房地产11个行业分会。2016年上半年，中国大陆对印尼直接投资同比增长532%。中国在继续保持印尼的第一大贸易伙伴地位的同时，由第十大投资来源国跃升为第三大投资来源国，两国的经贸合作已经从传统的贸易和工程承包领域向产能、投资、金融服务、电子商务等领域拓展。

26日 根据印尼投资协调委员会公布的数据，2016年全年，中国大陆对印尼的直接投资为26.65亿美元，在121个投资印尼的国家和地区中名列第三，较2015年全年增长324%。其中，冶炼是中国对印尼投资规模最大

---

* 潘玥，暨南大学国际关系学院副研究员，印尼战略与国际问题研究中心（CSIS）访问学者，研究领域为印尼的政治与社情，在《当代亚太》、《现代国际关系》、《东南亚研究》和《东南亚南亚研究》等刊物发表多篇论文。

的领域，接着为火电站。2016 年第四季度，中国大陆对印尼落实投资 10.76 亿美元，仅次于新加坡。

2月

16 日　印尼中央统计局发布的贸易报告指出，2017 年 1 月，印尼对外贸易额为 253.7 亿美元，同比增长 21.1%，其中出口额为 133.8 亿美元，同比增长 27.7%，进口额为 119.9 亿美元，同比增长 14.5%，累计贸易顺差为 13.9 亿美元。2017 年 1 月，中印尼非油气产品贸易额为 44.7 亿美元，同比增长 32.9%，其中印尼向中国出口的非油气产品贸易额为 15.5 亿美元，同比增长 74.8%，占印尼出口额的 11.5%，中国列印尼出口目的地第二位，仅次于美国；印尼自中国进口的非油气产品贸易额为 29.2 亿美元，同比增长 17.9%，占印尼进口额的 28.7%，中国在印尼进口来源地中居首位。印尼非油气产品出口市场占有率最高的国家已经开始从美国转移到中国。

17 日　在德国波恩二十国集团外长会上，印尼外长蕾特诺和中国外长王毅会面。双方均表示，两国目前经济合作成果显著，仍有发展的空间，双方就进一步深化合作达成共识。

20 日　中国驻印尼大使谢锋会见印尼第二大穆斯林团体穆罕默迪亚总主席海达尔·纳西尔，双方就中印尼关系，宗教、经贸、旅游等领域的交流与合作等进行了积极、卓有成效的交流。纳西尔总主席表示，谢大使的介绍加深了他对中印尼关系、经贸合作和中国民族、宗教政策的了解。穆罕默迪亚愿意与中国加强在教育、卫生、青年等领域的交流与合作，增进与发展中印尼两国穆斯林及两国人民之间的了解与友谊。

3月

1 日　印尼中央统计局公布的数据显示，1 月赴印尼旅游的国际游客总数为 103 万人次，同比增长 26.58%，其中中国游客占 20.27%，中国成为印尼最大的游客来源地；新加坡（游客占 11.82%）和澳大利亚（游客占 10.21%）分别位列第二与第三。旅游业是印尼五大优先发展的支柱产业之一。近年来，随着印尼和中国文化交流的深入，到印尼旅游的中国人数量连年增长。

2 日 印尼外交部发言人阿尔马纳塔·纳西尔表示，近年来，中国企业对印尼的直接投资快速增长，印尼期待与中国加强基础设施和能源领域的合作。印尼和中国在贸易和投资领域保持着良好的关系。印尼希望更多中企积极投资印尼高速公路、码头、机场等基础设施项目，以及能源和矿业领域。对于中国的“一带一路”建设，纳西尔表示，希望将中国的“一带一路”倡议和印尼“全球海洋支点”构想对接，使印尼能够获得更多收益。

6 日 印尼贸易部国际贸易合作司长伊尔曼表示，中国是印尼的主要出口目的国之一，中国政府调低 2017 年的经济增长预期将对印尼对华出口带来影响，特别是煤炭、棕榈油等。

8 日 中爪哇省梭罗市与中国广西壮族自治区桂林市结为友好城市，双方将在旅游、教育、文化等方面进行合作。两个城市都拥有良好的旅游资源，桂林市对旅游资源进行精美包装，吸引了众多游客。通过缔结友好城市，更多的中国游客会去梭罗市旅游，另外，桂林市因丰富的自然景点闻名中国，其将为梭罗市旅游业的发展提供有效的建议。

11 日 针对中国公民在印尼出入境时被索要小费的现象，中国驻印尼大使馆领事参赞祝笛近日分别约见印尼移民局国际合作司代司长哈多诺及苏加诺—哈达国际机场移民局长卡哈鲁丁。哈多诺和卡哈鲁丁均表示，印尼移民部门重视中国公民的有关投诉，索要小费系个别移民官员的行为。一旦发现，涉事人员将被严惩。印尼欢迎中国游客就相关问题通过中国驻印尼大使馆及时投诉。

16 日 印尼中央统计局发布的贸易报告显示，2017 年 1 ~ 2 月，印尼对外贸易额为 492.0 亿美元，同比增长 15.9%，其中出口额为 259.8 亿美元，同比增长 19.2%，进口额为 232.2 亿美元，同比增长 12.5%，累计贸易顺差为 27.6 亿美元。2017 年 1 ~ 2 月，中印尼非油气产品贸易额为 77.8 亿美元，同比增长16.0%；其中印尼出口中国的非油气产品贸易额为18.3亿美元，同比增长58.8%，占印尼对外出口额的12.4%。

22日 中国—印度尼西亚人文交流研究中心成立仪式暨“一带一路”建设背景下的中印尼人文交流与智库建设学术研讨会在北京外国语大学举行，印尼驻华大使苏更·拉哈尔佐、中国教育部国际合作与交流司副司长于继海、北京外国语大学校长彭龙出席成立仪式并讲话。近年来，中国与印尼在教育、经贸和人文交流领域的合作日益密切，该中心的成立是北京外国语大学建设新型智库和服务国家发展的重要举措，希望未来其可以和更多的印尼高校合作，培养更多优秀人才，以为两国关系的发展做出贡献。

4月

5日 青海省省长王建军在西宁会见了来访的印尼驻华大使苏更·拉哈尔佐一行。苏更大使对王建军省长的友好会见表示感谢，对青海经济社会发展取得的成绩表示祝贺。他说，在“一带一路”倡议实施的过程中，印尼与中国在基础设施建设等领域的合作已经取得了一定进展。他对王建军省长提出的深化双方合作的建议高度认同，“一带一路”倡议的实施推动双方在旅游、人文、经贸等领域加强交流与合作，印尼鼓励企业特别是清真食品及用品企业参加“青洽会”，实现更快地发展。

6日 中国中铁发布公告称，由公司控股股东中国铁路工程总公司参股的中印尼高铁公司与由该公司参与的中印尼高铁承包商联合体在印尼首都雅加达签署了印尼雅万高铁项目总承包合同，约定由联合体负责该项目的设计、采购、施工，合同金额约为47.01亿美元，项目工期为36个月。印尼雅万高铁位于印尼爪哇岛西部，是连接印尼首都雅加达至万隆的高速铁路。该项目线路一期全长143公里，由中国与印尼以合资模式建设运营，以中国高铁设计、建设、验收标准建造，最高设计时速为350公里。计划三年建成通车，届时，将缩短两个城市间的交通时间，由现在的3小时变为40分钟。根据相关协议，合资公司对雅万高铁的特许经营权从2019年5月31日开始，为期 50 年，合资公司应在建设许可证颁发后 3 年内完成修建工作。

11 日 印尼代表团成员抵达厦门高崎国际机场，由福建省和中国驻印尼大使馆主办的首届中印尼青年互访交流活动正式拉开帷幕。据悉，中国和印尼的代表团成员包括高校师生、政府官员、智库成员和媒体记者等。在为期 18 天的行程里，代表团成员结伴而行，通过参观、培训、座谈、联欢等形式多样的活动，深入八闽大地和印尼的重要城市，了解当地的风土人情、人文环境、城市建设情况、青年创新创业项目、推进“海丝”建设情况等，还原一个真实的中国和一个真实的印尼，播下友谊的种子，为推进“21 世纪海上丝绸之路”建设做贡献。

13 日 印尼国有企业部长莉妮称，由于雅万高铁建设工程的设计出现了一些变化，如多个地点的铁路改为隧道铁路，征地费用增加，这样，雅万高铁建设费用从原先的 51. 3 亿美元变为 59. 98 亿美元。

17 日 中国福清市与印尼玛琅市缔结友好城市签约仪式在玛琅市政厅隆重举行。福清市市长张帆，福清市人民政府办公室主任陈文、福清市人民政府外事侨务办公室主任陈成龙、福清市城乡规划局局长张晓等一行前往玛琅市政厅，受到玛琅市市长魏廷安，玛琅市政府官员、军警长官及福清乡亲的热情欢迎。在中国驻泗水总领事顾景奇及全场来宾的见证下，魏廷安市长与张帆市长分别在协议书上签字，并合影留念。两市将以缔结友好城市签约为新的起点，进一步加强友好往来，积极开展多层次、多领域、多渠道、多种形式的交流与合作，在产业发展上，优势互补；在经济、技术、教育、文化等方面，建立长期稳定合作关系，努力实现共赢发展。

18 日 印尼投资协调委员会联手来自中国的金融机构——中国出口信用保险公司增加中国对印尼的投资。投资协调委员会投资控制助理阿兹哈尔·鲁比斯与中国出口信用保险公司副总裁赵维民签署了促进直接投资的合作谅解备忘录。阿兹哈尔解释说，中国出口信用保险公司是进行贸易和直接投资的中国国企。通过合作，投资协调委员会和中国出口信用保险公司将为有意在印尼投资的客户提供相关信息，这样，投资协调委员会可以对接由相关国家财政支持的潜在投资者。

5月

13日 印尼总统佐科乘专机抵达北京首都国际机场。佐科同来自亚洲、欧洲、非洲和美洲的其他国家的领导人出席“一带一路”国际合作高峰论坛。来自多个国家和国际组织的高级官员、商界和学术界的特别人士参加了这次论坛。该论坛有助于加强相关国家领导人之间的沟通、对话，促进国际合作。

14日 国家主席习近平在人民大会堂会见来华出席“一带一路”国际合作高峰论坛的印尼总统佐科。近年来，两国积极对接“21世纪海上丝绸之路”倡议和“全球海洋支点”构想，全面深化合作，取得丰硕成果，为双边关系增添了更加丰富的内涵，打开了更加广阔的合作空间。会见后，两国元首共同见证了落实全面战略伙伴关系行动计划，经济技术合作、基础设施建设等领域合作文件的签署。

15日 印尼中央统计局公布了4月印尼对外贸易统计数据。4月，印尼对外贸易出口额为131.67亿美元，同比增长12.63%；进口额为119.28亿美元，同比增长10.31%。1~4月，印尼出口额为538.61亿美元，同比增长18.63%；进口额为485.34亿美元，同比增长13.51%，贸易顺差为27.52亿美元。4月，印尼出口中国的非油气产品贸易额为15.68亿美元，同比增长49.62%；印尼自中国进口的非油气产品贸易额为26.78亿美元，同比增长6.23%。1~4月，印尼对中国的出口额为62.65亿美元，同比增长61.04%，占印尼出口总额的12.81%，位居第一，美国、印度分列第二、三位，日本首次让位于印度，居第四位；1~4月，印尼自中国的进口额为103.68亿美元，同比增长7.38%，占印尼进口总额的25.70%，位居第一，日本、美国分居第二、三位。

16日 中共中央政治局委员、中央政法委书记孟建柱在北京会见印尼海洋与投资统筹部长卢胡特。

23~24日 印尼投资协调委员会主席托马斯·伦邦主持美娜多国际旅

游投资会议，并会晤中国的投资者和准投资者。由中国深圳、上海、广州等城市飞往美娜多航班的开辟，有利于提高中国游客对美娜多的到访率。据统计，2016 年到北苏拉威西省的外国游客数量由 111 万人次增至 153 万人次，中国游客的逗留时间平均为 5 天 4 夜，消费额平均为 1000 万 ~ 1500 万印尼盾。

23 日 印尼政府向中国政府表示，印尼农业部准备向中国增加棕榈油出口量。

印尼鹰航正式开辟往返登巴萨与成都的直飞航线，这是印尼鹰航发展策略的一部分。印尼鹰航将为该航线提供较佳的客舱服务，也将聘用来自中国的客舱乘务员，以便乘务员能更容易地与乘客进行沟通和提供更好的服务。

中国国家发改委透露，国家开发银行在北京与中印尼高铁公司就雅万高铁项目正式签署贷款协议，贷款额度为 45 亿美元。雅万高铁是“一带一路”建设的重大早期成果和中国与印尼务实合作的标志性工程，签署贷款协议是“一带一路”国际合作高峰论坛成果清单中设施联通领域的重要成果，标志着中国高铁“走出去”的“第一单”进入快速实施阶段。

24 日 北塔米纳国油公司供应链综合资深副主任丹尼尔表示，北塔米纳国油公司已决定与中国国际石油化工联合有限责任公司合作提炼原油，这项合作将于 2017 年 7 ~ 12 月生效。中国国际石油化工联合有限责任公司每个月可以把 100 万桶巴士拉原油变为初级汽油，在 2017 年 7 ~ 12 月或在 6 个月内负责提炼 600 万桶初级汽油。北塔米纳国油公司之所以会选择中国国际石油化工联合有限责任公司，是因为其提交的价格更优惠，而且其拥有很多炼油厂，负责从中国至印尼的燃油运费。

26 日 印尼投资协调委员会公布的数据显示，2017 年第一季度，中国内地对印尼直接投资为 5.99 亿美元，占印尼接受直接投资总额的 8.2%，成为继新加坡和日本之后的印尼第三大投资来源地。印尼投资协调委员会主席托马斯·伦邦在当天举行的新闻发布会上说，中国内地已经成为印尼最大的矿业冶炼和矿产品加工投资来源地，预计未来将继续保持这一势头，并有望成为印尼在亚洲的第一大投资来源地。2017 年第一季度，印尼五大投资来源地分别是新加坡（21 亿美元，占比为 28.2%）、日本（14 亿美元，占比为 19.2%）、中国内地（5.99 亿美元，占比为 8.2%）、美国（6 亿美元，占比为 8.2%）、韩国（4 亿美元，占比为 5.8%）。

31 日　印尼海洋与投资统筹部长卢胡特召集相关部长，讨论“一带一路”国际合作高峰论坛取得的成果及后续事宜。出席会议的有国有企业部长莉妮、外长蕾特诺、投资协调委员会主席托马斯·伦邦、工业部长哈达托及交通部长苏马迪等。

6月

1 日　雅万高铁项目征地工作完成 53%，进入准备阶段，在已完成征地的地区，如 Walini 区已开始挖掘隧道。征地工作完成后，实体工程便可开始进行建设。

5 日　国际数据公司发布的报告显示，与 2016 年同期相比，印尼国内智能手机销量上涨 13%。其中，来自中国的设备制造商利用扩张性的广告攻势，成功取代了传统手机巨头三星，并将印尼国内的手机制造商逼到了墙角。2017 年第一季度，印尼国内共销售了约 730 万部智能手机，其中，小米和 OPPO 等中国品牌的手机的销售份额从 2016 年的 23% 上涨到 2017 年的 31%；三星等品牌手机的销售份额则从 2016 年的 51% 下降到 2017 年的 47%；Polytron、Advan 和 Evercoss 等印尼国内品牌的手机销售份额则从 2016 年的 20% 降至 2017 年的 17%；其他一些品牌的手机则保持了 5% 的销售份额。

中国—东盟中心秘书长杨秀萍率团开展“中国媒体东盟行”活动，到访印尼中华总商会，与该会代表叙友情话商机。杨秀萍说，2017 年是东盟成立 50 周年和中国—东盟旅游合作年，中国—东盟中心将继续发挥一站式信息与活动中心作用，扎实推进双方在贸易、投资、教育、文化、旅游及新闻媒体等领域的互利合作，继续努力为中国与东盟关系持续深入发展添砖加瓦。印尼中华总商会常务副总主席、执行主席张锦雄说，越来越多的中国企业走出国门，来印尼投资兴业，参与到印尼的经济建设中。其中不仅有中国的大型国企，也有很多实力雄厚的民营企业，以及备受全球瞩目的中国互联网企业。张锦雄表示，印尼中华总商会愿积极发挥平台作用，与中国—东盟中心携手努力，共建繁荣新丝路，为造福双方百姓做出积极贡献。

6日 中国驻印尼大使谢锋携夫人在雅加达香格里拉酒店宴会厅举行离任招待会。印尼旅游与创意经济部长阿里夫、中国驻东盟大使徐步、印尼投资协调委员会主席托马斯·伦邦、各友好使节代表等近千人出席了招待会。谢大使在致辞中对长期以来关注和支持中印尼关系发展的印尼各界人士表示衷心感谢。谢大使表示，中印尼关系在双方共同努力下保持稳健、快速、健康发展势头。两国领导人保持经常性接触，双方政治互信不断加强，贸易投资合作范围持续扩大。两国在科技、文化、教育、旅游和农业等领域的合作为两国人民带来了实实在在的好处。双方军队、议会、地方政府间的交流也不断增加；两国在地区和国际问题上也进行了良好的合作。阿里夫部长、伦邦主席等分别发言，称这些年来中印尼关系较快发展，两国在政治、经贸、文化、科技和教育等领域的交流与合作取得丰硕成果。他们高度赞赏谢锋大使在任内为推动两国全面战略伙伴关系发展所做的努力。

11日 上汽通用五菱汽车股份有限公司在印尼西爪哇芝卡朗的子公司宣布投入运营，这是中国国内中外合资汽车企业第一次“走出去”，进入海外市场，开创了“一带一路”合作的新模式。此次投产的印尼公司投资7亿美元，占地60公顷，其中主机厂占地30公顷，供应商园区占地30公顷，该公司具备年产12万辆整车的能力。

19日 中国将支持印尼发展中苏省摩罗哇里工业园。其中，中国投资商青山控股集团有限公司和德龙集团已与印尼摩罗哇里工业园公司签署合作谅解备忘录，将在爪哇岛外投资16.3亿美元或21.6万亿印尼盾，与印尼摩罗哇里工业园公司合作发展工业园。另外，中国青山控股集团有限公司、德龙集团和印尼摩罗哇里工业园公司将合作建设年产量达350万吨的碳钢厂，投资大约为9.8亿美元。此外，中国青山控股集团有限公司也将同八星集团和印尼摩罗哇里工业园公司合作，在摩罗哇里工业园建设发电量为70万千瓦时的发电厂，投资为6.5亿美元。印尼工业部资料显示，中国是印尼的第三大投资国，投资总额为 20 亿美元，较 2015 年增长 839%，2014 ~ 2016 年，中国对印尼制造业的投资主要集中在金属工业、机械与电子、非金属矿物、化学品与药品以及食品部门。

26 日 中国阿里巴巴集团与印尼电商平台 PT Tokopedia 洽谈，对其进行重大投资，以加速在东南亚最大经济体的扩张。PT Tokopedia 的商业模式类似于阿里巴巴旗下的淘宝商城，将顾客与商家相匹配，而不是从自己的货架上销售产品。2014 年，该公司从软银集团和红杉资本获得了创纪录的 1 亿美元融资，这预示着印尼将成为科技投资的目的地。阿里巴巴集团将牵头在印尼最大的在线市场进行新一轮金额高达 5 亿美元的融资。阿里巴巴集团已经“控制”了 Lazada Group SA，如果融资顺利的话，那么它将加入现有支持者软银集团和红杉资本的阵营。麦格理研究公司的一份报告显示，印尼电子商务市场的交易额预计将从目前的 80 亿美元攀升至 2020 年的 650 亿美元。

8月

2 日 2017 年上半年，因印尼直运规则改变，中国相关的原产地证书退证查询共计 1449 份，同比增加了 219.86%。2016 年，全国检验检疫系统共收到退证查询 6503 份，占总份数的 0.97‰，查询份数涉及的国家排前三位的分别为印尼、巴基斯坦和越南。

4 日 中国出口信用保险公司与印尼驻华大使馆、印尼投资协调委员会共同在北京举办了“2017 年印尼基础设施项目推荐会”，印尼经济统筹部、能源与矿产资源部、印尼国营电能公司、基础设施担保基金等印尼政府机构及国有企业的负责人，以及来自中国企业和银行的 350 位代表参加了项目推荐活动。根据《印尼政府 2015 ~ 2019 年中期发展规划》，未来 5 年，印尼将加强在电力、公路、铁路、机场和港口等 12 个领域的大型基础设施项目建设，预计所需资金达 4300 亿美元。印尼政府欢迎并鼓励广大中国企业，通过公私合营模式参与到印尼的基础设施建设项目中。在本次推荐会，印尼为中国企业集中带来 IPP 电站项目 15 个、收费公路项目 8 个以及港口和旅游资源开发项目数个，希望广大中国企业及投资者能够更好地了解印尼的政策环境和投资机会，同时也希望越来越多的中国企业前往印尼投资，加强双边经贸合作。

6 日　中国外交部长王毅在菲律宾马尼拉出席东亚合作系列外长会期间会见印尼外长蕾特诺。王毅表示，中印尼关系发展势头良好，中方愿促进“一带一路”倡议与印尼“全球海洋支点”构想对接，积极考虑参与印尼“三北走廊”建设，深化双方在反恐、打击跨国犯罪等领域的合作，加强双方在地区和国际事务中的协调与配合，共同维护地区和平与稳定。蕾特诺表示，印尼高度重视对华关系，希望双方高层保持接触和加强各领域交流，进一步加强双方在打击各种形式的跨境犯罪方面的合作。

7 日　协鑫集团在印尼的首个燃煤发电项目卡巴一期正式开工建设。该项目位于印尼加里曼丹岛西部地区，距离西加里曼丹省首府坤甸 130 公里，由协鑫集团与印尼国家电能公司的全资子公司印尼国电（Indonesia Power）合作建设。项目计划建成两台 100MW 燃煤发电机组，预计于 2020 年完工。这个项目不仅是协鑫集团有关“一带一路”倡议的先行探索，也是中国民营企业在印尼落地、有正式购售电协议的首个发电项目。

11 日　中国·印尼经贸合作区是中国商务部批准设立的 19 个境外经贸合作区之一，也是广西设在境外的第一个经贸合作区。中国西电集团有限公司、上汽通用五菱汽车股份有限公司、法国斯伦贝谢公司、新西兰恒天然集团等 8 个国家和地区的 37 家企业签约落户一期园区，其中中资企业有 10 家。入园企业项目投资总额超过 10 亿美元，投资领域涉及变压器、汽车装配、印刷制版、仓储物流、农机组装、棕榈油加工等。中国·印尼经贸合作区为促进印尼当地人口就业、政府增加税收收入做出了积极贡献。

21 日　中印尼副总理级对话机制第六次会议在北京举行，由中国国务委员杨洁篪和印尼政治法律安全统筹部长维兰托共同主持。双方表示，按照习近平主席和佐科总统达成的重要共识，推动两国全面战略伙伴关系向更深层次、更广领域发展。

中国驻印尼大使馆在雅加达为获得2017年中国政府奖学金的印尼学生举行录取通知书颁发仪式，同时也为他们赴华留学送行。中国驻印尼大使馆临时代办孙伟德，印尼研究技术部国际交流司长娜达出席仪式并致辞。中国驻印尼大使馆文化参赞周斌为部分留学生颁发录取通知书。孙伟德说，教育合作已成为中印尼两国高级别人文交流机制的重要内容。中国与印尼自2015年建立副总理级人文交流机制以来，在文化、教育、科研、技术等领域的合作进一步加强。两国教育主管部门的相关人员互访频繁，高校之间的交流与合作全面加强，越来越多的学生到彼此国家学习，极大地促进了双方的相互了解与信任。有1.4万余名印尼大学生在华留学深造，中国已成为印尼大学生第二大留学目的地。同时，中国到印尼留学的学生数量也在逐年增长。

22日 中国—印尼高层经济对话第三次会议在北京举行。中国国务委员杨洁篪与印尼经济统筹部长达尔敏共同主持会议。会议旨在落实两国元首达成的重要共识，深化两国全面战略伙伴关系，深入推进“一带一路”建设，推动各领域务实合作向前发展。双方一致认为，要继续深入对接“21世纪海上丝绸之路”倡议和“全球海洋支点”构想，共同推动中印尼经贸合作不断深入发展。会后，杨洁篪和达尔敏共同见证了会议纪要和双方关于基础设施融资合作谅解备忘录的签署。

印尼经济统筹部长达尔敏到访北京，向阿里巴巴集团董事局主席马云递交邀请信，代表印尼政府正式邀请马云担任顾问，帮助佐科总统推动印尼电商和中小企业发展。

25日 中国电商百度、阿里巴巴和腾讯在印尼拓展市场。中国电商京东进军印尼互联网打车行业，投资Uber在印尼的竞争对手Go-Jek。而此前早与Go-Jek有过接触的腾讯也对其进行了投资。除了百度、阿里巴巴、腾讯和京东外，日本软银集团也把印尼当作重要的“战场”。除了Go-Jek外，东南亚最大的打车服务公司新加坡的Grab和美国Uber也是印尼互联网打车行业的两大巨头。在新一轮的融资中，Go-Jek获得的投资可能达到10亿美元，这一公司的估值将达到13亿美元。

9月

6日 印尼政府把雅万高铁建设工程列入国家优先建设的战略项目之一。

中国驻印尼登巴萨总领馆在领区东努沙登加拉省省会古邦市举办第三届领区三省投资推介会。

8日 孙伟德临时代办应邀赴万隆巴查查兰大学出席题为“印尼—中国双边关系：挑战与展望”的研讨会。孙伟德围绕中印尼全面战略伙伴关系发展面临的机遇与挑战发表了主旨演讲。

19日 中国海军远航访问编队圆满结束对印尼的友好访问，离开雅加达。访问期间，编队指挥员沈浩拜会了印尼军政领导。拜会中，印尼军政领导高度赞扬中国海军远航访问编队，认为此访对增强两国、两军（两国海军）之间的友谊发挥了重要作用，希望双方利用好两国海军合作对话机制，重点强化两国海军在联演联训等方面的交流与合作，共同维护地区和平与稳定。

外交部长王毅在纽约出席联合国大会期间会见印尼外长蕾特诺，就双边关系及缅甸若开邦局势交换意见。王毅表示，缅甸若开邦近期发生的暴力事件不可接受，缅甸政府为维护社会稳定所做的努力应得到理解。罗兴亚人问题由来已久，复杂敏感，当务之急是尽快缓解紧张局势，避免无辜人民受到伤害，防止人道主义危机进一步蔓延，鼓励和支持缅甸与孟加拉国通过对话协商寻求根本解决办法。中国愿与国际社会一道，继续为此发挥建设性作用。蕾特诺表示对若开邦局势十分关切，愿为缅甸和孟加拉国防止局势恶化和寻求解决办法发挥积极作用。印尼赞赏中方的立场和主张，愿同中方保持沟通与协调。

28日 来自中国四川的大熊猫“彩陶”与“湖春”平安顺利抵达印尼首都雅加达，中国驻印尼大使馆、印尼环境与林业部和印尼最大的野生动物园在苏加诺—哈达国际机场举行了隆重的欢迎仪式，迎接中国大熊猫的到来。大熊猫是中国国宝，是友谊的使者、和平的象征，“彩陶”与“湖春”跨越万水千山来到印尼，凝聚了中印尼两国人民的深厚情谊，也是中印尼两国人文合作的又一突破。

29 日　为期两天的中国—印尼航天合作联合委员会第二次会议在印尼巴厘岛结束。会议总结了两国在航天领域合作取得的成果，双方一致认为，两国在航天领域的合作前景广阔，并就下一步合作展开讨论。中国国家航天局秘书长田玉龙表示，此次会议达到了预期目的，进一步确认了新的重大合作项目，为未来提升两国航天合作水平打下了良好基础。

10月

5 日　印尼国有企业部长莉妮宣布，中国国家开发银行将于下个月开始分段式发放 5 亿 ~ 10 亿美元的资金给中印尼高铁公司，预计 11 月，该项目能全面启动施工。

6 日　中国侨联副主席李卓彬率团莅临印尼中华总商会，受到印尼中华总商会常务副总主席、执行主席张锦雄等的热烈欢迎。张锦雄指出，印尼与中国都是发展中国家，都有庞大的人口，也都面临地区发展不平衡等问题，中国侨联与印尼中华总商会是多年的老朋友，在两国的经贸合作、文化交流中，双方紧密协作，携手共进。未来，印尼中华总商会也将一如既往地在印尼与中国的经贸合作中，积极发挥信息平台的作用，积极协助与推动双方多层次、宽领域的互利合作，为造福两国人民做出积极贡献。李卓彬表示，2013 年习近平主席首次提出的“21 世纪海上丝绸之路”倡议，经过近 4 年的发展，已经得到多国的积极响应，诚挚邀请大家抽空到中国观光旅游、投资兴业，为中印尼两国在经贸等领域的合作做出更积极的努力。

23 日　佐科总统近日召开局部内阁会议时指示，各有关部门应再次确保雅万高铁建设项目中征用的地皮、进度时间表和隧道地点等与原定蓝图相同，以推动该项目如期完成。国有企业部长莉妮表示，虽然遇到了征地等困难，但中印尼高铁公司有信心使该工程如期完成。

24 日　首届中国和印尼禁毒合作双边会议在印尼首都雅加达召开，双方签署了《中华人民共和国公安部禁毒局和印度尼西亚共和国国家禁毒委员会关于加强禁毒合作的实施方案》。会上，双方代表介绍了两国最新毒品形势和主要禁毒工作措施，回顾了近年来两国禁毒部门的合作情况，就正式建立年度会晤机制、联络热线，进行情报交流、联合办案、毒品检测、易制毒化学品管控、反洗钱、援助培训以及印尼在押的中国籍毒贩权益保护等议题进行了交流和探讨，达成了一系列重要合作意向。双方议定，将进一步巩固和加强合作，切实改善两国毒品形势，共同推动两国禁毒合作务实、深入发展。率团与会的中国国家禁毒委员会副秘书长、公安部禁毒局副局长魏晓军表示，情报交流与联合办案是目前两国禁毒合作的重点，中国计划向印尼提供一些力所能及的缉毒设备。两国禁毒机构关系日益紧密，联络渠道持续畅通，案件合作和情报交流顺利开展。

11月

13 日　印尼能源与矿产资源部长佐南和副部长阿詹德拉出席第五次印尼—中国能源论坛时，同中国国家能源局相关人员举行双边会议，并签署了《中华人民共和国国家能源局与印度尼西亚能矿部关于能源合作的谅解备忘录》。佐南表示，印尼愿意在“一带一路”框架下，加强与中国的全面能源合作；印尼支持中国电力企业参与印尼电力建设，愿为可再生能源的广泛使用创造良好的政策环境；印尼对双方的煤炭和油气贸易与合作表示满意，期待中国油气企业更好地参与印尼上游油气勘探、开发和下游产品加工。

东盟领导人在马尼拉举行的第二十届东盟—中国首脑峰会上就《南海各方行为准则》展开了正式会谈，佐科呼吁东盟和中国就《南海各方行为准则》进行谈判。

24 日　印尼创意经济机构营销副主任安迪表示，创意经济机构和中国电影商考察了外南梦，中国电影商计划在新埠头、万隆、日惹、锡牙克和外南梦 5 个地方拍摄电影。他透露，这种合作是双赢的，不仅给中国电影商带来可观收益，而且可以吸引中国游客到印尼观光。

26日 中国教育部留学服务中心率中国高校代表团访问印尼，并在雅加达举办了第十四届“留学中国”教育展。近年来，随着中国经济的发展，越来越多的印尼学生选择到中国留学，中印尼教育交流日趋活跃。此次“留学中国”教育展为印尼青年学生赴华留学搭建优质平台，有力加强中印尼教育领域的交流与合作。

27日 卡拉副总统会见来访的中国国务院副总理刘延东。卡拉副总统在新闻发布会上说，双方在会谈中讨论了共同关心的各种问题，其中之一是核技术的发展。除此之外，双方在会谈中还讨论了投资、人口、教育、体育和旅游等问题。

28日 中国国务院副总理刘延东在印尼梭罗市与印尼人类发展与文化统筹部长布安共同主持中印尼副总理级人文交流机制第三次会议。刘延东表示，中印尼副总理级人文交流机制会议是落实两国元首共识、推进共建“一带一路”的重要举措。自2015年以来，机制从无到有，合作领域不断拓展，合作规模日益扩大，社会参与更加广泛，已经同政治安全对话、高层经济对话一道，成为统筹和推动中印尼关系发展的重要支柱；双方应坚持机制的战略定位，充分发挥机制的统筹引领作用，围绕两国发展战略对接，加快推进教育、科技、文化、卫生、媒体、体育、青年、旅游等领域务实合作，不断提升和增强人文交流的水平和影响力，为中印尼全面战略伙伴关系发展奠定更加坚实的社会民意基础，为促进世界多样文明和谐共生、推动构建人类命运共同体做出贡献。布安表示，中印尼副总理级人文交流机制成立3年来，两国在教育、科技、文化、卫生、体育等领域合作成果丰硕，希望双方不断深化人文领域交流与合作，为印尼和中国关系发展与造福两国人民做出贡献。刘延东和布安共同见证科技创新等相关领域合作文件的签署，并共同出席第十四届人口与发展部长级国际会议。刘延东还出席了中印尼大熊猫保护合作研究启动仪式、科技创新合作论坛、“留学中国”教育展等配套活动。

29日 中国国务院副总理刘延东在雅加达会见印尼总统佐科。刘延东表示，近年来，习近平主席同总统先生多次会晤，就两国关系发展特别是发展战略对接和“一带一路”合作达成重要共识。中方愿同印尼落实好两国元首重要共识，不断深化两国人文领域的交流与合作，增进两国民心相通，助力中印尼全面战略伙伴关系不断迈上新台阶。佐科表示，我对这次人文交流机制会议成功举行感到高兴；中国是印尼重要的合作伙伴，印尼积极支持习近平主席提出的“一带一路”倡议，愿在“一带一路”框架下继续推进两国在贸易、投资、人文等领域的互利合作，实现共同发展。

12月

7日　最高人民检察院检察长曹建明在北京会见了印尼共和国总检察长普拉塞托。曹建明表示，中国和印尼隔海相望，友好历史源远流长，随着两国关系的深入发展，双方执法、司法领域的交往日益深化；两国检察机关自2014年签署合作谅解备忘录以来，交流与合作进入更加务实阶段，取得了丰硕的成果；相信普拉塞托此访，一定会进一步巩固和发展双方既有的合作成果，推动双方友好关系取得新的发展。刚刚结束的中共十九大勾勒了新时代中国特色社会主义的行动纲领和发展蓝图，表达了中国愿同其他国家加强互利合作，推动构建人类命运共同体的真诚意愿；中国检察机关将以此为指引，与印尼检察机关一道，积极顺应两国关系发展趋势，认真落实两国元首达成的重要共识，加强高层互访和人员交流，提升打击跨国犯罪的能力，为优化区域合作法治环境、深化“一带一路”建设提供有力法律保障和司法服务。普拉塞托感谢曹建明的热情会见，表示印尼检察机关愿意进一步与中国检察机关加强沟通、密切交流、深化合作，为发展两国友好关系、促进区域和平与稳定做出新的贡献。

15日　印尼旅游与创意经济部长阿里夫表示，中国的“一带一路”倡议和印尼的“海洋高速公路”建设计划相互支持和对接，将为印尼旅游基础设施建设和完善带来资金，为印尼旅游业发展带来机遇，两国旅游业合作的前景广阔，中国的“一带一路”倡议为印尼吸引更多中国游客带来重要契机。

14～15 日　中国—印尼海上合作技术委员会第十次会议在印尼首都雅加达举行。会议旨在落实两国元首在“一带一路”国际合作高峰论坛期间达成的关于对接两国海洋发展构想的共识，进一步推动两国海上务实合作。会议对“龙目和巽他海峡船舶交通服务操作员能力建设”“中印尼国家联合海上搜救沙盘推演”“中印尼海事卫星地面站建设”等项目顺利实施表示欢迎，一致同意继续推进已立项项目合作。会议讨论了两国有关部门达成的新项目建议，并就其他潜在合作项目进行密切沟通。会议认为，中国和印尼作为地区海洋大国，加强海上务实合作具有重要意义。会议同意在继续保持两国海上安全、航行安全、海洋科研与环保领域对话合作的基础上，进一步加强双方在海洋经济、海上资源开发、海上基础设施建设等领域的合作，不断丰富中印尼全面战略伙伴关系的内涵。

Contents

Ⅰ General Report

Indonesia's General Situation in 2017 –2018 *Luo Yongkun* / 001

Abstract: The year of 2017 witnessed intense political struggle in Indonesia. Religious extremism and populism triggered by the Jakarta governor's election have had a profound impact on the country's political, social development and diplomacy. Indonesia's founding principle, Pancacila was challenged as never before and national governance was facing great difficulties. President Jokowi and the government have made every effort to fight against extremism, safeguard the unity and social stability and defend Pancacila. However, Indonesia has a diverse and complex society with many problems to be tackled, like uneven economic development, issues concerning people's livelihood, employment, religion and separatism in Papua. The government is still encountering an arduous task in maintaining Pancacila.

Keywords: Extremism; Islam; Pancacila

Ⅱ Respective Analysis

Indonesia's Economic Performance in 2017 –2018

Xue Song / 016

Abstract: During 2017 – 2018, the Indonesian economy maintained a growth rate of 5.05%, which was generally good but lower than expected. The favorable factors for economic growth include the recovery of import and export trade, the rise of foreign direct investment, the rapid growth of industries such as transportation, warehousing and e-commerce, the improvement of financial market and the low inflation rate. The main problems to be tackled include the relatively high unemployment rate and poverty rate, low household consumption, sluggish credit loans, weak tax capacity and the high proportion of fiscal deficit. The Indonesian government implemented a prudent fiscal policy during 2017 –2018, relaxed monetary policy, and deepened structural reforms in areas such as taxation, local budgets, state-owned enterprises, and the business environment. Taking into account the uncertainty of the international economic environment, the domestic consumption downturn and the upcoming election year, the Indonesian government and research institutes estimate that the Indonesian economy will be likely to achieve a growth rate of 5.3% –5.4% in 2018 –2019. In the near future, Indonesia will continue to improve the business environment and control financial risks. In the "investment-consumption-export" troika, investment may play a more important role and drive the growth of export and consumption.

Keywords: Macroeconomics; Structural Reform; Economic Policy; Development Prospects

Indonesia's Political Situation in 2017 –2018 *Luo Yongkun* / 047

Abstract: In 2017, political struggle in Indonesia was increasingly fierce due to the strong influence of Islamic extremism. However, the situation was generally peace and stable. The ruling coalition led by PDI-P faced tough challenge by Gerinda party. Both ruling and opposition parties concentrated struggles on Jakarta election, the laws of social organization and the E-ID corruption case. Prabowo Subianto, the opposition leader, gain the political support through the Islamic extremists. Whereas, President Jokowi was fully supported by the major parties and the grass root. For the 2019 presidential election, President Jokowi is likely to be re-elected.

Keywords: Islamic Extremism; NGO; The Laws of Social Organization; The E-ID Corruption Case

The Diplomatic Situation of Indonesia in 2017 −2018

Pan Yue / 061

Abstract: In 2017, Indonesia's foreign policy mainly consists of three major concepts: "Pragmatic Diplomacy" that emphasizes national interests, "Maritime Diplomacy" that upholds maritime rights and interests, and active participation in regional and international affairs. Among them, "Pragmatic Diplomacy" is the most prominent feature of the Joko administration's foreign policy. Its main contents include economic diplomacy, the balance of major powers and consular protection. Although the public is generally satisfied with the diplomatic performance of the Joko administration for the past three years, there are still some diplomatic difficulties and challenges that are faced by the Joko administration. Looking at the 2018 prospect, the Joko administration's foreign policy will not have major changes. It will continue to adhere to the foreign policy that gives priority to "Pragmatic Diplomacy", which is supplemented by "Marine Diplomacy", and will also actively pursue a greater say and influence on the issues of the South China Sea and ASEAN. Taking into account the upcoming 2019 Indonesian presidential election, the Joko administration's foreign policy will fine-tune the situation in line with the election and the campaign momentum. However, the overall framework of the policy will not be out of the scope from the past three years.

Keywords: Pragmatic Diplomacy; Economic Diplomacy; Balance of Powers; Sino-Indonesia Relations

Ⅲ Topical Reports

Jokowi's Maritime Power Strategy, Indonesian Maritime Policy and Sino-Indonesian Synergy in Development Strategy

Diana Liudin / 085

Abstract: President Joko Widodo has proposed an ambitious maritime vision, formulated and implemented the national sea policy, brought reform in maritime institutions. After more than three years of Jokowi government, Indonesia has not yet seen itself as a maritime power on the international stage. In 2017, Jokowi promulgated a presidential regulation on sea policy, which outlined the focus of the future government work plan. In the process of becoming a strong maritime power, Indonesia will meet challenges such as poor infrastructure, lack of funding, maritime law enforcement and other challenges. Indonesia's maritime axis vision has much synergy with China's Maritime Silk Road initiative. Indonesia's cooperation with China continues to grow under Jokowi. There are still some challenges and problems like political challenges, foreign labor licensing issues, Natuna's sea issues and other challenges despite significant opportunity for the two countries to strengthen their bilateral cooperation. Both sides need to work hard to reduce the potential risks of cooperation.

Keywords: Jokowi; Sino-Indonesian Relations; Maritime Power; 21st Maritime Silk Road; Strategic Synergy

50 Years of ASEAN: The Role of Indonesia *Na Min* / 106

Abstract: This article reviews and discusses Indonesia's important role in ASEAN to defuse conflicts and maintain unity during the 50 years of ASEAN's development. By analyzing typical challenges to ASEAN in each stage of its development, such as dispute over sovereignty of Sabah, Vietnam-Cambodian War, Asian financial crisis, South China Sea issue, conflict between Thailand and Cambodian, and Rohingya humanitarian crisis etc. , this article identifies Indonesia's role in ASEAN into four stages—establishment, progress, weakening and return, as well as its different modes of diplomacy. Finally, multiple challenges like variable regional and international circumstance, institutional deficiency and potential conflicts in ASEAN and domestic trend of nationalism may be faced Indonesia in the future are discussed.

Keywords: ASEAN; Indonesia; ASEAN Community; Multiple Challenges

The Development of Higher Education in Indonesia and Sino-Indonesian Educational Exchange *Wang Dandan* / 118

Abstract: Indonesian higher education is undergoing a significant reform. The key to this reform is to "adapt to" the new international environment and "bring new ideas" into cultivation mode of talent. Gnerally speaking, in the past three years, Indonesian society has been satisfied with these reforms in the field of higher education, but there remain problems such as unclarity of powers and responsibilities among professional departments, unclear allocation and use of resources, and slow improvement of the quality of teachers. Under the background of the reform of higher education in Indonesia and the continuous upgrading of humanities exchanges between China and Indonesia, the cooperation between higher education and exchanges between the two countries have nevertheless yielded fruitful results. Three different forms of cooperation which have been achieved separately between both governments, universities and research institutes, and universities and enterprises.

Keywords: Indonesia; Higher Education; People-to-people Exchanges; Sino-Indonesia Relations

Status Quo, Problems and Countermeasures of Cultural Industry Cooperation between China and Indonesia

Pan Yue, *Xiao Qin* / 131

Abstract: As an important participating country along "The Belt and Road", Indonesia has actively responded to "The Belt and Road" and has cooperated closely with China in the fields of economy, trade, culture and diplomacy. Among them, as an emerging industry in the 21st century, the cultural industry has is highly sustainable and has a large consumption potentiality. The cooperation between China and Indonesia in the cultural industry is also increasing. China and Indonesia have a long history of cooperation in cultural industry so that they have a solid foundation for cooperation, and a clear regional cooperation. It has formed a form of cooperation based on government organizations and supplemented by private participation. At the same time, due to historical, political, economic and cultural differences, the cultural industry cooperation between the two countries also faces a series of problems, such as small scale of cooperation and narrow cooperation areas, inadequate cooperation system, companies' investment and financing difficulties, and lack of talent reserves. Therefore, the two governments, enterprises and other entities undertake their respective responsibilities, starting from the aspects of cooperation planning, cooperation platforms and policies, cultural resources and cultural brands, talent reserves and so on to promote cooperation between China and Indonesia.

Keywords: Sino-Indonesia Relations; Cultural Industry Cooperation; Education and Training; Mechanism of People-to-People exchanges

Tourism Development in Indonesia and Sino-Indonesian Tourism Exchanges *Gao Shiyuan*, *Hendy Yuniarto* / 151

Abstract: As one of the important pillar industries of Indonesia's economy, tourism industry has been attached great importance by the Indonesian government. In order to further promote the contribution rate of tourism to national economy, President Joko Widodo put forward the pioneering plan of creating "Ten New Bali Islands" for tourism development. In addition to the positive development of domestic tourism resources, Indonesia also strive to develop tourism exchanges with countries around the world, among them, with the largest inbound tourists. China actively strengthen pragmatic cooperation in the field of tourism, and also promote the development of the China-Indonesia High-Level People-to-People and Cultural Exchange Mechanism.

Keywords: Tourism Policy; Tourism Cooperation; People-to-People Exchanges

Ⅳ Appendix

The Memorabilia of Indonesia (2017) *Pan Yue* / 167

The Memorabilia of Sino-Indonesia Relations (2017) *Pan Yue* / 188

图书在版编目（CIP）数据

印度尼西亚发展报告．2018／孙晓萌，傅聪聪主编．-- 北京：社会科学文献出版社，2020.8
ISBN 978 - 7 - 5201 - 6810 - 6

Ⅰ.①印… Ⅱ.①孙… ②傅… Ⅲ.①经济发展 - 研究报告 - 印度尼西亚 - 2018 Ⅳ.①F134.24

中国版本图书馆 CIP 数据核字（2020）第 108799 号

印度尼西亚发展报告（2018）

主　　编／孙晓萌　傅聪聪
副 主 编／高诗源　王丹丹

出 版 人／谢寿光
组稿编辑／高明秀
责任编辑／许玉燕
文稿编辑／王春梅

出　　版／社会科学文献出版社·国别区域分社（010）59367078
地址：北京市北三环中路甲 29 号院华龙大厦　邮编：100029
网址：www.ssap.com.cn
发　　行／市场营销中心（010）59367081　59367083
印　　装／三河市龙林印务有限公司

规　　格／开　本：787mm × 1092mm　1/16
印　张：14.5　字　数：219 千字
版　　次／2020 年 8 月第 1 版　2020 年 8 月第 1 次印刷
书　　号／ISBN 978 - 7 - 5201 - 6810 - 6
定　　价／128.00 元